Auf **Mallorca**
leben und arbeiten

Das Coverfoto zeigt eine Zimmerterrasse der
Hotelfinca *Son Palou* in Orient (www.sonpalou.com)

Hans-R. Grundmann
Hartmut Ihnenfeldt

Auf
Mallorca
leben und arbeiten

Ein Buch für alle, die mit dem Gedanken spielen,
länger als nur ein paar Urlaubswochen
auf Mallorca zu verbringen

Impressum

Hans-R. Grundmann,
Hartmut Ihnenfeldt

Auf Mallorca leben und arbeiten

3. Auflage 2012

ist erschienen im

REISE KNOW-HOW Verlag

ISBN 978-3-89662-253-2

© Dr. Hans-R. Grundmann GmbH
  Am Hamjebusch 29
  26655 Westerstede

Gestaltung

Umschlag: Hans-R. Grundmann / Carsten Blind, Asperg
DTP/Grafik: Carsten Blind, Asperg /Hans-R. Grundmann
Zeichnungen: Stefan Theurer/Eningen
Fotos: siehe Nachweis auf Seite 251

Druck

MediaPrint GmbH, Paderborn

Dieses Buch ist in jeder Buchhandlung
in Deutschland, Österreich und der Schweiz erhältlich.
Die Bezugsadressen für den Buchhandel sind

• Prolit Gmbh, 35463 Fernwald
• AVA Buch 2000, CH-8910 Affoltern
• Mohr Morawa GmbH A-1230 Wien
• Barsortimenter

Wer im lokalen Buchhandel Reise Know-How-Bücher nicht findet, kann
diesen und andere Titel der Reihe auch im Buchshop des Verlages im
Internet bestellen: www.reisebuch.de

Leben auf Mallorca - ningún problema!?

Warum zieht es viele von uns Deutschen in den Süden und speziell auf die größte Baleareninsel? Warum wählen so viele Prominente Mallorca als Zweitwohnsitz? Gleichzeitig wächst die Gesamtzahl der deutschen Mallorcaresidenten seit Jahren alles in allem nur gering; Zuzug und Wegzug halten sich also in etwa die Waage. Warum ist das so? Darauf gibt es keine einfache Antwort.

Das »Phänomen Mallorca« ist komplex, und die allgemeine Fehleinschätzung der Verhältnisse auf der Insel immer noch groß. Interessanterweise ist das Durchschnittsalter derjenigen, die auf Mallorca ihre zweite Heimat suchen, in den letzten Jahren deutlich gesunken. Nicht mehr überwiegend Ruheständler prägen das Bild, sondern heute lockt es auch viele 20-40jährige auf die Insel. Frustriert vom kalten (auch sozialen und politischen) Klima im eigenen Land glaubt mancher, dort, unter der Sonne des Südens vielleicht eher sein persönliches »Paradies« finden zu können.

Nun unterscheidet sich Spanien bzw. Mallorca nicht nur sprachlich erheblich von Deutschland, sondern auf vielfältige Art auch im täglichen Leben, z. B. im sozialen Umgang der Spanier miteinander, in der Familie, im Verkehrsverhalten, in der Kommunikation mit Polizei und Behörden, in Restaurants usw. Auch das Zeitverständnis, ein wichtiger Aspekt, ist auf Mallorca anders als bei uns, nämlich »entspannter«, was zunächst ganz positiv klingt, aber im Alltag so seine Tücken hat.

Es gibt viele Deutsche auf Mallorca, die sich selbst nach zwei Jahren Aufenthalt immer noch nicht daran gewöhnt haben, dass *mañana* zwar »morgen« heißt, aber durchaus nicht »am nächsten Tag« bedeuten muss. Sie sind häufig genervt, weil sich vieles nicht sofort oder doch zumindest »morgen« regeln lässt – und nehmen sich dadurch selbst einen Teil der Lebensfreude, die auf Mallorca tatsächlich größer sein kann als in Deutschland. Vorausgesetzt allerdings, man stellt die eigene Uhr auf mallorquinische Verhältnisse um.

Nicht wenigen Mitteleuropäern fällt es auch schwer, zu verstehen und fürs eigene Leben in Spanien bzw. auf Mallorca in die Tat umzusetzen, dass dort Pünktlichkeit anders definiert wird als bei uns. Besonders im privaten Bereich gelten Terminabsprachen nur als ungefähre Zeitangaben, und es ist nicht unhöflich, sondern fast normal, wenn man eine Stunde später erscheint als »verabredet«.

Vorwort

Eine typisch spanische Redensart lautet: *ningún problema* (»alles kein Problem«), vielleicht noch mit dem Zusatz: *tranquilo* (»ruhig« im Sinne von »nur mit der Ruhe«). Für Spanier ist vieles scheinbar *ningún problema*, auch manches echte Problem nicht. Man wird es schon richten – *mañana* natürlich. Wer heute mit deutscher Gradlinigkeit ein gestriges *mañana* einfordert, wird von Spaniern kaum verstanden und für einen weiteren typischen Vertreter der *cabezas quadradas* (»Quadratköpfe«) gehalten. So nennen Mallorquiner bisweilen gerne die Deutschen.

Dieses Buch wurde zwar in der Absicht geschrieben, dem Leser Mallorca näher zu bringen, ihn/sie mit wichtigen Informationen zu versorgen und den Lebensumständen dort vertraut zu machen. Aber auch, um eventuelle falsche Vorstellungen und/oder Erwartungen zurechtzurücken und ihn/sie für den Aufenthalt und das Leben auf der Insel so vorzubereiten, dass er/sie möglichst wirklich *ningún problema* hat.

Darüber hinaus gilt es zu bedenken, dass Mallorca nicht nur eine Urlaubsinsel, Aussteigertraum und neue Heimat für »Umsteiger« und Ruheständler ist, sondern ebenfalls Ziel mancher Glücksritter, Absahner und Geschäftemacher. Auch darüber werden Sie einiges in diesem Buch erfahren.

Die Dynamik der Veränderungen auf Mallorca ist so stark, dass sich einige Details bereits nach Drucklegung dieses Buches verändert haben können. Hierfür bitten wir um Verständnis. Die wesentlichen Aussagen und Hilfestellungen dieses Ratgebers dürften von raschen Änderungen aber selbst mittelfristig kaum berührt sein.

Wir haben für die Neuauflage nicht nur wichtige Daten und zeitabhängige Informationen auf den neuesten Stand gebracht, sondern das Themenspektrum auch um einige Aspekte des Alltagslebens erweitert. Darüber hinaus lassen wir einige Residenten zu Wort kommen, die ganz persönlich »ihr« Mallorca vorstellen und damit den notwendigerweise oft etwas abstrakten Sachausführungen einen konkreten und lebendigen Anstrich verleihen.

Wir freuen uns über Ihre Rückmeldungen zu unserem Buch. Auch auf Fragen sowie auf Anregungen zu den behandelten Themen bemühen wir uns, zeitnah und sachgerecht einzugehen. Bitte schreiben Sie an service@reisebuch.de.

Hartmut Ihnenfeldt & Hans-R. Grundmann

Inhaltsübersicht

Inhaltsverzeichnis

Inhaltsverzeichnis

Alle Kontakte, die in diesem Buch genannt werden, *»Latest News«*
und mehr finden Sie mit Adresse, Telefon/Fax, E-Mail und Website
nach Themenbereichen geordnet auch auf unserer Internetseite

www.leben-und-arbeiten-auf-mallorca.de

Von dort können Sie sich zu den verschiedenen Internetpräsenzen
»durchklicken«, ohne jedes Mal von neuem die jeweilige Adresse
selbst eintippen zu müssen.

Auf
Mallorca
leben und
arbeiten?

Mallorca – nach wie vor ein deutscher Traum

Mallorcabild und Realität

Sollte es stimmen, dass immer noch Millionen Deutsche davon träumen, im Alter oder schon in beruflich aktiven Jahren auf Mallorca zu leben, dann gibt es hier einen erheblichen Aufklärungsbedarf. Eigentlich müssten bis über drei Millionen deutsche Urlauber jährlich und ca. 60.000 deutsche Residenten ausreichen, um ein stimmiges Bild von Mallorca in die Heimat zu tragen. Aber weit gefehlt! Und die umfangreiche, sich jedoch meist auf bestimmte Themen konzentrierende Mallorca-Berichterstattung in allen Medien hat eher für eine Verzerrung der Vorstellungen vom Inselalltag gesorgt. So kommt mancher mit realitätsfernen Ideen nach Mallorca und wird dort mit völlig unerwarteten Problemen konfrontiert.

Recht verbreitet ist die Vorstellung, dass sich auf Mallorca doch eigentlich gut leben und auch leicht Geld verdienen lassen müsste. In Wahrheit braucht jeder, der nach Mallorca kommt, selten weniger als ein volles Jahr, um sich einigermaßen einzufinden und sich mit der Insel zu arrangieren. Träume sind letztlich schlechte Berater; nur eine nüchterne, objektive Analyse der eigenen Voraussetzungen kann verhindern, dass man Opfer seiner Illusionen wird.

Reif für Mallorca? Zu beachtende Aspekte

Folgende Punkte müssten Sie im Vorwege klären, damit der »Mallorca-Traum« nicht von vornherein zum Scheitern verurteilt sein soll:

- **Finanzen**: Reichen Ihre Mittel, um eine gewisse Zeit auch ohne zusätzliche Einkünfte finanziell klar zu kommen – bei einem allgemeinen Preisniveau, das heute alles in allem in etwa dem deutschen entspricht, aber für manche Güter und Dienstleistungen auch schon mal höher liegt?

- **Haus/Wohnung**: Den Traum vom Haus mit Meerblick oder gar in der ersten Reihe am Strand werden sich nur noch die wenigsten erfüllen können. Besonders die Preise für solche Objekte sind in den letzten Jahren extrem gestiegen und auch durch die Krise am Immobilienmarkt kaum korrigiert worden. Sind Sie ggf. bereit, Ihre Ansprüche den Verhältnissen anzupassen? Ist Mallorca Ihnen so viel wert, dass Sie auch in einer vielleicht gesichtslosen Urbanisation in der »dritten oder vierten Reihe« hinter der Küste oder »weit ab vom Schuss« im Inselinneren leben könnten?

- **Arbeit**: Wenn Sie auf Mallorca arbeiten wollen, sind Sie sich über die Eigenheiten des dortigen Arbeitsmarktes im Klaren? Haben Sie sich über die Arbeitsbedingungen, Verdienstmöglichkeiten und im Schnitt geringere Gehälter als bei uns informiert?
- **Aktivitäten**: Haben Sie Vorstellungen davon, wie Sie Ihren Alltag gestalten wollen? Nichts ist auf Dauer so ermüdend und frustrierend wie Müßiggang.
- **Soziales Umfeld**: Haben Sie Freunde und Bekannte auf Mallorca? Können Sie sich generell in eine neue Umgebung rasch integrieren? Und vor allem: Sprechen Sie zumindest ein halbwegs brauchbares Spanisch und ein paar Brocken Mallorquinisch?

Dies sind nur die wichtigsten Aspekte, die Sie vor einer grundsätzlichen Entscheidung über einen eventuellen Umzug nach Mallorca berücksichtigen sollten. Zu den Punkten »Haus/Wohnung«, »Arbeit« und – in Grenzen – »Aktivitäten« liefert dieses Buch eine ganze Menge Informationen.

Wenn Sie nach dessen Lektüre die gestellten Fragen mit einem zumindest verhaltenen, besser kräftigen »Ja« beantworten können, bringen Sie bereits gute Voraussetzungen für eine erfolgreiche Realisierung Ihrer Wünsche mit.

Nachdem Sie dann den entscheidenden Schritt getan haben, gilt: Lassen Sie sich nicht gleich von ersten Schwierigkeiten entmutigen! Ihre Gründe, sich unter der Sonne des Südens anzusiedeln, lösen sich bei Problemen ja nicht in Luft auf, sondern bestehen nach wie vor. Und grundsätzlich ist es eigentlich keine schlechte Idee, sich auch in Zeiten des unberechenbaren Klimawandels Mallorca als künftigen Wohnsitz auszusuchen.

HALLO SCHATZ, TRÄUMST DU?

Mallorquiner, Ausländer und Tourismus

Die touristische Invasion

Mehr als sieben Millionen ausländische Urlauber kommen durchschnittlich im Jahr nach Mallorca, von denen sich bis zu 350.000 gleichzeitig dort aufhalten. Eine solche touristische Invasion wirkt auf viele Einheimische wie die Besetzung durch fremde Armeen. Und Besatzer lieben die Insulaner gar nicht, die haben sie im Laufe ihrer Geschichte schon reichlich erlebt.

Stolz und Ehre und andere Unterschiede

Stolz, Ehre und Würde spielen im Gefühlsleben der Spanier eine viel wichtigere Rolle als bei uns. Spanier empfinden es nach wie vor als unwürdig, wenn Touristen in kurzen Shorts und nacktem Oberkörper oder Frauen im Strandoutfit durch Palma bummeln, derart leicht bekleidet in Lokalen Platz nehmen oder sogar Anstalten machen, etwa die Kathedrale und den alten Königspalast Almudaina zu besichtigen.

Mallorquiner, Ausländer und Tourismus

Die Mallorquiner bemühen sich zwar, unangemessene Verhaltensweisen dieser und anderer Art zu »übersehen«, aber man merkt ihnen oft genug schon an, wie sie würdelose *forasters* (Ausländer) einschätzen. Es steht ihnen ins Gesicht geschrieben.

Temperament der Mallorquiner

»Mallorquiner sind von ihrem Temperament her ungefähr so weit vom stereotypen Bild des feurigen Spaniers entfernt wie wir selbst. Durch den intensiven Kontakt mit Besuchern aus aller Herren Länder ist in wenigen Jahrzehnten aus einer rückständigen, traditionsbewussten Provinzregion Spaniens ein Stück Mitteleuropa mit hohem Lebensstandard geworden. Die spontane Verbrüderung mit Unbekannten gehört daher auch nicht gerade zu den typisch mallorquinischen Verhaltensweisen.« (Hans-Ingo Raddatz, »Mallorquinisch – Wort für Wort«, Literaturempfehlungen, Seite 242).

Emotionaler Zwiespalt

Tatsächlich ist das Verhältnis der Mallorquiner zu den Besuchern zwiespältig. Einerseits widerspricht die touristische Invasion ihren Vorstellungen, und das Verhalten mancher Urlauber und Residenten beleidigt ihren Stolz. Andererseits ist das Geld der Ausländer in der aktuellen wirtschaftlichen Situation hochwillkommen.

Die Balearen verfügten lange über das höchste Sozialprodukt pro Kopf und die niedrigste Arbeitslosenquote aller spanischen Provinzen. Doch das ist vorbei: Die globale Finanzkrise und der Strukturwandel der letzten Jahre haben für leere Staatskassen und eine selbst auf Mallorca hohe Arbeitslosenquote gesorgt. Umso mehr kommt es auf den Tourismus an, will die Insel ihren immer noch relativ hohen Wohlstand halten. Die meisten Mallorquiner wissen das, verdrängen diese Tatsache aber gerne.

Sprachbarriere Mallorquinisch

Obwohl Kastilisch (*castellano*), das Hochspanische, und Mallorquinisch (*mallorquí*, ein Dialekt des *catalán*) gleichberechtigte Amtssprachen sind, erfolgen offizielle Bekanntmachungen der Inselregierung überwiegend in *catalán*. Dasselbe gilt auch für amtliche Formulare mit der Folge, dass selbst Festlandspanier bei Behördengängen nicht selten Übersetzungshilfen benötigen.

Dem Mallorquinischen begegnen Besucher unweigerlich schon auf dem Flughafen *Son San Joán*, wo Hinweisschilder vor Englisch und Spanisch und nun auch Deutsch in der lokalen Sprache beschriftet sind, die von nicht einmal 400.000 Menschen*) gesprochen wird.

Auch die Namen der Orte und Straßen wurden vom Hochspanischen ins Mallorquinische überführt, so heißen alle Hafenstädte nun **Port** und nicht mehr *Puerto* (z.B. Port de Sóller). Und bei den Straßen hat das katalanische **Carrer** das spanische *Calle* ersetzt.

Mit der Bevorzugung der eigenen Sprache betont man ganz bewusst die vor allem in der Franco-Zeit unterdrückte Eigenständigkeit der Balearen. Im Inselinneren kann es schon mal vorkommen, dass Sie ein Mallorquiner nicht verstehen will, wenn Sie ihn auf Spanisch ansprechen. Dies stand durchaus in Einklang mit der Position der Balearenregierungen bis 2011, die ausländischen Residenten gerne empfahl, doch gefälligst Mallorquinisch zu lernen. Mallorca sei eben autonome Provinz und erst in zweiter Linie Spanien, hieß es. Dass diese Position in der Bevölkerung umstritten ist, zeigten in den letzten Jahren einige »anti-katalanische« Groß-Demonstrationen in Palma. Es sind vor allem viele zugezogene Festlandspanier, die sich und ihre Kinder durch Überbetonung des Katalanischen ausgegrenzt fühlen. Tatsächlich hat die 2011 gewählte konservative Regierung zugesagt, »katalanische Übertreibungen« zu stoppen und das Spanische nicht zu diskriminieren.

Vom Billigtourismus zum Golferparadies?

Das zwiespältige Verhältnis der Mallorquiner zum Tourismus zeigt auch folgender Umstand: Obwohl der heute in mallorquinischen Medien gerne abqualifizierte »Billigtourismus« über viele Jahre für das Gros der Einnahmen sorgte und immer noch sorgt, will man davon offiziell wenig wissen. Neue Planungen und Vorschriften sollen das Mengenwachstum des Tourismus` begrenzen bzw. sogar

---

*) Die Zahl bezieht sich nur auf die Mallorquinisch Sprechenden. Katalanisch ist die »Muttersprache« von ca. 5 Millionen Menschen.

zurückfahren und über ein »qualitatives Wachstum« das Niveau anheben, d.h. die Einnahmen je Besucher erhöhen. So dürfen neue Hotels nur dann gebaut werden, wenn alte dafür abgerissen werden und mindesterns Vier-Sterne-Komfort bieten.

Die Geister, die man einst rief und die nach Ansicht vieler immer noch ihr Unwesen – z.B. am »Ex-Ballermann« und in Magaluf – treiben, möchte man am liebsten ganz loswerden. Sie passen nicht zum heute angestrebten Image der Insel. Stattdessen werden Golfer, wandernde Individual- und Kreuzfahrttouristen umworben, die pro Tag ein Mehrfaches von dem ausgeben, was Pauschaltouris auf der Insel lassen.

All inclusive

Gleichzeitig hat sich – als Folge der relativ hohen Preise bei den Nebenkosten des Urlaubs – das all-inclusive-Konzept in vielen Touristenhochburgen in erstaunlichem Tempo durchgesetzt.

Mit all-inclusive erreicht man die Masse der weniger ausgabefreudigen oder -fähigen Touristen und sorgt für eine hohe Auslastung von Kapazitäten, die sonst nur schwer zu füllen wären. Der Vorteil für die Gäste liegt in von vornherein klar überschaubaren Gesamtkosten der Reise, ein wichtiger Aspekt vor allem für Familien mit Kindern. Problematisch ist, dass all-inclusive zu sinkenden Umsätzen bei Einzelhandel, Gastronomie und oft auch Dienstleistern wie Fahrradvermietern, Surf- und Segelkursanbietern führt.

Anfang 2012 gibt es auf Mallorca 23 Golfplätze, weitere sind in Planung

Mallorca Tourismus, wohin?

Die Diskussion (unter Beteiligung deutscher auf Mallorca lebender Prominenz wie Sabine Christiansen) über den »richtigen« Weg in die Zukunft des Tourismus auf Mallorca hält daher an. Die Tendenz weist nach wie vor in Richtung »Qualitätstourismus«. Nicht steigende, sondern besser sogar sinkende Besucherzahlen sollen bei höheren Ausgaben pro Kopf Wachstum und damit Wohlstand der Insel sichern. Dafür plant man auf Mallorca erhebliche Investitionen vor allem in Projekte gehobenen Standards.

Dennoch beklatscht die lokale Presse begeistert den durch die Probleme in Nordafrika verursachten Besucheranstieg 2011 völlig unabhängig von solchen Überlegungen. Also doch Masse vor Klasse?

Konkurrenz und Saison

Der mallorquinischen Tourismusindustrie geht es trotz (im Jahr 2011) hoher Besucherzahlen nicht mehr so gut wie in den »goldenen Jahren« der Dekaden vor der Jahrtausendwende, als die Zuwachsraten durch eigene Anstrengungen zustande kamen und nicht auf politische Spannungen anderswo zurückzuführen waren. Seither hat sich die durchschnittliche Aufenthaltsdauer der Gäste immer weiter verkürzt und das Ausgabeverhalten verändert (siehe »all-inclusive«). Mehr Urlauber bedeuten daher nicht automatisch mehr Einnahmen bzw. höhere Überschüsse zur Finanzierung von Angebotsverbesserungen. Zumal in Anbetracht klimatisch begünstigter Konkurrenz (Kanaren und Karibik) und »eingeschlafener« früherer Anstrengungen zur Verlängerung der Touristensaison die Besucherzahlen von November bis März zurückgingen.

Sonniger Sonntagnachmittag im März an der Costa de Bendinat hinter dem Yachthafen Port Portals

Viele Hotels sind nur sieben Monate im Jahr geöffnet (April bis Oktober). In dieser Zeit wird hart gearbeitet und ordentlich verdient. Das reicht zwar manchen, aber nicht allen Eignern, um die übrige Zeit des Jahres finanziell problemlos zu überbrücken. Auch die zahlreichen Arbeitnehmer in der Tourismusbranche haben mit diesem Auf und Ab erhebliche Probleme. Denn alternative Jobs gibt es auf Mallorca im Winter nicht und schon gar nicht seit der globalen Krise, die dem spanischen Arbeitsmarkt katastrophal zugesetzt hat. Nur nach mindestens 18 Monaten Beschäftigung beziehen Winterarbeitslose bis zum Wiederbeginn der Saison und – hoffentlich – Wiedereinstellung Arbeitslosengeld. Immerhin können dann manche die Zeit für anderweitige Tätigkeiten wie Hausbau oder -renovierung oder Nachbarschaftshilfe nutzen.

Die Angst vorm Ausverkauf

Der massenhafte Erwerb von Immobilien durch Ausländer, speziell durch Deutsche, führte in den letzten Jahrzehnten bei den Einheimischen zu wachsender Besorgnis über den »Ausverkauf« der Insel und angeblich drohenden Verlust mallorquinischer Identität. Die Parole vom »Mallorca der Deutschen« machte die Runde, basierend auf der gleichnamigen und leider recht plumpen »Sozial-Utopie« des katalanischen Journalisten *Carlos Garrido*.

Die Diskussion über eine germanische »Machtergreifung« setzte seltsamerweise ein, nachdem viele Deutsche auf vernachlässigten Grundstücken baufällige Fincas oder verrottete Stadthäuser (gut zu sehen z.B. in Alcudia und Artá) gekauft und diese dann liebevoll und aufwändig renoviert hatten, meist im traditionellen Stil, ganz im Sinne der Erhaltung mallorquinischer Kultur.

Vergessen wird von den Kritikern dieser Entwicklung, dass zu einem Verkauf immer zwei gehören. Nur zu gerne verkauften viele Mallorquiner Land und verfallene, scheinbar »wertlose« Strukturen an Ausländer, wenn die ein Mehrfaches des Preises zahlten, den ihnen ein Landsmann geboten hätte.

Zugeben muss man aber, dass Arroganz und großspuriges Auftreten mancher Ausländer zur gelegentlich spürbaren Antipathie, speziell gegen Deutsche, einiges beigetragen haben.

Integration oder oder Ausgrenzung der Ausländer?

Die Mallorquiner und vor allem ihre wechselnden Regierungen werfen den Fremden vor, dass die meisten sich separieren und abschotten, anstatt sich zu integrieren. Nur weniger als ein Drittel der deutschen Residenten seien an Kultur und Sprache Mallorcas interessiert, heißt es. Ihnen ginge es vorrangig um ein angenehmes Leben unter besseren klimatischen Bedingungen als zu Hause.

Das Thema »Integration« taucht auch ohne dramatische Ereignisse immer wieder in der Presse auf. Doch wenn auf Diskussionsforen lokaler Zeitungen (auch im Internet) nur Mallorquinisch gesprochen wird und die eingeladenen deutschen Teilnehmer aus diesem Grund überwiegend gar nicht mitreden können, ist das für die Integration selbst gutwilliger Ausländer nicht eben förderlich. Das gilt auch für kulturelle Veranstaltungen, die ein hervorragendes Forum für Integration sein könnten, wenn nicht die Dominanz des Mallorquinischen oft von vornherein ausländische Besucher und auch die meisten Festlandspaniere ausschlösse.

Wie empfindlich die Einheimischen in diesem Punkt sind, zeigt das energische Vorgehen gegen Geschäfte und Restaurants vor allem deutscher Betreiber, die ihre Waren und Dienste mangels anderer Gäste nur auf Deutsch anbieten. Denn das verstößt nach neuerer »Sprachregelung« gegen das Gesetz.

British Pub in Can Picafort: Hier versteht man nur Englisch

Mentalität und Lebensstil

Lebensart à la Mallorca

Grandeza und Bescheidenheit

In vielen Dingen des Alltags äußert sich die mallorquinische *grandeza*, die »Größe« oder »Würde«, das Schicksal so zu ertragen, wie es kommt, vielleicht ein Erbe aus der Maurenzeit. Diese Tugend war angesichts der häufigen Notzeiten während der mallorquinischen Geschichte auch bitter nötig, wollte man nicht vollends verzweifeln. Eine soziale und finanzielle Absicherung, wie wir sie in Deutschland trotz aller Kürzungen immer noch kennen, hat es auf Mallorca nie gegeben. Daraus resultiert eine nivellierende Bescheidenheit im Auftreten, die uns eher fremd ist.

Dies zeigt sich zum Beispiel bei der Kleidung, die erstaunlich konservativ ist. Der gedeckte Anzug mit Krawatte ist für viele *caballeros* in der Stadt immer noch selbstverständlich, sogar im Sommer bei großer Hitze. Auch in weniger begüterten Kreisen gibt man sich gepflegt, und selbst die Overalls von Arbeitern und Technikern haben Format. Ob es die Mitarbeiter der Gas- oder Elektrizitätswerke, die Postler oder Polizisten sind, allesamt treten sie in schnieker Uniform und auch sonst gepflegt auf. Eine Uniform macht aber in Spanien aus dessen Träger keinen anderen Menschen, was mitunter in Deutschland immer noch ganz anders ist.

Bescheidenheit zeigen viele Mallorquiner auch in der Wohnung. Möbel schafft man sich einmal fürs Leben an. Der Wohnstil unterliegt kaum einer Mode. Was wir als überholt bezeichnen und ausrangieren würden, löst beim Mallorquiner keine Wünsche nach Neueinrichtung aus. Ein weiteres, gutes Beispiel für Bescheidenheit liefert die mallorquinische Küche; sie ist einfach und bodenständig. Das *frito*, ein Gemisch aus Innereien, Kartoffeln und Gemüse sowie das *tumbet*, ein Gemüseeintopf aus einheimischen Produkten, sind beliebte Standardgerichte. Viele Familien auf dem Land mästen auch heute noch ein Schwein, das im Spätherbst bei einer fröhlichen *matanza* (Schlachtfest) zu Wurst und Schinken verarbeitet wird (siehe Foto Seite 22). Dies ist eine Fiesta mit Freunden und Nachbarn. Auch wenn zu Weihnachten und Ostern richtig »aufgefahren« wird, beschränken sich die Gaumenkitzel auf Lamm, Kaninchen oder Spanferkel in überwiegend deftiger Zubereitung.

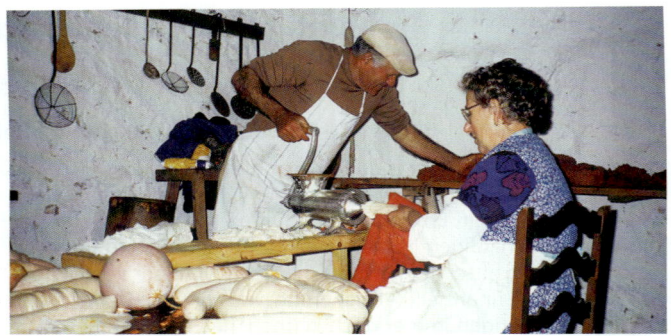

Wurstherstellung auf dem Gutshof Els Calderers bei Sant Joan (siehe Text Seite 21 unten)

Nur nicht auffallen

Bescheidenheit ist auch der Grund dafür, dass man nicht zeigt, was man hat. Einfache Leute geben sich gut situiert und Gutsituierte einfach – anzusehen ist es ihnen nicht unbedingt. »Nur nicht auffallen« heißt die Devise, und die verbietet weitgehend Statussymbole. Sollten Sie einmal hören, dass ein Mallorquiner erwähnt, noch ein »Häuschen« in den Bergen zu haben, so kann es durchaus sein, dass es in Wirklichkeit ein prächtiger Besitz ist.

Mallorquiner fallen auch weniger mit ihren Autos auf. Selbst Top-Manager lassen sich nicht herumkutschieren und fahren nur selten Luxuskarossen. Und die meisten Reichen, die es sich erlauben könnten, schon gar nicht. Mit dem Auto zu zeigen, was man ist und hat, wäre für die meisten Einheimischen eine seltsame Vorstellung. Die Einordnung einer Person nach der Wagenkategorie ist nicht verbreitet. Man fährt überwiegend Mittelklasse. Wenn Sie auf Mallorca »dicke« Autos mit spanischen Nummernschildern sehen, so sind die Besitzer fast immer ausländische Residenten, die ihren Wagen mitgebracht haben und darauf nicht verzichten mögen.

Schweigen ist Gold

Da »Angabe« nichts gilt, hat man keinen Grund, über sich und seinen Besitzstand zu reden. Wer wen kennt, mit wem Geschäfte macht, welches »krumme Ding« wer gedreht oder wie viel man an der Steuer vorbeigeschleust hat, darüber spricht man nicht – und schon gar nicht mit »Fremden«.

Wenn Sie in eine Bar kommen und die Männer lebhaft diskutieren hören, könnten Sie annehmen, dass Mallorquiner nicht schweigsam, sondern eher geschwätzig sind. Aber das täuscht. Männerthema Nr. 1 ist »Fußball«, weit vor »Frauen«, »Wetter« oder anderen Alltäglichkeiten. Und da nahezu jeden Tag Fußball im Fernsehen übertragen wird, gibt es immer Neuigkeiten, über die geredet werden muss. Und wenn einer doch mal ansetzt, etwas auszuplaudern, wird er durch eine lautlose Geste sofort zum Schweigen ermahnt. Dazu presst man Daumen und Zeigefinger beider Hände zusammen, legt sie gegeneinander an die Lippen und zieht sie dann bis über die Mundwinkel: »Halt` bloß den Mund!«

Geschwätzigkeit und Verschlossenheit stehen nicht im Widerspruch zueinander. Das Schweigen haben sie gelernt, zuletzt unter Franco, der den Mallorquinern sogar die eigene Sprache verbot. Das Schwätzen konnte er ihnen aber nicht verbieten. Aus der Zeit der Diktatur ist die Überzeugung geblieben, dass die Obrigkeit nicht alles wissen muss, vor allem nicht die Finanzbehörde. Mit Erstaunen ist es immer wieder festzustellen, wie offen Nordländer über Finanzgeschäfte sprechen und manchmal sogar darüber wie viel sie wo angelegt haben. Spanier hüllen sich über solche Themen in absolutes Schweigen. Viele nutzen für unterschiedliche Zwecke gesonderte Bankkonten, die sie sorgsam trennen: nur eines ist das offizielle für die Steuer. Indessen sieht das auch der spanische Staat gar nicht gern und macht seinen Bürgern das »Kontenverstecken« nicht mehr so leicht wie noch vor wenigen Jahren. Zu Hilfe kommen ihm dabei neue EU-einheitliche Regelungen.

Männer unter sich – typische Szene vor einer der zahllosen Dorfkneipen auf Mallorca

Der Tag eines Mallorquiners

Bekanntlich läuft auf Mallorca alles etwas langsamer als bei uns. Und das hat ja auch sein Gutes, z.B. schont es die Nerven. Außerdem macht ein geringeres Arbeitstempo in Anbetracht der klimatischen Bedingungen in Spanien und speziell auf Mallorca Sinn.

Der im Folgenden skizzierte Ablauf trifft natürlich nicht auf jeden Mallorquiner, und schon gar nicht auf Mallorquinerinnen zu, verdeutlicht aber in der Konzentration das Typische, so etwa, wie anders das Alltagsleben eines berufstätigen Mannes auf der Insel im Vergleich zu Deutschland ist.

Am Morgen ins Büro

Ein im Berufsleben stehender Mallorquiner »alter Schule« geht vor Arbeitsbeginn oft in die Bar, trinkt einen Milchkaffee, tunkt eine *ensaimada* (ein Hefe-Schmalzgebäck) hinein, liest Zeitung oder redet sich mit Freunden/Bekannten warm. Auf diese Art wach geworden, sieht er im Büro nach, was anliegt, hat Termine und Besprechungen. Das geht konzentriert bis gegen 12.00 Uhr. Dann ist es Zeit, eine Kleinigkeit zu sich zu nehmen. Also wieder in die Bar, wo bei einem Schluck Bier oder Rotwein ein *bocadillo* (belegtes Brötchen) oder ein paar *tapas* verzehrt werden. Nach 20 Minuten ist man zurück im Büro und arbeitet bis max. 14.30 Uhr.

Arbeitszeit

Die »normale« Arbeitszeit in Spanien läuft überwiegend immer noch von 9.00 Uhr bis 14.00 Uhr und von 16/17.00 bis 19/20.00 Uhr, wiewohl dieses Prinzip vor allem in Großstädten, also auch Palma, in letzter Zeit mehr und mehr durchbrochen und durch eine kontinuierliche Arbeitszeit ohne *Siesta* ersetzt wird.

Neuere Untersuchungen behaupten sogar, dass nur noch 20% aller Beschäftigten Gelegenheit zur *siesta* haben. Wer indessen das Verkehrsaufkommen in und rund um Palma, um Inca und Manacor zu Siestabeginn und -ende erlebt, mag zumindest dort daran nicht glauben. Palmas Straßen werden bis zu 5 x täglich von einer veritablen *Rush Hour* heimgesucht, nämlich morgens, mittags, nachmittags durch die Rückkehr der »Siestamacher«, kurz darauf durch die Abfahrt aller »Durcharbeiter« und dann wieder nach 19.00 Uhr, wiewohl etwas entzerrter wegen der unterschiedlichen Zeiten des Arbeitsendes und ggf. zunächst Barbesuch vor der Heimfahrt.

Siesta

Für die meisten Mallorquiner gehört die *siesta* nach wie vor zum täglichen Routineritual. Sie beginnt teilweise schon um 13.00 Uhr, spätestens aber um 14.30 Uhr, und geht bis 16/17.00 Uhr. Wer nicht nach Hause fährt, besucht ein Restaurant, wo ausgiebig getafelt und diskutiert wird. Selbst ein preiswertes Menu (jedes Restaurant ist verpflichtet, ein günstiges *menu del dia* anzubieten – heute ab ca. €10) besteht aus drei Gängen und einem anschließenden Kaffee, der niemals fehlen darf. Die Mittagssitzung zieht sich oft über die gesamte Dauer der *siesta*. Die *hora de comer* (»Stunde« des Mittagessens) ist heilig, Termine liegen vorher oder nachher.

Für uns ist die *siesta* ein zwar im Allgemeinen bekanntes, oft belächeltes, aber selten ernst genommenes Phänomen. Auch wenn es – wie oben bereits beschrieben – im Rahmen der EU und der Globalisierung von Lebensstilen unübersehbare Auflösungstendenzen bei der mediterranen Mittagspause gibt, sollte man sich nicht wundern, wenn zwischen 13.00 Uhr und 17.00 Uhr, selbst oder sogar insbesondere in der Großstadt Palma, wenig oder gar nichts läuft.

Wirtschaftsexperten fordern seit langem die völlige Abschaffung dieser alten spanischen Tradition, die als Wettbewerbsnachteil angesehen wird und es wohl auch ist.

Siesta mallorquina

Das Mittagsmenü in einem Restaurant mitten in Palmas Innenstadt – Salat, gegrilltes Spanferkel, Flan – war lecker, der heiße Kaffee »Cortado« ein Genuss! Zur Krönung des Vergnügens möchte der Mallorca-Urlauber oder Neuresident jetzt noch gemütlich »shoppen« gehen. «Das kann doch nicht wahr sein«, denkt er sich, als er statt einer geschäftstüchtigen Verkäuferin eine verschlossene Ladentür vorfindet!

So oder ähnlich ergeht es jedem Ahnungslosen, der am Nachmittag auf der Insel einkaufen möchte. Ein kleines Schild an den Läden informiert die Enttäuschten über die Öffnungszeiten: 10-13.30 Uhr und 16.30-20.30 Uhr, allgemein übliche Geschäftszeiten des Einzelhandels, wobei manche Läden auch schon früher öffnen oder etwas später schließen.

Es ist »siesta«, wobei die Spanier so eigentlich nur den Mittagsschlaf nennen. Besser trifft die Sache der Begriff »la pausa del mediodía«, Mittagspause also.

Während der Mittagszeit isst der Mallorquiner mit der Familie zu Hause, wenn das nicht zu weit entfernt liegt. Danach schläft er ein bisschen, zumindest in den heißen Sommermonaten, was ja sehr gesund sein soll.

Während die Siesta für die einen Inbegriff des lockeren Lebensstils mediterraner Länder ist, machen andere die lange Mittagspause für Probleme im Familienleben verantwortlich: Falls sich die Fahrt nach Hause über Mittag nicht lohnt, sind manche Beschäftigte von 9. Uhr bis 21.30 Uhr oder länger außer Haus und sehen ihre Kinder meist nur schlafend. Aus diesen und ökonomischen Gründen wurden schon öfter Versuche gestartet, die Siesta abzuschaffen. Teilweise ist das in den letzten Jahren sogar gelungen: Im öffentlichen Dienst in Madrid und einigen anderen Städten auf dem spanischen Festland gibt es heute nur noch eine Stunde Mittagspause. Aber auf Mallorca gelten weiterhin eigene Regeln:

In den Verwaltungsgebäuden der Regierung wird von 8.00 Uhr bis 15.00 Uhr gearbeitet und so das Problem mit der Siesta einfach umgangen, denn Feierabend und Mittagspause fallen zusammen. Auch die Post und viele Banken haben nur bis 14.30 Uhr oder 15.00 Uhr geöffnet.

Im Tourismus, dem wichtigsten Wirtschaftssektor Mallorcas, fällt die Siesta oft aus. Hier gilt nämlich der Grundsatz, dass immer dann gearbeitet wird, wenn sich Geld verdienen lässt, denn die Saison dauert nur sechs bis acht Monate und viele Dienstleistende müssen von ihren Einnahmen im Sommer ihren Unterhalt fürs ganze Jahr bestreiten. Diese Notwendigkeit verführt aber nicht dazu, auf die Siesta zu verzichten: Man versuche einmal, sich an der Platja de Palma in der »Mittagspause« ein Auto oder ein Fahrrad zu mieten: ein nahezu hoffnungsloses Unterfangen!

Kleine Läden am Strand und auch einige Geschäfte in der Innenstadt Palmas, Artas, Incas u.a. bleiben aber oft durchgehend geöffnet. Auch Kaufhäuser wie *Corte Inglés* und C&A und große Supermarktketten wie *Lidl* oder *Mercadona* kennen keine Siesta, dort arbeitet man bis 21 Uhr oder länger im Schichtbetrieb.

Bei den Museen gibt es die Siesta betreffend keine einheitlichen Regelungen, manche haben über Mittag auf, andere schließen.

Wer nach Mallorca umsiedelt und sich den Lebensgewohnheiten dort anpasst, wird die Siesta schnell schätzen lernen. Man braucht die Siesta u.a., um beim späten mallorquinischen Abendessen gegen 22 Uhr und später nicht einzuschlafen. Darüber hinaus ist die Siesta besonders im Hochsommer eine Wohltat, auch wenn es manchen Besuchern der Insel nichts auszumachen scheint, selbst bei 35 Grad im Schatten noch die Einkaufszonen zu frequentieren.

Generell sollte man zum Shoppen lieber auf die späteren Abendstunden setzen. In Geschäften, die über Mittag geschlossen waren, findet sich auch abends noch Verkaufspersonal, in der Saison oft sogar noch nach 22 Uhr.

In Bistros und Cafés gibt's fürs Personal keine Siesta (hier Plaça Mayor in Palma)

Der lange Abend

Nach der *Siesta* beginnt jedenfalls wieder die Arbeit, die bis 20.00 Uhr dauern kann. Dann verlässt unser konservativ eingestellter Mallorquiner gut gelaunt das Büro; die Bar wartet schon. Dort trifft man sich auf eine *copa* (ein Glas) und schwätzt entspannt mit Kollegen oder Freunden bis gegen 21.00 Uhr.

Jetzt ist es Zeit heimzugehen, weil im Familienkreis ab 21.00 Uhr zu Abend gegessen wird, was sich bis Mitternacht hinziehen kann. Wenn das Abendessen im Restaurant stattfindet, fährt man gegen 21.00 Uhr nach Haus, zieht sich dort vielleicht um, lädt Frau und Kinder ins Auto und ist gegen 21.30 Uhr im Restaurant. Ein solcher Abend dauert häufig länger, weil man auch nach dem Essen für den letzten Schluck wieder gerne eine Bar aufsucht.

So ist es kein Wunder, dass Spanier nachts im Durchschnitt eine gute Stunde weniger schlafen als Mitteleuropäer. Vielleicht auch ein Grund für eine gewisse Trägheit in manchen Arbeitsprozessen? Oder liegt dies daran, dass in Spanien die »falsche Zeit« gilt, was zur Folge hat, dass die Sonne in diesem Land zu spät auf- und zu früh untergeht?

Es gibt immer wieder ernsthafte Überlegungen, Spaniens Uhren (wie in Portugal) um eine Stunde zurückzustellen (und somit der Greenwichzeit anzupassen), weil Spanien – grob betrachtet – auf gleicher geographischer Länge wie England liegt.

In Bars und Restaurants

Der Begriff »Bar« kennzeichnet in Spanien Kneipen, von einfachst bis edel. Neben Getränken gibt es immer Kleinigkeiten zu essen, vor allem die bekannten Appetithäppchen *tapas* und *bocadillos* (belegte Brötchen). Wie oben bereits ausgeführt, sind Bars Institutionen des mallorquinischen Lebens; Barbesuche gehören zum Tagesablauf vieler Spanier. Insofern ist es hilfreich, die wichtigsten Eigenarten und – ungeschriebenen – Regeln zu kennen, die in Bars und auch in Restaurants gelten.

In der Bar

In Bars wird viel Kaffee oder eine *copa* (*de cognac/brandy*) getrunken. Bei dieser Art *copa* handelt es sich also nicht um ein Glas Wein, denn Wein bestellt man im Allgemeinen nur zusammen mit dem Essen. Dank der Touristen haben sich die Spanier daran gewöhnt, dass *extranjeros* auch in der Bar schon mal eine *copa de vino blanco* oder *tinto* (ein Glas Weiß-/Rotwein) ordern.

Zwischen Bars in Tourismuszentren und solchen in spanischen Vierteln können die Preise extrem differieren. Vergleichen Sie einmal die Preise für eine Tasse Kaffee! In vielen Bars zahlt man zudem bei Bestellung am Tresen andere Preise als am Tisch, auf Terrassen teilweise bis zu 25% mehr. Nutzen Sie das aber nicht aus, indem Sie z.B. am Tresen ordern und dann mit Ihrem Getränk durch das Lokal wandern. Das wäre ein Fauxpas, zumal Getränke immer nur der Kellner trägt und nie der Gast. Jedes Lokal muss sich im Übrigen die Preise genehmigen lassen und eine Preisliste aushängen. Die findet man jedoch oft versteckt und kaum sichtbar in einer Ecke.

»Ist der Platz noch frei?«

In deutschen Landen ist es bisweilen noch möglich, sich zu Fremden an einen Tisch zu setzen oder gar vom Kellner zu anderen Gästen platziert zu werden. Einem Spanier erschiene das absolut indiskutabel. Hier gilt die eiserne Regel: Ein Tisch ist besetzt, wenn auch nur eine Person daran sitzt. Das gilt auch für Terrassen. Keiner wird indessen sagen: »Der Platz ist besetzt«, sondern der Spanier wird Sie Platz nehmen lassen, dann aber sehr bald zahlen und gehen. Er fühlt sich einfach gestört. Besser ist es, auf einen freien Tisch zu warten oder sich ein anderes Lokal zu suchen. Im Übrigen sitzt man ohnehin nicht in der Bar, man steht.

Und niemand wundert sich über den Abfall, der den meist gefliesten Boden der Bar üppig bedeckt. »Je höher der Verschmutzungsgrad, umso besser«, schreibt sogar der Autor des Reise Know-How Bandes »Kulturschock Spanien«. Denn das sei Tradition und ein Zeichen dafür, dass man in der »richtigen« Bar ist, in der (weil gut) reichlich verzehrt wird.

In Restaurants wartet man (wie in den USA und Kanada) beim Eingang, bis der Kellner einen Tisch empfiehlt, wobei man durchaus um einen anderen als den zugewiesenen bitten kann. Zielstrebig selbst auf einen Tisch zuzusteuern und dort Platz zu nehmen, gilt – außer auf Terrassen – als unhöflich. Es ist letztlich eine Frage des persönlichen Stils, ob man sich dem anpasst oder nicht.

Getränke bestellen

In Spanien nimmt die Bedienung meistens zuerst die Speisen auf und dann erst die Getränke; also genau umgekehrt, wie wir es kennen. Rechnen Sie nicht damit, dass alle Kellner Deutsch verstehen. Ein paar Worte Spanisch sind schon hilfreich. Wenn die Getränke auf dem Tisch stehen, sagt hier keiner »Prost« (»*salud*«), sondern jeder trinkt, wie es ihm beliebt. Lediglich bei Geburtstagsfeiern und ähnlichen Anlässen stößt man auf das Ereignis miteinander an.

Sollten Sie das Bier nicht in ein eiskaltes Glas gezapft haben wollen, wie es vielfach üblich ist, so ordern Sie ausdrücklich ein »normales« Glas (*en un vaso normal*). In Spanien unterscheidet man

Deutsche Gaststätten und deutsches Bier allerorten

- *copas*, Gläser mit Fuß, und
- *vasos,* einfache Gläser.

Entsprechend wird bestellt:
- *Una copa de vino*, aber *un vaso de agua*.

Und wenn Sie Bier vom Fass haben wollen, dann sagen Sie: *una caña*, eventuell unterschieden nach groß oder klein (*grande* bzw. *pequeña*).

Serviceverhalten

Wenn Sie aus der Heimat aufmerksame und freundliche Bedienung gewohnt sind, so werden Sie in auf Mallorca ein wenig umdenken müssen. Spanische Kellner wirken oft unfreundlich und unaufmerksam.

Gehen Sie auch davon aus, dass spanisches Restaurantpersonal nicht gesprächig ist und Sie keiner fragt: »Was darf es sein?« Normalerweise kommt ein Kellner an den Tisch, wünscht »*buenos dias*«, »*buenas tardes*« (nachmittags) oder abends »*buenas noches*« und wartet auf Ihre Bestellung. Die Getränke setzt man Ihnen wortlos hin, ohne etwa »zum Wohl« zu sagen. Auch nach dem Servieren der Speisen wünscht selten einer »guten Appetit« (»*que aproveche*« oder »*buen aprovecho*«).

Während des Essens zu fragen: »Sind Sie zufrieden?«, kommt kaum jemandem in den Sinn. Einen Kellner zur Eile anzutreiben, ist nicht nur ungehobelt, sondern auch vergeblich. Ein spanischer Gast nimmt sich Zeit zum Essen und wartet geduldig.

Wahrscheinlich ist dieses Serviceverhalten eine Reaktion darauf, dass spanische Gäste – oberflächlich betrachtet – offenbar leichter zufrieden zu stellen sind und nicht dazu neigen zu meckern. Selbst wenn sie nicht zufrieden waren.

Geht etwas schief, sagen sie eher »*es normál*«, statt sich aufzuregen. Umgekehrt werden Sie auch nicht hören, dass ein Spanier sich für eine Serviceleistung mit »*gracias*« bedankt. Vielmehr sagen üblicherweise spanische Kellner ihrerseits »*gracias*«, wenn sie servieren. Sollte es Ihnen gut geschmeckt haben, so sagen Sie ruhig »*muy rico*« (sehr reich; hier: schmackhaft), wenn abgeräumt wird.

Essensgewohnheiten

Der Süden hat seinen eigenen Rhythmus. Und so isst man hier mittags erst nach 14.00 Uhr und lässt sich dafür bis zu zwei Stunden Zeit. Auch mittags besteht ein Tagesmenü aus drei Gängen und dem abschließenden Espresso. Für Mitteleuropäer ist einfach unverständlich, dass man sich abends nicht vor 21.30 Uhr zu Tisch setzt. Dann nimmt man sich sogar noch mehr Zeit, zumal in größerer Runde. Dabei geht es immer recht lebhaft und laut zu, vor allem, wenn noch Kleinkinder dabei sind, woran selbst spätabends niemand etwas auszusetzen hat.

Für Lokale, in denen sowohl Touristen wie Spanier verkehren, hat das späte Abendessen der Mallorquiner den Vorteil, dass die Urlauber schon fort sind, wenn die Spanier kommen. Auch für die Restaurantbesitzer ist das ein günstiger Umstand.

Aperitivo

Wenn Sie in einem Restaurant nach einem *aperitivo* gefragt werden, wissen Sie, dass Sie sich in einem Lokal befinden, in dem auch Ausländer verkehren. Die Aperitiv-(Un-)sitte kennt man in Spanien in diesem Sinne nicht. Wenn es ein Drink vor dem Essen sein soll, so nimmt man ihn in einer Bar, wo man sich trifft, um dann zusammen ins Restaurant zu gehen.

Inselküche

Für manche muss es auch in der Ferne wie in der deutschen Heimat zugehen. Dabei gibt es so Vieles, was sich auf Mallorca zu probieren lohnt, ob Kaninchen, Spanferkel, Lamm oder eine gute Paella. Selbst das *frito mallorquin* oder ein zünftiges *tumbet* sind – besonders auf dem Lande – nicht zu verachten. Über das Probieren ist schon so mancher Skeptiker zum Fan der Inselküche geworden.

Die Speisekarte dieses Restaurants eignet sich bestens zum Spanisch lernen

»Die Rechnung bitte«

Selbst beim Bezahlen gibt es einige Eigenarten, die Sie kennen sollten. Wenn Sie am Tresen stehen oder sitzen und nur ein oder zwei
Drinks hatten, ist das keinen Ruf nach einer Rechnung wert. In diesem Falle sagen Sie nur: »*Se cobra, por favor*« (»kassieren bitte«). In
einer Bar oder auf einer Terrasse haben Sie oft einen kleinen Behälter mit den Kassenbons vor sich auf dem Tisch stehen. Auch in diesem Fall sagen Sie nicht »*la cuenta, por favor*«, denn die Rechnung
steht ja bereits vor Ihnen. Sollten Sie den Gesamtbetrag – inklusive
eines kleinen Trinkgeldes – passend haben, legen Sie ihn einfach
auf den Tisch und gehen. Kein nachfolgender Gast wird es wagen,
das Geld einzustecken. Sofern Sie nur einen größeren Schein zur
Hand haben, stecken Sie ihn zu den Kassenbons und halten den
Behälter dem Kellner mit einem »*se cobra, por favor*« hin.

Wer zahlt?

Nach der Rechnung fragt man nur im Restaurant: »*la cuenta, por
favor*«. Wer die Rechnung anfordert, bekommt sie und zahlt sie
insgesamt. Niemals wird die Rechnung aufgeteilt, was Kellner auch
in Deutschland mühsam finden. Wenn geteilt wird, gibt jeder dem,
der gezahlt hat, einen Betrag, den er für angemessen hält, ohne
dass er seinen Beitrag genau ausrechnet.

Üblich ist vielfach, dass heute der eine und beim nächsten Mal ein
anderer zahlt oder der, der gerade Geld hat. Das merkt man sich,
aber redet nicht darüber.

Falls der Kellner beim Kassieren tatsächlich einmal fragen sollte
(was eher unwahrscheinlich ist), ob die Gäste zufrieden waren, so
sagt man »*bueno*«, auch wenn es nicht geschmeckt hat und man
nicht zufrieden war. Reklamiert wird übrigens auch nicht, es sei
denn, man ist in einem bestimmten Lokal gut bekannt. Mallorquiner sind ohnehin weniger kritisch als Deutsche und möchten keinen Ärger. Die schärfste Form der Missbilligung lautet: es war »*no
muy bueno*« (nicht sehr gut). Das versteht jeder Kellner und weiß,
dass er diese Gäste nicht wiedersehen wird.

Wie viel Trinkgeld?

Unsere Gewohnheit, Rechnungsbeträge aufzurunden und dann
zum Kellner zu sagen »*stimmt so*«, gibt es in Spanien nicht. Nur wer
den Zahlbetrag kennt und das Geld passend zur Hand hat, legt eine

Kleinigkeit als Trinkgeld hinzu, das der Kellner meist schweigend einsteckt. In allen anderen Fällen, in denen man einen Kassenbon oder eine Rechnung auf Anforderung erhält, legt man einen Schein auf den Zahlteller und wartet das Wechselgeld ab. Anders als in Deutschland ist es seltener in »passender« Münze fürs Trinkgeld gestückelt. Wenn Sie mit Essen und/oder Service unzufrieden waren, sollten Sie alles einstecken; wenn Sie zufrieden waren, lassen Sie ca. 5% des Rechnungsbetrages auf dem Zahlteller liegen, und wenn es hervorragend war, geben Sie 10%. Aber nicht mehr, denn Sie wollen doch nicht die guten Sitten verderben!

Wertschätzung als Gast

Sollten Sie in einer Bar oder einem Restaurant bereits bekannt sein, können Sie an Kleinigkeiten feststellen, ob man Sie angemessen schätzt. Wenn Sie am Schluss des Essens einen **chupito** erhalten, einen kleinen Verdauungsschnaps, ist das der Dank des Wirtes für Ihre Einkehr und sozusagen die Eingangsstufe für sein »Verhältnis« zu Ihnen. Begrüßt und verabschiedet er Sie mit Handschlag, sind Sie schon sehr angesehen, und kommt er Ihnen gar mit geöffneten Armen und dem Ausruf »Hola, amigo« entgegen, dann haben Sie die höchste Stufe der Wertschätzung errungen, auch wenn Sie das mit dem *amigo* nicht sehr wörtlich nehmen dürfen.

Um Ihnen Ihren Status zu demonstrieren, wenn Sie ihm und seinem Lokal etwas bedeuten, wird der *patrón* Sie persönlich bedienen, Ihnen Besonderes empfehlen, ein Gericht auf Ihren Wunsch hin sogar ändern oder Ihnen etwas Eigenes kochen, das nicht auf der Speisenkarte steht. An der Bar erhalten Sie bei entsprechender Wertschätzung »Ihr« Getränk auch ohne Bestellung und zum *carajillo*, einem Espresso mit einem Schuss Whiskey oder Cognac, wird Ihnen die Flasche hingestellt zur freien Bedienung. Was in Deutschland durch gutes Trinkgeld zu erreichen ist, läuft in Spanien eher über Sympathie, Ihr Verhalten und ein paar Worte Spanisch.

Wenn Sie diese höchste Stufe der Anerkennung erreichen, müssen Sie mit dem Trinkgeld etwas vorsichtiger sein, d.h. weniger oder gar nichts geben. Sofern Sie an der Bar nur einen Kaffee hatten oder der Chef Sie am Tisch bedient und Ihnen die Rechnung bringt, sollten Sie das gesamte Wechselgeld einstecken. Von einem *amigo* Trinkgeld zu nehmen, verbietet sich nämlich (eigentlich) für einen Spanier.

Männer unter sich

Wer als männlicher Berufstätiger nach Mallorca kommt, wird unausweichlich zum Bargänger, weil das dort einfach zum Lebensrhythmus gehört. Mit vielen Männern benötigt man kaum eine Verabredung, um sie zu treffen; man findet sie unweigerlich in »ihrer« Bar, und zwar meist zu festen Zeiten. Kein Wunder also, dass so viele Bars existieren können!

Geschäfte in der Bar

Die Bars auf Mallorca, vor allem in Palma, besitzen zusätzlich eine ökonomische Funktion. Man trifft sich in ihnen auch, um Geschäfte zu besprechen. Eine informelle Umgebung und ein Glas Wein sorgen für eine gute Atmosphäre. Und so sieht man Geschäftsleute oft in intensive Gespräche vertieft am Tresen. Mancher Kontrakt wird dort unter Dach und Fach gebracht. Vor allem bei Verhandlungen, die ins Stocken geraten oder sich schwierig gestalten, schlägt ein Mallorquiner gerne vor, mal auf einen Kaffee in die Bar zu gehen. Diese Treffs sind ein (notwendiger) Bestandteil des mallorquinischen Wirtschaftslebens.

Wichtig: Die für ein Treffen in einer Bar verabredete Uhrzeit ist als Näherungswert zu verstehen und eine großzügige Kulanzspanne einzukalkulieren.

Kontakte suchen und nutzen

Allein schon durch seine regelmäßigen Barbesuche hat ein Mallorquiner also viele nützliche Kontakte. Man kennt sich eben lange, und natürlich nicht nur aus den Bars, sondern auch von den *Institutos*, den feinen Gymnasien für die Bessergestellten, vom Militär, von den *Fraternidades*, den Bruderschaften, die zu Ostern bei den Prozessionen zu sehen sind usw. Ganz Mallorca ist, so scheint es, eine verschworene Gemeinschaft, die zusammenhält. Auch das haben sie gelernt seit den Zeiten der Eroberer bis hin zum *Caudillo Franco*.

Jeder weiß, wer einem wann helfen kann, und nutzt es. Deshalb ist es richtig und wichtig, die Freundschaft eines Mallorquiners zu suchen, wenn Sie auf Mallorca etwas erreichen wollen. Den finden Sie in der »richtigen« Bar – einer, in der spanische Geschäftsleute verkehren. Und diese Bars liegen immer im Umfeld von Ämtern und Behörden. Ohne Spanisch- (noch besser Mallorquinisch-) und Fußballkenntnisse haben Sie in dieser Umgebung aber keine Chance. Auf welchem Tabellenplatz der lokale Erstligist *Real Mallorca* gerade steht, wie er am Wochenende und überhaupt in der laufenden Saison gespielt hat, und wer die Hauptakteure sind, sollten Sie zumindest wissen. Wie Sie am besten über diesen Weg Kontakte herstellen, erfahren Sie im Abschnitt »Kontakt finden«, Seite 108f.

Amistades

Durch die »richtigen« Kontakte zu den »richtigen« Mallorquinern können Sie auf der Insel durchaus einiges bewegen und erreichen. In die *amistades* aber werden Sie als Ausländer nie hineinkommen. Das sind Männerfreundschaften, die durch gemeinsame Vergangenheit und Erlebnisse geprägt sind. Sie funktionieren wie Bruderschaften, nur, dass sie keinen Namen tragen. Solche *amistades* sind natürlich keineswegs eine spanische Besonderheit, denn überall gibt es bekanntlich »Amigo-Beziehungen« oder »Seilschaften«. Hier wie dort ist der Zusammenhalt auch dadurch gegeben, dass man gelegentlich eine gemeinsame »Leiche im Keller« hat.

Die *amistades* dienen eindeutig der gegenseitigen Vorteilnahme; ob es nun darum geht, billig ein Grundstück zu kaufen, einen Auftrag zu bekommen oder eine Genehmigung, die auf normalem Weg nur schwer oder gar nicht zu haben wäre. Sie können sich vorstellen, dass dabei manchmal flott geschmiert wird. Aber das ist ja keine rein spanische Besonderheit. Und ab und zu kommt so etwas auch auf Mallorca ans Licht:

Der (nun) ehemalige Bürgermeister von Andratx *Eugenio Hidalgo* verbrachte nach Verhaftung 2007 wegen Immobilienschiebereien bereits mehrere Jahre in Haft und soll nun noch, geht es nach der Antikorruptionsbehörde, zusätzliche acht Jahre hinter Gitter.

Der Fall des ehemaligen Ministerpräsidenten der Provinz Baleareninseln, *Canellas*, der sich am Bau des Straßentunnels nach Sóller bereichert haben soll, schlug zwar hohe Wellen und kostete ihn sein Amt, aber an Einfluss verloren hat er dadurch kaum.

Derartige Vorkommnisse, so scheint es, werden wie Verkehrsunfälle betrachtet, die schon mal passieren können. Dem Zusammenhalt der *amistades* tut dies kaum Abbruch.

Bleibt abzuwarten, welche Konsequenzen die letzten großen Korruptionsskandale um die ehemalige Präsidentin des Balearenparlaments, *Maria Antónia Munar*, von der rechts-nationalen *Unió Mallorquina* sowie um den Ex-Ministerpräsidenten *Jaume Matas* von der konservativen Volkspartei *Partido Popular* haben werden.

Es ist aber eher unwahrscheinlich, dass sich eine völlig neue Kultur der Transparenz und moralischen Integrität von heute auf morgen im traditionell von Schmiergeldern und Vetternwirtschaft geprägten politischen Leben Mallorcas durchsetzen kann.

Freiräume

Weniger Verbote

Lebt man in Spanien, stellt man – vielleicht überrascht – fest, dass außerhalb engerer familiärer und sozialer Regeln und innerhalb eines ungeschriebenen, aber weithin akzeptierten Rahmens wesentlich mehr erlaubt ist, und es größere Freiräume gibt als in deutschen Landen. Das beginnt schon damit, dass nicht so vieles aus-

drücklich verboten wird. Schilder wie: »Ballspielen verboten«, »Betreten des Rasens untersagt« in öffentlichen Parks findet man so gut wie nicht. Auch andernorts sieht man ein »prohibido« (verboten) nur selten, wenn man jedoch darauf stößt, dann sollte man es auch ernst nehmen, z.B. ein Schild mit der Aufschrift »Prohibido el Paso« (»Durchgang/-fahrt verboten!«). Bereits ein simples »Privado« *) sollte davon abhalten, neugierig weiter in fremde Gefilde einzudringen, es sei denn, man möchte Bekanntschaft mit – oft scharfen – Hunden machen.

Eines der wenigen gängigen, aber sinnvollen Verbote betrifft Hunde am Strand

Natürlich gilt auch in Spanien eine **Straßenverkehrsordnung** mit ihren Ge- und Verboten, aber manche Spanier halten die nicht für sich, sondern eher für andere gemacht. Umso erstaunlicher ist in diesem Zusammenhang die Tatsache, dass man das **Rauchverbot** in der Öffentlichkeit rasch und rigoros durchsetzen konnte.

In der Praxis – wen wundert's? – schwächelte es allerdings mit der konsequenten Umsetzung. So fand man Jahre später immer noch in vielen Restaurants auf der Insel Raucher- und Nichtraucherbereiche einvernehmlich nebeneinander im gleichen Raum, getrennt nur durch eine imaginäre Luftlinie. Verschärfte Gesetze seit Anfang 2011 sollen nun für radikale Abhilfe sorgen.

---

*) Das oft zu sehende »Coto privado de caza« heißt nur »privates Jagdgebiet«; das darf ohne Schußwaffe in der Hand durchaus betreten werden

Fahrverhalten

Trotz Straßenverkehrsordnung folgen viele Einheimische am Steuer eigenen Gesetzen. Wohl deshalb empfinden Ausländer das Fahren auf Mallorca vielfach als gewöhnungsbedürftig – um es vorsichtig auszudrücken.

Das allgemeine Verhalten auf den Autobahnen und Landstraßen unterscheidet sich stark von dem in der Stadt. Während außerhalb – auch nach deutschen Kriterien – allgemein recht diszipliniert gefahren wird, überwiegt speziell in Palma ein chaotischer Fahrstil. Wenn Sie einen Mallorquiner darauf ansprechen, wird er vermutlich nur mit den Schultern zucken und sagen »*es normal*«, also etwa: »Was wollen Sie?«

Ganz »normal« ist z.B., dass Sie rechts und links überholt und geschnitten werden, dass beim Abbiegen nicht geblinkt und immer auch noch bei »Spätgelb« über Ampeln gebraust wird. Parken in der zweiten Reihe ist ebenfalls normal. Sollten Sie dadurch eingeklemmt sein, hupen Sie so ange, bis jemand kommt. Wundern Sie sich nicht, wenn der Betreffende keine Eile zeigt und sich auch nicht entschuldigt. Blockiert jemand den fließenden Verkehr, so warten Bus, Taxi und andere Pkw geduldig und ohne zu hupen, bis der Betreffende weiterfährt. Dies wie auch die »offensive« Fahrweise in Palma beruht im Übrigen weniger auf Aggressivität als auf Unbekümmertheit.

Blechschäden

Die eventuellen Folgen ihrer lockeren Fahrweise nehmen Spanier anscheinend bewusst in Kauf. Sollten Sie jemals einen kleinen Schaden verursachen, werden Sie die Unterschiede zwischen Südländern und Mitteleuropäern bemerken.

39

Während in nördlichen Breiten schon Blechschäden eine mittlere Katastrophe auslösen mit Fotos, Protokollen und Schadensmeldung bei der Versicherung und sich die Kontrahenten nicht selten in die Haare geraten, steigt hierzulande der »angerempelte« Fahrer ruhig aus und sieht sich den Schaden an. Handelt es sich lediglich um eine Delle oder eingedrückte Stoßstange, wird er mit den Schultern zucken und sich meistens kaum besonders aufregen. Das erwartet er auch von Ihnen. Und so steigt man wieder ein und fährt weiter. Das erklärt die vielen Autos auf Mallorca mit deutlichen »Berührungsspuren«.

Die Polizei als Freund und Helfer

Spanische Polizisten gebärden sich meist nicht als Hüter eherner Gesetze. Die Uniform macht in der Regel keine anderen Menschen aus ihnen. So kommt es, dass spanische Polizisten oft wegschauen, wenn an Einmündungen, in Halteverbots-Zonen oder in zweiter Reihe geparkt wird, solange das den Verkehr nicht wirklich ernsthaft stört. Wenn ein Polizist gerade dabei ist, einen Strafzettel auszustellen, und der Betroffene auftaucht, bevor das »Ticket« hinter dem Scheibenwischer klemmt, lässt sich die Angelegenheit oft noch klären. Gestenreiche Hinweise, dass man eben mal ganz dringend etwas erledigen musste, sind dabei hilfreich.

In der **ORA**, den Kurzparkzonen in den Zentren der Orte, herrschen indessen andere Gesetze. Wenn Sie dort ein »Ticket« bekommen, helfen Ihnen keine Beschwörungen. Wie weiter unten erläutert (Seiten 60 & 78), bestehen aber noch Möglichkeiten, die Höhe der Strafe zu reduzieren. Im Zweifel wird Ihnen die Polizei sogar bei der sogenannten *anulación* am Automaten behilflich sein.

Angesichts der in den letzten Jahren bedrohlich hohen Zahlen an Unfällen und Verkehrstoten auf Mallorca hat man die Verkehrskontrollen deutlich verstärkt. Geschwindigkeitsüberschreitungen und Fahren unter Alkoholeinfluss führen zu erheblich empfindlicheren Geldbußen als bei uns bzw. zu Führerscheinentzug, was früher eher selten praktiziert wurde.

In 2009 kam es dann auch in Folge dieser und anderer Maßnahmen erstmals zu einer Trendumkehr in der traurigen Statistik. Leider war diese positive Entwicklung nur von kurzer Dauer. In 2010 nahm die Zahl der Verkehrstoten im Vergleich zum Vorjahr wieder deutlich zu. Die Polizei versucht nun (2011), durch mehr Präsenz auf Mallorca wieder eine striktere Einhaltung der Verkehrsregeln durchzusetzen.

Kein Drohen mit dem Anwalt

»Sie werden von meinem Anwalt hören« ist in Deutschland im Streitfall eine gängige Drohung. Ein Heer von Anwälten muss sich bei uns um Nichtigkeiten kümmern. In Spanien ist das anders. Nehmen wir einmal an, Sie könnten eine Rechnung im Moment nicht bezahlen oder seien mit der Miete in Verzug. Dann wird Sie der Lieferant oder Vermieter anrufen oder aufsuchen und von Ihnen erst einmal den Hintergrund Ihrer finanziell offenbar desolaten Lage erfahren wollen. Solche Gespräche verlaufen zunächst in einem freundlichen Ton, und der Gläubiger wird selbst dünne Ausreden zunächst akzeptieren und – zumindest verbal – Verständnis für Ihre Situation zeigen. Am Schluss wird er fragen, wann er denn mit dem Rechnungsausgleich/der Miete rechnen könne. Wenn Sie dann sagen: »In vier Wochen«, wird er antworten: »Dann werde ich wieder nachfragen«. Auch wenn Sie nach Ablauf dieser Zeit immer noch nicht zahlungsfähig sein sollten, ist eine Fristverlängerung möglich, ohne dass gleich ein Anwalt eingeschaltet wird.

Zahlungsmoral

Diese Geduld hat drei Gründe:

- Erstens ist es in Spanien durchaus üblich, erst dann zu zahlen, wenn es nicht mehr anders geht (speziell in der sich verschärfenden Wirtschaftskrise 2011 hat sich diese Haltung allerdings zum ernsthaften Problem ausgewachsen, siehe www.mallorcazeitung.es/report/2011/09/29/insel-unbezahlten-rechnungen-richtiger-teufelskreis/21297.html).
- Zweitens wissen alle, dass es bei der nach wie vor ineffizienten spanischen Justiz überhaupt keinen Sinn macht, einen Anwalt und die Gerichte zu bemühen, weil man vermutlich zu Lebzeiten nicht mehr zu seinem Recht kommt.
- Und drittens gehört es zur Lebensphilosophie der Spanier und damit auch von Vermietern, sich möglichst wenig aufzuregen.

Mieter und Vermieter

Wie viel unverkrampfter man miteinander umgeht, zeigt auch das Verhältnis zwischen Vermieter und Mieter. Auseinandersetzungen zwischen den Parteien, die in Deutschland scharfe Formen annehmen können, gibt es hier selten. Das Verhältnis ist nicht zuletzt deshalb unkomplizierter, weil Spanier eine Wohnung vorzugsweise kaufen und möglichst nur übergangsweise zur Miete wohnen.

Die ehemals extrem mieterfreundlichen Verträge sind mittlerweile europäisch angeglichen und somit vergleichbar mit den deutschen.

Auf die Einhaltung eines Mietvertrages wird von Seiten des Eigentümers in der Regel nicht streng gepocht. Möchte ein Mieter vor Ablauf der eigentlich vereinbarten Kündigungsfrist bzw. Mietdauer ausziehen, entlässt ihn Vermieter meist kurzfristig aus dem Vertrag. Im schlechtesten Fall verliert der Mieter die Kaution von zwei Monatsmieten.

Weitere Einzelheiten zur Wohnungsmiete ab Seite 67.

Optimale Wohnlage Passeig Colom in Port de Pollenca

Registrierung auf Mallorca

Auf Mallorca konnte man sich früher leichter als bei uns »unsichtbar« und unauffindbar machen. Das lag vor allem daran, dass das Meldeverfahren sehr lasch gehandhabt wurde. Das ist jetzt vorbei. Jeder zugezogene Ausländer, der **länger als drei Monate** ununterbrochen auf der Insel verweilen möchte, muss sich ins Ausländerregister eintragen sowie anschließend beim Einwohnermeldeamt seines Wohnortes registrieren. Darüber hinaus muss er (auch im eigenen Interesse!) eine Steuer- und Identifikationsnummer, die sogenannte **»N.I.E.«** beantragen. Abgesehen von den damit verbundenen bürokratischen Schritten bereitet das alles im Rahmen der Freizügigkeit innerhalb der EU für EU-Staatsbürger prinzipiell keine Probleme. Mit Hilfe der genannten Schritte, die an die Stelle der früher nur von einer Minderheit beantragten sog. »*residencia*« (Aufenthaltsgenehmigung und -registrierung) getreten sind, ist ein Untertauchen auf Mallorca (aus welchen Motiven auch immer), wenn nicht vollständig unmöglich, so doch stark erschwert.

Anschriften und Briefkästen

In den Städten befinden sich an Briefkästen, Haus- und Wohnungstüren oft keine Namen, sondern nur Zahlen, welche die Wohnung kennzeichnen; so bedeutet 1-5: 1.Etage, Apartment 5. Und nicht einmal die Hausbewohner wissen, wer neben ihnen wohnt. Da sich die wenigsten die zu Bekannten und Freunden gehörenden Ziffern merken, drücken Besucher gern auf alle Klingeln, bis sich der Gesuchte über die Sprechanlage meldet. Die Zusteller machen es sich einfach, indem sie Post für 1-5 in den Briefkasten 1-5 stecken, ob der Adressat dort noch wohnt oder nicht. Die Anonymität macht es auch möglich, eine Wohnung »schwarz« zu vermieten, ohne dass es jemand merkt. Daher ist es schwierig, Schulden mittels Urkunde einzutreiben.

Am Telefon

Die Anonymität bzw. Diskretion wird auch am Telefon gewahrt. Wer angerufen wird, meldet sich ohne Namensnennung lediglich mit »*si, diga*!«, was »Ja, sprechen Sie« bedeutet. Auch der Anrufer nennt meist nicht seinen Namen, sondern fragt nur: »*Está Julia?*« (»Ist Julia da?«). Das ist die perfekte Diskretion, die sich ebenso im Telefonbuch der Insel wiederfindet. Wie viele Nummern darin überhaupt stimmen, kann keiner sagen.

Arbeitszeugnisse?

Ohne Zeugnisse sind Sie in Deutschland schlecht dran. Dabei wird in keinem Bereich so viel gelogen wie bei der Ausstellung von Arbeitszeugnissen. Da die deutsche Gesetzgebung jedem Arbeitnehmer ein qualifiziertes Zeugnis garantiert, auch wenn er unqualifiziert ist, und gegen bestimmte Formulierungen, wie »hat sich ständig bemüht ...«, gerichtlich vorgegangen werden kann, quälen sich deutsche Personalchefs mit angemessenen Formulierungen herum. Einerseits sollen die Aussagen nicht explizit negativ sein, andererseits aber ggf. erkennen lassen, dass der/die Betreffende in manchen Belangen keine zufriedenstellende Leistung gezeigt hat.

In Spanien mutet man den Vorgesetzten solche Klimmzüge erst gar nicht erst zu. Es besteht kein Anspruch auf ein Zeugnis. Es gibt lediglich Arbeitsbescheinigungen für ausgeführte Tätigkeiten.

In deutschen Stellenangeboten wird fast immer das Einreichen kompletter Zeugnisunterlagen gefordert. In Spanien erläutert der Arbeitgeber lediglich kurz, wie er sich einen neuen Mitarbeiter vorstellt – wobei als Anforderung oft *tiene que ser educado* (»muss für den jeweiligen Job ausgebildet sein«) auftaucht. Interessenten werden meist nur aufgefordert, ihren Lebenslauf einzusenden. Hilfreich allerdings ist es, wenn jemand, wie auch im angelsächsischen Bereich üblich, Referenzen beibringen kann, die ihn oder sie als bewährte und qualifizierte Arbeitskraft ausweisen.

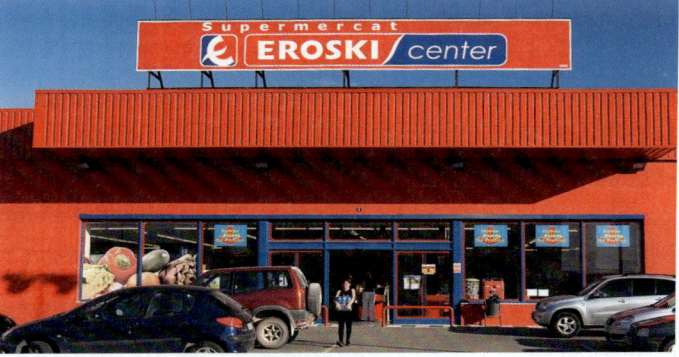

Das Gros der Super- bzw. Hypermärkte auf Mallorca läuft seit langem unter dem Dach der Firma Eroski, ein für Deutsche etwas irritierender Name. Eroski Center sind tatsächlich schlicht Lebensmittelmärkte und haben nichts mit Eros zu tun.

Das Leben auf Mallorca

Die Sprachen: Mallorquí vor Castellano

Wie bereits weiter oben erwähnt ist das Mallorquinische (*Mallorquí*) eine Mundart des in der Region um Barcelona verbreiteten *Catalán*, einer alten, aber lebendigen Sprache. Deren Erhalt und Pflege wird heute von Staats wegen nach Kräften sogar finanziell gefördert, sogar durch EU-Zuschüsse zur Veröffentlichung katalanischer Literatur. Aber nicht einmal alle geborenen Mallorquiner beherrschen die Inselsprache, schon gar nicht die über 50.000 Festlandspanier, die in den Sommermonaten als saisonale Arbeitskräfte auf die Balearen kommen.

Gesetz zur sprachlichen Normalisierung

Ohne Rücksicht auf die dadurch entstehende Sprachbarriere verfügte die Balearenregierung 1997 in ihrem »Gesetz zur sprachlichen Normalisierung«, dass in Ämtern und Banken die Kunden in erster Linie auf Mallorquinisch angesprochen werden sollen und alle Formulare sprachlich anzupassen seien. Und auch für einen Arbeitsplatz im öffentlichen Dienst (z.B auch als Arzt) ist das Beherrschen der Inselsprache Voraussetzung. Dabei sind die Balearen – bei aller Autonomie, die der deutscher Bundesländer ähnelt – eine spanische Provinz und damit eigentlich der nationalen Amtssprache Spanisch (*Castellano* = Kastilisch) verpflichtet. Bereits seit 2003 müssen darüber hinaus Einzelhändler alle angebotenen Waren (auch) in katalanischer Sprache auszeichnen. Die Bestrebungen der Regionalregierung, das Katalanische in sämtlichen Bereichen des Lebens als vorrangig zu etablieren, stoßen aber immer wieder auf heftige Widerstände, vor allem der Zuwanderer. Eine Lösung des Konfliktes ist bislang nicht absehbar. Aktuelle Befragungen von offizieller Seite haben kurioserweise ergeben, dass trotz der massiven Förderung des Mallorquinischen die Sprache auf dem Rückzug ist. Nur bei den über 65jährigen ist sie noch primäre Verkehrssprache, bei Jugendlichen dominiert eindeutig das Hochspanische.

Stadtverwaltung Palma:
Zeiten nur auf Catalán

Das Leben auf Mallorca

Mallorquinisch in der Schule

Auch in den staatlichen Schulen ist Mallorquinisch längst Pflicht. Jede Schule auf den Balearen muss theoretisch mindestens 50% des Unterrichts in katalanischer Sprache abhalten, oft liegt der Prozentsatz mittlerweile sogar noch höher. Viele ausländische Residenten, die ihre Kinder auf lokale Grundschulen schicken, betrachten diese Entwicklung mit gemischten Gefühlen. Bei nicht-katalanischen Spaniern ist die Skepsis sogar noch stärker ausgeprägt. Wer sich dieser Problematik entziehen möchte, kann sein Kind auf eine der renommierten spanischen oder internationalen (Privat-) Schulen Mallorcas schicken; das allerdings hat seinen Preis. Mehr zu diesem Thema steht im Kapitel »Schulen ...« ab Seite 230.

Mallorquinisch lernen

Wer nun als erwachsener (angehender) Resident die Flucht nach vorne ergreifen und Mallorquinisch lernen will, der kann dies dank staatlich geförderter Programme kostenfrei angehen. Viele Gemeinden bieten regelmäßig Katalanisch-Kurse auf verschiedenen Niveaus an. Die Nachfrage von Seiten der internationalen Residenten ist jedoch eher schwach, die Erfolgsquote noch schwächer. Die meisten Neu-Mallorquiner sind vollauf damit beschäftigt, sich ausreichende Grundkenntnisse in der offiziellen Landessprache, dem Hochspanischen, anzueignen.

Nähere Informationen zu den Sprachkursen erhält man in den Rathäusern der jeweiligen Orte. Teilnehmer sind überwiegend Berufstätige der jungen bis mittleren Generation. In einem Vierteljahr werden in zwei bis drei Unterrichtstunden pro Woche die Grundlagen für eine simple Alltagskommunikation gelegt. Mehr Infos zu kostenlosen Katalanisch-Kursen in Palma gibt es unter http://www.projectedpalma.cat/ (natürlich auf Katalanisch!)

Streng genommen, müsste dieser Supermarkt seine Abteilungen auch auf katalanisch benennen. Und »Supermarket« heißt es weder auf Spanisch, Katalanisch oder Deutsch, sondern nur auf Englisch.

Einkaufen und Lebenshaltungskosten

Ladenschluss und Service

Wer nach Mallorca kommt, wird über die Servicebereitschaft im Einzelhandel staunen Zwar haben sich mittlerweile die erweiterten Ladenschlusszeiten europaweit angeglichen, doch fällt in Spanien die Selbstverständlichkeit auf, mit der diese eingehalten werden.

Dabei sind die Netto-Monatsgehälter der Branche (ca. €900–€1.200 bei Vollzeitarbeit) so niedrig, dass deutschen Kollegen die Augen tränen würden. Und das bei langen Arbeitszeiten, Sonn- und Feiertagsschichten, die in Deutschland nach wie vor – nicht ganz unberechtigt – als unzumutbar gelten.

Delikatessentheke im Mercat Olivar in Palma – Nähe Plaza Espanya

Konsumgüterpreise

Die Lebenshaltungskosten auf Mallorca sind in den letzten 25 Jahren mächtig in die Höhe geschossen, liegen zum Teil aber immer noch niedriger als in Deutschland. Letzteres gilt aber nur für Zonen fernab des Tourismus. Dass mit dem rasanten Preisanstieg zunächst einmal Schluss ist, kann als eine der wenigen positiven Auswirkungen der Finanz- und Wirtschaftskrise gesehen werden, durch welche die Inflationsblase auf Mallorca – vor allem im Bereich der Immobilien – zum Platzen gebracht wurde.

In den großen spanischen *Hypermercats* rund um Palma an den Autobahnen (*Continente, Mercadona, Eroski Center, Alcampo* u.a.)

Lidl & Co. – deutsche Ladenketten auf Mallorca

Für manche Residenten (und auch Touristen) ist bedeutsam, dass sie im Ausland nicht nur das Gleiche zu essen bekommen wie in der Heimat sondern auch dieselben Produkte einkaufen können.

Diesem Bedürfnis tragen auf Mallorca mittlerweile etliche Filialen etablierter deutscher Ladenketten Rechnung, so z.B. *Lidl* mit 6 Discountmärkten, *Douglas* mit 2, Drogerie *Müller* mit 9 und – bereits omnipräsent – *Schlecker* mit 30.

Aldi-Supermärkte sucht man bislang vergeblich, wiewohl ein paar findige Geschäftsleute auf der Insel den bekannten Namen für ihre meist teuren *Supermercats* nutzen.

Außer auf lieb gewonnene heimische Waren trifft man in einigen der »echten« Filialen auch auf deutsches Personal, was besonders Kunden, die wenig oder gar kein Spanisch sprechen, zu schätzen wissen.

Filialen deutscher Supermarktketten mit Originalprodukten aus Deutschland findet man nun in vielen Orten:

Lidl unter anderem in Manacor, Cala Rajada und Cala Millor.

Mundi, eine weitere deutsche Kette mit Läden in Cala Rajada, Cala Millor und Santa Ponça.

Müller-Drogeriemärkte gibt es in Alcudia, Andratx, Capdepera, Inca, Llucmajor, Manacor, 2 x in Palma und Son Servera.

und an der Peripherie mallorquinischer Städtchen im Landesinneren kann man teilweise etwas günstiger als in Deutschland einkaufen. Das betrifft bei weitem nicht alle Lebensmittel und Getränke, aber doch viele Artikel des täglichen Bedarfs und langlebige Konsumgüter wie Fahrräder, Kühlschränke, Waschautomaten und Keidung.

Im Sommer 2011 lag die aufs Jahr bezogene Inflationsrate im spanischen Schnitt bei offiziellen 3,9%, also klar über dem deutschen Niveau. Auch in den Jahren vor der Krise war die Teuerung auf Mallorca bereits signifikant stärker als in Deutschland ausgefallen bei gleichzeitig niedrigeren Löhnen und Gehältern.

Preise in der Gastronomie

Speziell seit der Einführung des Euro und eines damals erfolgten drastischen Preisschubs ist die Gastronomie auf Mallorca ziemlich teuer geworden. Das Spektrum der Preise ist zwar groß, aber es liegt alles in allem auf deutschem Großstadtniveau. Trotz dadurch bedingter Umsatzverluste sind Preisreduktionen bestenfalls vereinzelt zu beobachten. Angesichts großer Konkurrenz in vielen Regionen lassen sich aber meistens Lokale mit einem überdurchschnittlichen Preis-/Leistungsverhältnis herausfiltern.

Fazit

Insgesamt gesehen lässt sich Ende 2011 festhalten, dass die Preise unter Berücksichtigung aller relevanten Bereiche auf Mallorca höher liegen als in Deutschland.

Im Bereich des Massentourismus wird dieser belastende Faktor teilweise durch all-inclusive-Angebote kompensiert. Offenbar kann all-inclusive erheblich günstiger kalkuliert werden als eine individuelle Kombination von Unterkunft und Verpflegung.

Supermarkt Apotheke

Wenn es nach deutschen Kriterien ginge, müssten alle Apotheken auf Mallorca geschlossen werden. In ihnen kann man vieles kaufen, was es anderswo nur auf Rezept gibt. Deutsche, auf Mallorca praktizierende Ärzte, bezeichnen die freie Herausgabe von bei uns – aus gutem Grund – verschreibungspflichtigen Medikamenten als äußerst problematisch, weil hochwirksame Arzneimittel in der Hand von Laien zu Zeitbomben werden können. Das gilt insbesondere für frei verkäufliche Antibiotika, manche Schmerzmittel, Hormonpräparate und cortisonhaltige Salben.

Da aber die Preise dafür zum Teil nur halb so hoch sind wie in Deutschland, kann man es Urlaubern kaum verdenken, dass sie sich mit ihnen bekannten Medikamenten versorgen. Anti-Baby-Pillen z.B. kosten in Spanien fast 50% weniger, aber auch bei uns frei erhältliche Mittel, wie das deutsche Aspirin oder Paracetamol bekommt man in Spanien ca. 25% günstiger.

Die königliche Post

Bis heute entspricht der Service der Post in Spanien und besonders auf Mallorca nicht immer dem in Mitteleuropa gewohnten Standard, selbst wenn der in den Augen vieler Postkunden in Deutschland auch nicht mehr dem entspricht, was wir früher gewohnt waren. Dennoch funktioniert die deutsche Post alles in allem noch relativ gut.

Wer Post von Mallorca nach Deutschland oder in andere europäische Länder versenden will, sollte weiterhin längere Beförderungszeiten berücksichtigen. So können Briefe oder Karten bis zu zwei Wochen unterwegs sein, obwohl der Transport per Luftpost erfolgt. Wenn man Glück hat, dauert es drei Tage, bis der Brief sein Ziel erreicht, bei Karten scheint es generell immer noch länger zu dauern.

Briefmarken gibt es nicht nur am Postschalter, sondern auch in Tabakläden (*Estancos*) und teilweise auch in Supermärkten.

Briefzustellung

Im Prinzip funktioniert die Post auf Mallorca zufriedenstellend, sofern nicht gerade ein Streik anliegt. Da innerhalb Palmas die Zustellung einer Sendung einen Tag, aber auch eine Woche dauern kann, lassen sich Banken und viele Firmen erst gar nicht auf diese Unwägbarkeit ein. Sie beschäftigen private Zustelldienste, damit Unterlagen und Rechnungen tatsächlich und schnell ankommen. Besonders flott arbeiten Fahrradkuriere, die eilige Post innerhalb der Inselhauptstadt in unter einer Stunde befördern.

Bürokratische Hürden

Die Spanier beklagen sich, dass ihre Staatsbürokratie schlecht organisiert und damit alles über die Maßen schwierig, undurchsichtig und zeitaufwendig sei. Jeder Beamte hat sein eigenes kleines Aufgabengebiet. Der eine gibt Formulare aus, der Nächste stempelt ab, und der Dritte kassiert. Dabei befinden sich die entsprechenden Schalter bzw. Dienstzimmer in den Ämtern oft an ganz verschiedenen Stellen, was mit Laufereien und Wartezeiten verbunden ist.

Das komplizierte System hat historische Gründe: Jahrhunderte lang war Spanien absolutistisch-patriarchalisch organisiert und stand unter starkem Einfluss der katholischen Kirche mit der Folge eines bis heute ausgeprägten Obrigkeitsdenkens. Zwar hat sich inzwischen einiges geändert, aber man steht immer noch erstaunlich oft und dazu geduldig Schlange.

Die Registrierung - Residencia

Wenn Sie auf Mallorca leben und arbeiten wollen, brauchen Sie vor allem einen Meldeschein sowie eine darauf eingetragene Identifikations- und Steuernummer (N.I.E.), wie bereits weiter oben erwähnt. Eine Aufenthaltsgenehmigung benötigt man nicht mehr. Diese Verpflichtung wurde bereits vor mehreren Jahren für alle EU-Bürger abgeschafft. Die Identifikations-/Steuernummer benötigt man für alle »offiziellen« Vorgänge, wie z.B. Steuererklärungen, Miet- und Kaufverträge, Kontoanmeldung, Beantragung von Versicherungen, Führerscheinumschreibung, Firmengründung, etc.

Für neue Mallorca-Residenten gibt es dennoch Gründe, sich freiwillig zu registrieren lassen, also eine ***Tarjeta de Residencia*** zu besorgen. Man kommt damit in den Genuss bestimmter Vergünstigungen und von »Residenten-Rabatten«. Dazu gehören z. B. reduzierte Eintrittspreise und günstigere Fahrscheine im öffentlichen Nahverkehr. Besonders attraktiv sind die Ermäßigungen von derzeit 50% auf Flüge und Fährverbindungen von den Balearen aufs Festland. Dafür lassen sich registrierte Residenten im Rathaus ihrer Gemeinde zusätzlich das *Certificado de viaje* (»Reisezertifikat«) ausstellen.

Tarjeta verde

Schon seit 2005 gibt es die ganz interessante **tarjeta verde** (bzw. *targeta verda* auf Mallorquinisch), die »grüne Karte«, nicht nur für Touristen als fakultatives Angebot, sondern auch für Mallorquiner und ausländische Residenten.

Sie kostet nur €10 und ist für ein Jahr gültig (im Gegensatz zum Pendant für Touristen, die nur 15 Tage genutzt werden kann). Der Inhaber erhält bei Vorlage Ermäßigungen auf Eintrittspreise (Museen: 50%) und Aktivitätskosten (Golf 10%, Stadtrundfahrt Palma 20%, Bahnfahrten 30% etc.). Über 1000 Einrichtungen honorieren die Karte, darunter auch Restaurants. Sie ist in allen Postämtern erhältlich. Weitere Infos und Bezug auch über die Website www.targetaverda.com

Die Erlöse aus dem Kartenverkauf kommen »nachhaltigen« Umweltschutz-Projekten auf Mallorca zugute. Auf der Website findet man eine Auflistung der jeweils aktuell geförderten Projekte.

Der Resident

(Essay von Elke Menzel/Santanyi, siehe Literaturempfehlungen auf Seite 242)

Dass die spanische Vokabel »*residente*« nicht mehr besagt als »wohnhaft, ansässig« und mit dem deutschen Titel »Resident«, der früher nur Fürsten und Königen vorbehalten war, nichts gemein hat, kümmert den Neu-Mallorquiner nicht. Er ist ex definitione Resident, auch wenn er die *residencia* gar nicht erst beantragt hat. Und seine Residenz kann sich sehen lassen: Mit Zinnen und Türmen und Erkern und Altanen gleicht so manches Haus oft schon von weitem einem Schlösschen. Der wahre Resident baut sein Haus, wenn möglich, etwas erhöht mit unverbaubarem Meerblick. »Da hinten ist das Meer«, sagt er stolz, und justiert das Fernrohr auf den Horizont. Nur schade, dass es immer mehr Residenten in die Gegend zieht und der Nachbar seine Freitreppe noch beeindruckender gestaltet hat.

Den Deutschen fehlt einfach ein Monarch, da kann einer sagen, was man will. Wenigstens auf Mallorca wollen sie einen haben oder auch zwei. Immerhin gibt`s schon einen »Wurst-« und einen »Bierkönig« – und wenn ich nicht irre, haben wir auch schon einen »Immobilienkönig«. Immerhin kommt auch ein richtiger König, *Juan Carlos I* von Spanien, mindestens zwei Mal im Jahr nach Mallorca!

Aber nur Residieren wird mit der Zeit langweilig, und der Resident denkt häufiger darüber nach, wie er seine Tage auf Mallorca sinnvoll ausfüllen könnte. So mancher hat sich deshalb in die Niederungen des Gaststätten-gewerbes begeben und einen Gourmettempel eröffnet. Die Mallorquiner räumen in dieser Hinsicht kampflos das Feld, überlassen den Deutschen das Kochen und beschränken sich aufs Servieren. Nur schade, dass man in solchen Lokalen unter lauter anderen Residenten sitzt, aber es schmeckt wenigstens wie daheim!

Beliebt ist auch die Eröffnung eines Interieurgeschäfts. Dort bieten gewiefte Wahlmallorquiner, weil die Antiquitäten auf der Insel allmählich knapp werden, Möbel aus Fernost, Stoffe aus Indien und zu Kerzen-leuchtern umfunktionierte Dachpfannen an – die sind zur Zeit gerade »in«. Die anderen Residenten werden das Zeug schon kaufen.

In unserem Dorf hat kürzlich einer von ihnen ein großes Stadthaus reno-viert – das nennt er nun *Palacio*, und das Ambiente und die Preise der Dachpfannen sind durchaus fürstlich. Darüber freuen sich auch die Ein-heimischen; wussten sie doch bis dato gar nicht, dass es in ihrem Dorf einen Palast gibt!

Ab und an mischt sich der Resident unter das gemeine Volk. Dazu geht er entweder zum Strand oder in die Bar an der Plaza; am besten an Markt-tagen, wenn der Platz so richtig schön voller Leute ist.

Hat er seinen Rundgang durch den Ortskern beendet und dabei in den Schaufenstern aller sieben Immobilienbüros die neuesten Angebote studiert und sich damit die Laune verdorben, weil die Preise weiter zu sinken scheinen und damit auch seine Immobilie wohl keinen Spitzen-preis mehr erzielen würde, braucht er umso mehr eine Stärkung in angemessener Umgebung.

Bei uns im Dorf bietet sich dafür eine besondere Lokalität an: auf dem Marktplatz, in einer windgeschützten Ecke, hat vor einiger Zeit ein Barbe-sitzer bequeme, hochlehnige Korbsessel mit weichen Kissen aufgestellt, hübsch gruppiert um kleine Tische – exklusiv für Residenten! Einheimi-sche sollen fernbleiben; das hat sich schnell herumgesprochen. Die sitzen ja ohnehin lieber auf den harten Metallstühlen in *Bernardo`s Bar* nebenan, weil sie das schon immer getan haben.

Das eigene Auto nach Mallorca mitnehmen

Wer das eigene Auto nach Mallorca mitnehmen möchte, benötigt – je nach Startpunkt – allein für die Anreise nach **Barcelona**, dem von Norden aus nächsten Hafen für die Überfahrt, bis zu 2 volle Tage. Hinzu kommt noch die Zeit auf der Fähre. Nach **Valencia** fährt man noch einmal 360 km, spart aber kaum Zeit auf der Fähre. Ca. 90 km südlich von Valencia liegt **Denia**, der für Ibiza nächste Fährhafen. Nach Palma ist es von dort fast genauso weit wie von Barcelona. Frühere Fährverbindungen ab Italien und Südfrankreich (ab Sète, wer sich vielleicht erinnert) existieren nicht mehr.

Auf den Routen **Barcelona und Valencia nach Palma** verkehren die Schiffe der Reedereien *Balearia, Iscomar* und *Acciona Trasmediterranea*. Die *Balearia* bedient außerdem die Route **Denia-Palma** und seit einigen Jahren auch **Barcelona-Alcúdia** via Menorca. Die Route ab **Dénia** bietet vor allem den Vorzug einer raschen Überfahrt (3 Stunden mit Schnellfähre) und besonders günstige Kombiangebote für Pkw plus Personen. Etwas preiswerter als die Konkurrenz sind die dafür langsameren Fähren von *Iscomar*.

Neben der »normalen« Fähre (gute 7+ Stunden von Barcelona nach Palma) sind auf den Hauptrouten auch **Schnellfähren** unterwegs (um 5 Stunden, Katamarane 3-4 Stunden). Die dadurch mögliche reduzierte Überfahrtzeit kostet für Passagiere und Pkw natürlich mehr als auf den normalen Fährschiffen.

Die jeweils aktuellen, saisonal in kurzen Abständen mehr oder weniger wechselnden Abfahrtszeiten, Tarife etc. gibt`s im Internet:

Acciona Trasmediterranea unter: www.trasmediterranea.es
Balearia unter www.balearia.com
Iscomar unter www.iscomar.com.

In allen Fällen nicht auf deutsch, sondern nur **spanisch/englisch**.

Zum **Tarif- und Abfahrtszeitenvergleich** sind die Portale

www.directferries.de oder www.aferry.de

informativer und besser zu handhaben als die Original-Websites. Über beide hat man einen raschen Zugriff auf alle Routen.

Desgleichen sind auf ihnen alle weiteren Informationen einschließlich eines Tarifrechners auch in deutscher Sprache verfügbar.

Fahrzeugummeldung

Wie verhält man sich korrekt oder zumindest pragmatisch, wenn man sein Auto aus Deutschland mit nach Mallorca gebracht hat?

In der Praxis ist es so, dass Fahrzeuge mit ausländischen Kennzeichen (EU-Staaten) toleriert werden, wenn nachgewiesen werden kann (!), dass der Eigner nach wie vor seinen Hauptwohnsitz in einem anderen EU-Land hat (durch eine Wohnsitzbescheinigung, die nicht älter als ein Jahr ist, am besten in spanischer Übersetzung). Man sollte darüber hinaus darauf achten, dass die deutsche TÜV-Plakette noch gültig ist, sonst kann es spätestens im Falle eines Unfalls zu Problemen kommen.

Die Ummeldung des Kfz für gemeldete Residenten erweist sich als kostspielig sowie zeit- und nervenaufreibend und sollte im Zweifelsfall lieber einer *Gestoría* (siehe Seite 194) überlassen werden, was die Angelegenheit aber weiter verteuert, und zwar um etliche hundert Euro (im Schnitt ca. €250-€400).

Im Einzelfall ist zu überlegen, ob man sein altes Auto nicht lieber in Deutschland verkauft und sich auf Mallorca ein »neues« zulegt. Die Preise für Neuwagen liegen auf der Insel etwas unter denen in Deutschland, bei Gebrauchtwagen ist es umgekehrt.

Oder man wartet, bis die EU-Kommission die Harmonisierung und Vereinfachung der Ummeldeprozeduren in allen Mitgliedsländern endlich wie angekündigt durchsetzt.

Wer die Ummeldung selbst vornehmen möchte, auf den warten folgende Notwendigkeiten:

- Abschluss einer Haftpflichtversicherung (einige deutsche Versicherungsunternehmen haben Filialen auf Mallorca)

- Aufsuchen einer autorisierten Kfz-Werkstatt, wo ein Sachverständiger das *Certificado de caracteristicas* (falls kein EU-Zertifikat vorliegt) ausstellt. Dies ist notwendig, damit der Wagen auf Mallorca »anerkannt« werden kann (*Homologación*).

- Technische Abnahme des Fahrzeugs durch den ITV (vergleichbar mit unserem TÜV). Der ITV hat vier Niederlassungen auf Mallorca: zwei in Palma, je eine in Inca und Manacor.

- Entrichten der Steuern: Die Kfz-Steuer (*impuesto municipal de circulación*) geht an die Gemeinde. Vorlegen muss man dafür den Personalausweis, die N.I.E (Identifikations-/Steuernummer) sowie einen Mietvertrag bzw. einen Eigentumsnachweis für Wohnbesitz. Die Zulassungssteuer (*impuesto de matriculación*), die sich nach den Emissionswerten des Autos richtet (zwischen 0 und maximal 14,75% des Gebrauchswertes), wird von der Finanzbehörde (*Hacienda*) kassiert.

  Wer seinen Wagen als »Umzugsgut« mitführt, ist von der Zulassungssteuer befreit! Dafür muss allerdings eine Abmeldebescheinigung aus Deutschland (natürlich in spanischer Übersetzung!) vorgelegt werden.

- Abschlussbesuch bei der Verkehrsbehörde (*Jefatura Provincial de Trafico*), wo man den neuen Fahrzeugbrief erhält (der deutsche Fahrzeugbrief sowie der Fahrzeugschein wurden im Laufe des Anmeldemarathons bereits eingezogen und an das Kraftfahrtbundesamt in Deutschland weitergeleitet). Dort bekommt man auch eine Autonummer zugeteilt.

- Dann geht man mit diesem Bescheid in einen lizensierten Fachbetrieb, um die neuen Kennzeichen zu kaufen und anbringen zu lassen. Schließlich erhält man die Zulassungserlaubnis (*permiso de circulación*) von der *Jefatura*.

Für die Ummeldung eines Durchschnittsautos kommt man bei der ganzen Prozedur neben den ans Absurde grenzenden Behördenlaufereien schnell auf über €1200. Außerdem muss man den Wagen noch in Deutschland bei der Versicherung abmelden, wenn er auf Mallorca mit der Ummeldung neu versichert wurde.

Im Internet gibt es auch deutsche Anbieter, die gegen eine entsprechende Vergütung das komplizierte Prozedere für Sie zu erledigen versprechen, z. B. www.kfz-ummeldung-mallorca.com.
Mitglieder des spanischen Automobilklubs RACC (vergleichbar dem deutschen ADAC) können sich gegen einen niedrigeren Sonderpreis des ganzen Umstandes entledigen.

Wer sein Auto nun erfolgreich umgemeldet hat, sollte nicht gleich in eine der zahlreichen bürokratischen Fallen tappen. Anders als in Deutschland muss man in Spanien einen ganzen Wust an Papieren und Ausrüstung im Kfz mitführen, um die eng gefassten und bislang nicht europäisch harmonisierten Vorschriften zu erfüllen. Das sollte man ernst nehmen, sonst wird es teuer:

Darüber hinaus muss man auf jeden Fall mindestens eine Warnweste (in Gelb oder Orange) mitführen. Zwei (!) Warndreiecke und Ersatzbirnen für Vorder- und Rücklichter ergänzen die Ausrüstung.

Kurioserweise ist im Gegensatz zu Deutschland ein intakter Verbandskasten nicht vorgeschrieben.

Bußgelder für Autobesitzer/-fahrer

- Führerschein (der deutsche reicht, er kann, muss aber nicht umgeschrieben werden!). Bußgeld bei Nicht-Vorliegen: €60.
- Gesundheitsbescheinigung (siehe unten).
  Bußgeld bei Verstoß: €60.
- Zulassungsschein. Bußgeld bei Verstoß: €30.
- Kfz-Steuerbeleg. Bußgeld bei Verstoß: €60.
- I.T.V. Prüfbericht. Bußgeld bei Verstoß: €60.
- Den Versicherungsschein sollte man besser auch dabei haben, aber das ist nicht mehr Pflicht.

Gesundheitscheck

Alle Autofahrer müssen sich in Spanien in einem normalen *Centro de Salud* regelmäßig einem Gesundheitscheck unterziehen, um ihre Fahrtauglichkeit nachzuweisen. Getestet wird die Hör-, Seh- und Reaktionsfähigkeit. Der Gesundheitscheck kostet ca. 60€.

Bis zum 45. Lebensjahr beträgt das Untersuchungsintervall zehn Jahre, bis zum 70. Lebensjahr fünf Jahre und darüber zwei Jahre.

Recht und Ordnung

Drei Sorten Polizei

In Spanien gibt es zur Überraschung vieler Ausländer neben der *policia municipal/local* noch die *guardia civil* und die *policia nacional*. Überschneidung von Zuständigkeiten, Kompetenzgerangel und Verzögerungen bleiben da nicht aus.

Die schwarz uniformierte **policia local** übernimmt vorzugsweise Ordnungsfunktion; sie regelt den Verkehr, bittet Verkehrssünder zur Kasse und tritt bei Einbrüchen und Diebstählen in Aktion. Auch bei Streit, Körperverletzung und Nötigung schreitet die *policia local* ein. Wenn dabei indessen ein Messer ins Spiel kommt, ist die grün gekleidete **guardia civil** zuständig, die Regelungsfunktion besitzt, was sich daran zeigt, dass sie bei Delikten wie Raub oder Vergewaltigung die Täter bzw. Verdächtigen verhaftet. Wird das Opfer verfolgt oder bedroht und fürchtet um sein Leben, ist die blau gekleidete **policia nacional** für die Aufklärung zuständig.

Zuständigkeiten

Auf dem Drogensektor darf die *policia local* Funde sicherstellen, aber nur die *guardia civil* diese beschlagnahmen. Die Abteilung zur Bekämpfung des organisierten Drogenhandels und Verbrechens der *policia nacional* übernimmt danach die Ermittlungen. Abwehr und Aufklärung von Verbrechen. Verschwörungen und Attentate fallen ebenfalls in den Kompetenzbereich der *policia nacional*. So spürt sie Verdächtige auf, die mit internationalem Haftbefehl gesucht werden und schützt den König, wenn er und seine Familienmitglieder Mallorca besuchen. Bei Terrorismus übernimmt dann wieder die **guardia civil**, die sich gerade mit Poloshirts und einer Art Baseballkappe einen tatsächlich »zivilen« Look zugelegt hat.

Fahrzeug der Guardia Civil – grün sind auch die Uniformen

Kooperation

Es liegt auf der Hand, dass alle drei Polizeisektionen ständig überprüfen müssen, ob ein Fall in ihre oder eine andere Kompetenz gehört. Wenn sich die *policia local* nicht sicher ist, ruft sie die *guardia civil* usw. Bei Verkehrs- und Alkoholkontrollen wirken *policia local* und *guardia civil* zusammen, weil es ja z.B. sein könnte, dass ein betrunkener Fahrer ein gesuchter Dealer ist. In Zweifelsfällen tritt die *policia nacional* gleich als höchste Instanz an, wie z.B. bei Razzien an der Playa de Palma. Wenn ihr Randalierer, Diebe, Illegale, Betrüger, Drogendealer und andere Kriminelle ins Netz gehen, werden sie gleich vor Ort »sortiert« und verteilt.

Umgang mit der Polizei

Generell ist Vorsicht geboten in direkter Konfrontation mit spanischer Polizei. Zwar sind d e Zeiten vorbei, zu denen die *Guardias Civiles* als unanfechtbare Autoritäten in ihren Operettenhütchen Angst und Schrecken verbreiteten, doch bis heute ist man auch (und gerade?) als Ausländer vor – so scheint es – willkürlichen Übergriffen der uniformierten Staatsmacht nicht immer sicher.

Man tut also gut daran, spanischen Polizisten mit höflicher Korrektheit zu begegnen und Diskussionen wie Besserwisserei lieber zu vermeiden. Andererseits sollten Sie auch nicht zu viel an ordnungsstiftender oder moralischer Unterstützung durch die mallorquinische Polizei erwarten. Wenn Ihnen z.B. die Autoreifen zerstochen werden, dürfen Sie nicht darauf vertrauen, dass die zuständige *policia local* sich gerne dieser »Bagatelle« annehmen wird.

Anders als zu Zeiten der Franco-Diktatur können Sie heute jedoch, wenn Sie sich unkorrekt oder sogar brutal behandelt fühlen, den Rechtsweg beschreiten, um die eigene angekratzte Ehre wiederherzustellen. Das aber kann dauern, siehe unten.

Verkehrsstrafen bezahlen

Wenn die mallorquinische Polizei in einer Sache schnell ist, dann beim Austeilen von *multas,* Strafmandaten oder Parktickets. In der Kurzparkzone im Zentrum von Palma, kostet der Spaß leicht €60, in den verkehrsreichen sog. VAP-Zonen (mit blauen Schildern gekennzeichnet) darf man dann auch schon mal €180 abdrücken. Wenn der Wagen abgeschleppt wurde, fallen weitere €70 für das hilfreiche Transportunternehmen an.

Seit 2010 gilt in Spanien ein neuer Bußgeldkatalog (mehr dazu im Kasten auf Seite 78). Viele Strafen für ganz gewöhnliche Verkehrsvergehen wurden verdreifacht, was zwar schon zu Protesten geführt, aber letztendlich nichts geholfen hat. Darüber hinaus gibt es mehr Radarfallen und auch mehr Polizeikontrollen, um dem Fahren unter Alkoholeinfluss entgegenzuwirken. Auch die Gebühren für falsches Parken wurden erhöht. Und Telefonieren am Steuer ohne Freisprechanlage kostet jetzt €150 – ebenso Fahren ohne Gurt. Insgesamt sind Verkehrsverstöße in Spanien also wesentlich teurer als in Deutschland.

Rabatte auf Strafmandate

Wie einfallsreich die Behörden sind, wenn es darum geht, möglichst rasch ans Geld zu kommen, zeigt das folgende intelligente Rabattsystem: Am preiswertesten ist es, ein Knöllchen in der Kurzparkzone noch an Ort und Stelle zu »annullieren«. Das geht folgendermaßen: Sie drücken am Parkautomaten den gelben Knopf, werfen 9€ oder 15€ in Münzen ein und drücken den grünen Knopf. Der Apparat druckt dann ein sog. *ticket de anulación* aus. Das stecken Sie zusammen mit dem Strafzettel in den kleinen Briefkasten auf dem Automaten, und der kleine Verstoß ist erledigt. Das Ganze

funktioniert allerdings nur, wenn die Parkzeit nicht mehr als eine Stunde überschritten wurde.

Sollte letzteres der Fall sein, suchen Sie sich einen Polizisten in der Nähe, zeigen ihm Parkschein und Strafzettel und zahlen bei ihm. Sie erhalten dann einen Rabatt von immerhin auch noch 60%. Eine dritte Möglichkeit ist es, innerhalb von zehn Tagen nach Ausstellung des Strafzettels bei einer der Banken, die auf der Rückseite des Scheins genannt sind, die entsprechende Einzahlung zu leisten. Dafür gibt es immerhin auch noch 40% Nachlass. Man kann mit einer *Tarjeta de*

Parkautomat mit grünem und gelbem Knopf zur »Ticket-Annullierung«

ORA sogar bargeldlos zahlen; sie

ist erhältlich bei allen Parkkontrolleuren. Neuerdings geht´s sogar übers Internet auf http://www.dgt.es/portal/: Bei Zahlung per Kreditkarte darf man sich noch über 30% Rabatt freuen.

Wenn Fahrzeugeigner mit spanischer Zulassung nicht zahlen, unternimmt der Staat zunächst nichts. Die Geldstrafe wird einfach dem Fahrzeug belastet. Bei der nächsten Transaktion (Verkauf, Ummeldung etc.) ist dann die Summe aller aufgelaufenen Strafzettel plus Zinsen fällig. Der Staat spart so die »Eintreibbürokratie«.

Anders als in bei uns existiert in Spanien keine zentrale Verkehrssünderkartei, in der bestimmte Verstöße mit Punkten registriert werden. Auch sind Einnahmen aus Bußgeldern nicht in den Finanzhaushalten der Städte budgetiert.

Die Mühlen der Gerechtigkeit

Die Langsamkeit der spanischen Gerichte ist notorisch. Streitigkeiten, die erst nach zehn Jahren entschieden werden, sind schon fast der Normalfall. Das ist ein wesentlicher Grund dafür, dass man auf Mallorca nur ungern vor Gericht zieht. Man einigt sich vorzugsweise außergerichtlich.

Nicht nur die Personalknappheit und veraltete Arbeitsmethoden sind schuld an der Misere, sondern auch die unterschiedlichen Prozessverfahren, die das spanische Recht kennt. Je nach Streitwert sind der »Friedensrichter«, das Distriktgericht oder das Landgericht zuständig. Ein Gutes immerhin hat die spanische Gerichtsbarkeit: es fällt kein Prozesskostenvorschuss an. Andererseits muss man auch bei gewonnenem Prozess seine Anwaltskosten selbst tragen!

Nehmen wir an, Sie reichen Ihre Klage mit allen Unterlagen beim Landgericht ein. Wenn sich der Beklagte dann nicht zur Sache einlässt bzw. die Klageschrift bestreitet und seinerseits Gegenklage erhebt (was ein beliebtes Mittel ist, Verfahren in die Länge zu ziehen), beginnt ein mühseliges Prozedere. Die mündlichen und die Erkenntnisverfahren dauern im Durchschnitt allein zwei Jahre. Das Urteil fällt am Ende häufig nicht der Richter, der zu Anfang mit dem Vorgang betraut war – nicht etwa, weil er inzwischen verstorben wäre, was aber durchaus möglich ist –, sondern ein anderer, da im Laufe der Zeit die Zuständigkeiten wechseln.

Eine Justizreform mit mehr Richtern ist längst überfällig und wurde auch schon mehrfach angekündigt, aber in Zeiten riesiger Haushaltsdefizite ist sie wohl eher unwahrscheinlich.

Kriminalität auf Mallorca

Vorweg sei gesagt: Mallorca ist im Großen und Ganzen eine sichere Insel. Trotzdem gibt es auch dort– wie überall auf der Welt – einige Risiken. Vor denen kann man sich mit etwas Umsicht aber schützen

Taschendiebe und Einbrecher

Auch auf Mallorca muss man mit Diebstählen am ehesten an Orten rechnen, wo viele Menschen sind. Da Polizei gegen Taschendiebe auf Wochenmärkten, am Flughafen oder am Strand ziemlich machtlos ist, empfiehlt sich dort erhöhte Wachsamkeit und eine adäquate Sicherung von Geld und Papieren.

Sollte man dennoch bestohlen werden, ist es stets ratsam, den Diebstahl anzuzeigen – auch wenn dadurch die Chance, gestohlenen Wertsachen zurückzubekommen, nicht unbedingt steigen: Das Protokoll der Anzeige dient zur späteren Vorlage bei Versicherungen, Kreditkartenunternehmen, Banken, Pass- und Führerscheinbehörden. Jede Polizeidienststelle auf Mallorca nimmt Diebstahlanzeigen entgegen. Über die **Notrufnummer ☎ 902 102 112 auch telefonisch in deutscher Sprache**.

Dass in leer stehende Häuser gelegentlich eingebrochen wird, liegt besonders auf Mallorca nahe. Kann man dort doch oft mit längerer Abwesenheit der Besitzer rechnen und daher mit nur verspäteter Entdeckung. Als Gegenmittel hilfreich ist, vorab geeignete Maßnahmen zu treffen. So sollte die Beleuchtung des unbewohnten Hauses in den Morgen- und Abendstunden über eine Zeitschaltuhr geregelt werden; zusätzliche Sicherheit bietet eine Alarmanlage mit Verbindung zu einem privaten Sicherheitsdienst. Vor längerer Abwesenheit sollte man außerdem Nachbarn bitten, hin und wieder nach dem Rechten zu schauen und den Briefkasten zu leeren. Laut Aussage der örtlichen Polizei sind gute nachbarschaftliche Beziehungen auf Mallorca ein guter Schutz gegen Einbrecher.

Risiken bei Jobsuche und Geschäftsübernahmen

Viele Deutsche, die nach Mallorca mit der Absicht kommen, dort auch beruflich tätig zu werden, sind schlecht vorbereitet. Die Suche nach dem leichten Leben unter der Sonne des Südens verführt offenbar dazu, leichtfertig auf Jobangebote einzugehen, ohne die Details der Tätigkeit und genaue Vertragskonditionen zu erfragen bzw. schriftlich zu fixieren.

Das größte Risiko für Neu-Residenten auf Mallorca ist also nur zu häufig die eigene Naivität. So kommt es immer wieder vor, dass manche(r) wochenlang ohne Vertrag – nur auf Grundlage einer mündlichen Vereinbarung – z. B. in einem Callcenter arbeitet und am Ende um den Lohn geprellt wird.

Selbst wer über seriöse Institutionen wie die deutsche Arbeitsagentur nach Mallorca vermittelt wird, kann durchaus Enttäuschungen erleben. Auch diese Behörde hat sicher nicht immer Hintergrundinformationen über die Bonität von Arbeitgebern auf Mallorca.

Die sind aber der einzige Schutz vor üblen Erfahrungen. Wer nach Mallorca geht, um dort sein Geld zu verdienen, muss sich vorab gut informieren und – sofern er die Sprache (noch) nicht beherrscht – bei Vertragsabschlüssen jeder Art einen Übersetzer oder Dolmetscher hinzuziehen. Wer von der Heimat aus einen Job auf der Insel gefunden hat, sollte auf einem schriftlichen Arbeitsvertrag bestehen, noch bevor er/sie einen kompletten Umzug in die Wege leitet.

Auch bei beabsichtigter Selbständigkeit lauern Gefahren: Gewarnt sei hier speziell vor zwielichtigen Geschäftemachern, die Interessenten Geschäftslokale mit gefälschten Zahlen und unzutreffenden Informationen schmackhaft machen, siehe Seite 183. So kommen schon mal ganze Familien nach Mallorca, um ein Restaurant zu übernehmen, nur um vor Ort feststellen zu müssen, dass sie mangels Gästen nur für den Eigenbedarf kochen.

Drogen

Spanien liegt EU-weit beim Drogenkonsum ziemlich weit vorn: In manchen Kneipen und Diskotheken braucht man keine besonders feine Nase, um den Geruch von Marihuana wahrzunehmen. Dann sind oft auch die Dealer für den »Stoff« nicht weit. Das Zentrum des Rauschgifthandels ist Son Banya. Die Siedlung liegt nur wenige Kilometer vom Flughafen entfernt und gilt als einer der kriminellsten

Das modernste Gefängnis Spaniens steht außerhalb von Palma. Nach außen hochgesichert mit Doppelzäunen und Wachttürmen hat es drinnen einen in Spanien sonst unbekannten Komfort inklusive Sportanlagen und riesigem Pool.

Flecken Europas. Dort leben ganze Familien vom Rauschgift. Immer wieder beschlagnahmt die Polizei, die sich nur in Hundertschaften nach Son Banya wagt, Drogen, Bargeld, Schmuck und Luxusautos – und verhaftet ein paar Verdächtige. Doch es scheint der Justiz fast unmöglich, den mafiaartigen Clans den Drogenhandel gerichtsfest nachzuweisen: Die Familien schützen sich gegenseitig, sagen falsch oder gar nicht aus. Und das Drogendorf, von den Mallorquinern ironisch »*Supermercat*« genannt, wuchert weiter.

»Kavaliersdelikt« Steuerhinterziehung

Selbst größere Rechnungen zahlt man auf Mallorca gerne in bar. Dagegen ist an sich nichts einzuwenden, aber allzu häufig wird am Fiskus vorbei gezahlt. Es gibt Leute, die beim Verkauf ihres Hauses oder Grundstücks nur einen Teil des dabei entstehenden Gewinns oder gar nichts versteuern, indem als Kaufpreis nur das angegeben wird, was per Überweisung auf dem Bankkonto eingeht. Die Differenz zum wirklichen Preis kassiert man in bar brutto für netto.

Auch die Mehrwertsteuer (IVA, siehe Seite 185) fällt schon mal »unter den Tisch«. Bereits bei Rechnungen über ein paar hundert Euro im Pflanzencenter, beim Möbel- oder Gebrauchtwagenkauf kann es vorkommen, dass man gefragt wird: »*Sin oder con IVA*«? Mit oder ohne Mehrwertsteuer? – Das muss der Kunde auf Mallorca dann entscheiden. Den Staat zu hintergehen, fällt für viele Mallorquiner und Residenten in die Kategorie »Kavaliersdelikt«.

Auch der Schwarzmarkt mit Leih-, Fremd- und Gastarbeitern blüht, für die ggf. weder Steuern noch Sozialabgaben gezahlt werden.

Terroranschläge?

Im Sommer 2009 wurde Mallorca durch eine Anschlagserie erschüttert. Eine Bombe tötete zwei Polizisten, wenige Tage später explodierten drei weitere Sprengsätze. Die baskische Terrororganisation ETA wollte damit gezielt den Tourismus treffen.

Seitdem ist es auf der Insel aber ruhig geblieben. Die ETA hat zwischenzeitlich die Aufgabe von Gewaltakten verkündet.

Am sichersten ist die Insel in dieser Beziehung zu Ostern und in den Sommermonaten, wenn König Juan Carlos und Familienmitglieder traditionell Urlaub auf Mallorca verbringen; dann sorgen noch mehr Sicherheitsbeamte am Airport und im Raum Palma dafür, dass für Verdächtige kein Durchkommen ist.

Ungewohnter Lärm

Auf Mallorca unter Mallorquinern werden Sie feststellen, dass der Lärm dort »zum guten Ton« gehört. Bei Diskussionen oder in Restaurants geht es lautstark zu. Hunde bellen ohne Unterlass, Kinder toben, und die Eltern sitzen daneben und schwätzen genauso laut. Auch in den Häusern stört sich niemand an den Geräuschen des Nachbarn neben, unter oder über ihm, die man wegen der geringen Schallisolierung oft »hautnah« mitbekommt. Für Spanier ist das normal. Lärm gehört in Spanien zur menschlichen Kommunikation, selbst in einer Lautstärke, wegen der mancher bei uns die Gerichte bemühen würde. Auch wenn am Wochenende gebaggert wird, Rasenmäher rattern oder Presslufthämmer dröhnen, schien das in der Vergangenheit niemanden aufzuregen.

Aber auch auf Mallorca ist man hinsichtlich des Lärms in letzter Zeit deutlich sensibler geworden, wohl nicht zuletzt dank west- und mitteleuropäischer Residenten. Jeder dritte Inselbewohner fühlt sich auf der ehemaligen *isla de la calma*, der Insel der Stille, oft in seiner Ruhe gestört. Die Behörden haben begonnen, gezielt Maßnahmen gegen Lärmbelästigung durch Diskotheken, Kneipen und vor allem durch (oft frisierte) Mopeds zu ergreifen, die z.B. enge Dorfstraßen mit ohrenbetäubendem Lärm verseuchten. Seit November 2003 ist in ganz Spanien das so genannte *ley del ruido*, das Lärmschutzgesetz, in Kraft. Danach können und haben die einzelnen Gemeinden »Lärmgrenzen« erlassen, die zumutbare Höchstwerte setzen für die drei angeblichen Hauptquellen der Ruhestörung: Nachbarn, Gewerbebetriebe und das Militär. Die Kontrolle ist Sache der Ortspolizei, die aber meist erst nach Anzeigen aktiv wird. Wer wie laut sein darf, hängt von vielen Dingen ab: dem Ort, der Art der Betriebsgenehmigung, der Uhrzeit, der Schallisolierung. In den Stadtbezirken Palmas lautet die Hauptregel: Tagsüber (8–22 Uhr) dürfen nicht mehr als 65 Dezibel, nachts nicht mehr als 60 Dezibel nach draußen dringen. In Wohnungen dürfen nicht mehr als 35 Dezibel ankommen, nachts nicht mehr als 30. Und während für eine gewöhnliche Bar um Mitternacht Schluss mit der Beschallung ist, dürfen Lokale mit einer Genehmigung als Musikbar im Sommer mancherorts bis 4.00 Uhr morgens weitermachen. Für Sonderveranstaltungen können Gemeinden Ausnahmen zulassen. Z. E. an der Playa de Palma und in Port de Pollença haben die Behörden noch strengere Lärmschutzverordnungen erlassen.

Bauen und mieten

Abenteuer Hausbau

Bauen ist auch bei uns mitunter ein Abenteuer, auf Mallorca immer. Sofern Sie es dennoch wagen, benötigen Sie auf jeden Fall starke Nerven! Vollmundige Versprechungen zu Leistungen und Terminen, verbunden mit hehren Schwüren, was deren Einhaltung betrifft, sind an der Tagesordnung.

Auch wenn Ihr Bauunternehmer ein noch so netter Kerl sein mag, vertrauen Sie keinen mündlichen Absprachen. Nur vertragliche Vereinbarungen in Schriftform bieten einigermaßen Sicherheit, dass Sie nicht eher im Altersheim hocken als im eigenen Neubau. Lassen Sie sich auch die Baupläne vom Konstrukteur gegenzeichnen, denn sonst könnte das Haus anders aussehen, als Sie es sich vorgestellt haben. Spanische Bauarbeiter bauen mitunter lieber nach Gefühl als nach exakten Vorgaben. Am besten ist es, wenn Sie täglich auf der Baustelle sind und den Fortgang der Arbeiten selbst kontrollieren können. Dazu mehr im Kapitel »Immobilien« ab Seite 141.

Grundstücke werden an den Küsten schon seit Jahren mangels ebener Gelände aus den Hängen »herausgesägt«. Hier erkennt man gut die übliche und vergleichsweise bautechnisch simple Konstruktion der meisten Häuser.

Wohnungsmiete

Noch vor wenigen Jahren war es auf Mallorca relativ schwierig, gute Objekte zur langfristigen Miete zu finden. Das ist heute anders. Vor allem im Raum Palma gibt es ein relativ großes Angebot an Mietwohnungen. Und nselweit vermieten viele Eigentümer zur Zeit Objekte, die sie eigentlich verkaufen wollten, in der Erwartung später wieder steigender Preise. Zum gestiegenen Angebot hat auch der Gesetzgeber dadurch beigetragen, dass den Vermietern mehr Rechte gegenüber säumigen Zahlern oder sonstwie vertragsbrüchigen Mietern eingeräumt wurden.

Auf der deutschsprachigen Internetseite
www.mallorca-mietboerse.com

gibt es einen »**Mietspiegel**«, der eine gute Übersicht über das ungefähre Preisniveau unterschiedlicher Objekte nach Art, Größe, Ausstattung und Lage bietet. Dort findet man auch konkrete aktuelle Vermietungsangebote für Wohnungen und Häuser.

Die Quadratmetermiete lag Ende 2011 für Wohnungen im Raum Palma zwischen €6 und €7 mit Mittelwerten um €9 bis €13. Ein Meerblick erhöht die Mietforderung. Eine nach spanischen Maßstäben durchschnittliche 3-Zimmer-Wohnung (ca. 70-80 m², mittlere Wohnlage und Ausstattung) in Palma kostete 2011 ab ca. €700/Monat plus Nebenkosten, ggf. auch erheblich mehr, siehe den Mietspiegel auf der Folgeseite. In Außenbezirken und in Dorflagen kommt man etwas preiswerter, in Küsten-, Promi- und Künstlerorten dagegen teilweise nur erheblich teurer unter.

Eine viel besuchte spanischsprachige Seite ist www.segundamano. es, alternativ kann man es auf www.buscocasa.com versuchen.

Empfehlenswert ist die deutschsprachige Seite des »Marktführers« im Segment der Langzeitvermietung www.mallorca-mietkult.com.

Wer sich erst vor Ort auf die Suche macht, findet auch im deutschsprachigen **Mallorca Magazin** und in der **Mallorca Zeitung** Vermietungsanzeigen. In Supermärkten und anderswo liegt das Mallorca Anzeigenblatt *El Aviso* gratis aus (monatlich neu). Wer spanisch versteht, besorgt sich außerdem die Anzeigenblätter *truque* und *Venta y Cambio* (2x wöchentlich) und kauft sich ggf. zusätzlich eine spanische Zeitung wie z.B. die *Ultima Hora*.

Inserate stammen überwiegend von Maklern. Nur wenn Sie in der Anzeige auf das Wort *particular* (privat) stoßen, sind Sie über die angegebene Telefonnummer mit dem Eigentümer verbunden. **Makler kassieren mindestens eine Monatsmiete Kommission** und verlangen meist zwei Monatsmieten Kaution für den Wohnungseigner. Achten Sie darauf, dass die *gastos communidades* vom Vermieter gezahlt werden; das sind die Nebenkosten des Gebäudes inkl. Wasser (Strom/Gas gehen zu Lasten des Mieters).

Erwarten Sie nicht, dass Sie vom Makler oder Vermieter eine Rechnung bekommen. Die Geschäfte laufen überwiegend in bar!

Mietspiegel Mallorca

Angaben in €/m^2

Palma Zentrum (innerhalb Avenidas und Paseo Mallorca)

		unter 70 m^2	70–120 m^2	über 120 m^2
Altbau guter Zustand;	Ø	8,10	8,10	7,80
nicht modernisiert	Spanne	7,50–9,50	6,80–9,60	6,50–9,00
Altbau modernisiert	Ø	12,30	12,30	11,90
	Spanne	10,00–18,50	8,80–16,00	11,00–17,00
1960–1985	Ø	7,20	7,20	7,00
	Spanne	6,00–8,80	6,20–8,90	6,00–8,80
ab 1985	Ø	8,10	8,00	8,00
	Spanne	7,50–11,00	7,50–10,80	7,50–11,00

Palma (zwischen Avenida und Via Cintura und Randgebiete)

		unter 70 m^2	70–120 m^2	über 120 m^2
Altbau	Ø	4,80	4,80	4,60
	Spanne	4,30–6,50	4,20–6,00	4,20–6,00
1960–1985	Ø	5,20	5,20	5,20
	Spanne	5,20–6,30	5,10–6,20	5,10–6,00
1985–1999	Ø	6,90	6,30	6,10
	Spanne	6,30–8,10	6,00–-7,20	6,20–7,00
Neubau	Ø	7,50	7,40	7,20
	Spanne	7,20–8,50	7,00–8,30	7,00–8,40

Sonstiges

Chalet, freistehend	Ø	€1250 monatlich
Urbanisation Raum Palma	Spanne	€950-€1800 monatlich
Finca/Landhäuser	Ø	€1330 monatlich
Raum Palma	Spanne	€950-€1750 monatlich

mit Swimmingpool +30%, mit Heizung/Klima +20%

neuwertiger, moderner Standard (z.B. Doppelverglasung, Bäder, Haustechnik, Garten, besonders repräsentativ) jeweils +20%

Quelle: www.mallorca-mietboerse.com

Laufzeiten

Auf Mallorca mietet man monatsweise wie bei uns, wobei die Miet-forderung oft von der Jahreszeit bei Mietbeginn abhängt. Liegt die vereinbarte Mietdauer unter fünf Jahren, so verlängert sich der Mietvertrag nach Ablauf automatisch um ein weiteres Jahr, bis fünf Jahre erreicht sind. Erst bei Verlängerung kann die Miete neu fest-gesetzt werden. Erhöhungen in den ersten fünf Jahren sind an den Lebenshaltungskostenindex (siehe www.ine.es) gebunden und somit meist eher gering. Untervermietungen sind nur nach Ab-sprache mit dem Wohnungsinhaber zulässig. (Das hier skizzierte Mietrecht gilt nur für »permanent genutzten Mietraum«, nicht für Ferienimmobilien oder andere temporäre Nutzungen).

Bei kurzfristiger Mietdauer wird die Miete von Juni bis September doppelt bis dreifach so hoch sein wie in den übrigen Monaten. Das liegt nicht nur an den Touristen, sondern auch an den bereits er-wähnten 'zigtausend zusätzlichen Arbeitskräften vom Festland, die in der Saison in Gastronomie und Hotellerie aushelfen und irgendwo unterkommen müssen.

Sofern Sie eine Wohnung für ein Jahr oder länger oder aber nur von Herbst bis Frühjahr mieten wollen, können Sie durchaus han-deln. Gute Chancen haben Sie dabei vor allem, wenn der Miet-beginn in den Monaten Oktober bis März liegt. Ab April/Mai sinken die Aussichten rapide, eine passable Wohnung zur längerfristigen Miete zu finden, weil in der *temporada alta* (Hochsaison) das große Geldverdienen beginnt. Von Mai bis September auf Verdacht nach Mallorca zu reisen in der Absicht, sich dort längerfristig einzumie-ten, wird teuer.

Schwarzgeld und schwarz bauen

Schwarz bauen, schwarz vermieten, schwarz kassieren waren auf Mallorca lange beliebte Selbstverständlichkeiten des Alltags, deren Popularität aber unter dem Druck staatlicher Gegenmaßnahmen in letzter Zeit nicht mehr ganz so ausgeprägt zu sein scheint; zumin-dest gilt das fürs Bauen oder Erweitern ohne Baugenehmigung und gegen bestehende Regelungen. Es gibt aber nur wenige

Beispiele von drakonischen Maßnah-men, wo illegal errichtete Gebäude von der unverzüglich nach Verurteilung auf-tauchenden Abrissbirne dem Erdboden gleichgemacht wurden. Deutsche Hausbesitzer auf Mallorca beklagen allerdings, sie würden gegenüber einheimischen besonders hart in die Pflicht genommen und deshalb de facto benachteiligt. Es fällt jedoch nach wie vor auf, dass etliche Jahre ins Land gehen, bevor Abrissmaßnahmen tatsächlich vollzogen werden, wie bei Spaniens Justiz üblich.

Um das Prozedere zu beschleunigen und die Schwarzbaumaßnahmen in den Griff zu bekommen, wurde 2009 extra ein »Amt für Baukontrolle« eingeführt. Ob dies hilft, die Anzahl der illegalen Bauten zu reduzieren? Es trägt auf jeden Fall dem ausgeprägten spanischen Bedürfnis nach bürokratischer Regelung Rechnung.

Schwarzgeld-Transaktionen waren lange eine Selbstverständlichkeit, um die Steuerlast zu minimieren, sind aber wegen der europaweiten Transparenz der Konten mittlerweile riskanter geworden. Die »Nettozahlung« ohne Rechnung und Mehrwertsteuer ist auch bei uns bekannt, bei Immobiliengeschäften aber problematisch. Beim Verkauf/Kauf von Immobilien auf Mallorca war es dagegen durchaus üblich, wenn nicht sogar die Regel, dass der Kaufpreis »unterverbrieft« und Bargeld »unter dem Tisch« durchgereicht wurde. Dadurch vermindert sich der ggf. anfallende und zu versteuernde Gewinn des Verkäufers, und der oft ausländische Käufer wird auf diese Weise sein Schwarzgeld los. Zugleich erscheint das erworbene Objekt auf dem Papier erschwinglicher, die Gefahr einer Entdeckung (»wie kann der sich das leisten?«) geringer. Damit auf der Verkäuferseite niemand dahinterkam/-kommt, wurde und wird das so eingenommene Geld außerhalb Mallorcas investiert, am liebsten in Ländern, wo niemand genau fragt, etwa in der Karibik, einer vielleicht nicht zuletzt aus diesem Grund in letzter Zeit bevorzugten Region spanischer Direktinvestitionen.

UNMÖGLICH SEÑOR, DAS GRUNDSTÜCK IST AUF KEINEN FALL ZU VERKAUF...?! ... ABER VIELEICHT LÄẞT SICH JA DOCH ETWAS MACHEN!!

Das Thema »Schwarzgeld« ist aber durchaus auch auf Mallorca heikel, denn Steuerhinterziehungen von mehr als €120.000 werden in Spanien als Straftaten geahndet mit Gefängnisstrafen bis zu vier Jahren und zusätzlich hohen Bußgeldern, siehe auch Seite 64.

Bezeichnend war in diesem Zusammenhang die Erklärung von Ex-Balearenpräsident *Jaume Matas*, als er wegen schwerer Korruption angeklagt wurde. Der sich keiner Schuld bewusste Angeklagte ließ die mehr oder weniger staunende Öffentlichkeit durch seine Rechtsvertreter wissen, dass die Verwendung von Schwarzgeld auf Mallorca doch nicht kriminell sei. Die Zahlung mit und das Annehmen von »Geld unbekannter Herkunft« sei auf den Balearen »im Alltag etwas völlig Normales«. Dies gelte auch und vor allem für Bauinvestitionen (um die es hier ging).

Schwarzvermietung

Schwarzvermietung ist ebenfalls eine gern genutzte Variante der Steuerhinterziehung. Privatleute ziehen im Sommer zu Freunden und vermieten ihre Apartments oder Fincas für teures Geld »privat« an Touristen. Damit verdient mancher so viel, dass er gut durch den Winter kommt. Indessen gehen die Behörden in den letzten Jahren auch dieser Art von Missbrauch verstärkt nach und kommen Missetätern auch vermehrt auf die Schliche.

Ausländer, die ihr Ferienapartment/-haus »schwarz« vermieten, müssen sich darüber im Klaren sein, dass sie im Rahmen des »gläsernen Bankkontos« innerhalb der EU schnell entlarvt werden können. Auch das Internet gibt in vielen Fällen findigen Finanzbeamten Auskunft über »private«, also fiskalisch nicht erfasste Vermietungen.

Nicht-Residenten müssen pauschal 25% ihrer Einkünfte aus Vermietung an das Finanzamt abführen. Residenten mit Mieteinnahmen zahlen Steuern entsprechend dem persönliche Einkommenssteuersatz, der sich aus der Summe aller steuerpflichtigen Einnahmen ergibt, ganz genau wie bei uns.

Mülltrennung

- **Grüne Tonne:** für Flaschen
- **Gelbe Tonne:** Leere Verpackungen (Plastik, Dosen, Tetrapacks)
- **Blaue Tonne:** Papier und Pappe
- **Braune Tonne:** organische Stoffe (= Biotonne).

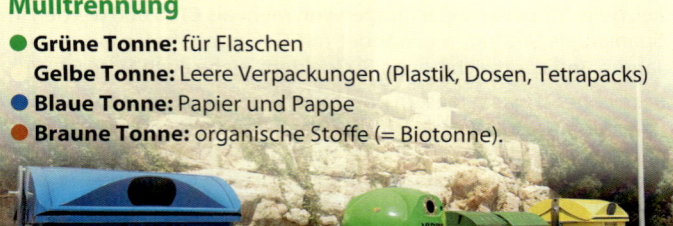

Flächendeckend und unübersehbar vorhanden sind auf Mallorca allerorten die **Container zur Mülltrennung**, die teilweise weiter geht als bei uns.

Ökologie und Umwelt auf Mallorca

Umweltschutz ist auf Mallorca kein Fremdwort. Die Insel besitzt diesbezüglich sogar eine – in Spanien – führende Position. Das klingt zunächst erstaunlich. Denn die Bausünden und die damit einhergegangene Zerstörung der Natur sind rund um die Insel offensichtlich.

Naturschutz

Andererseits gibt es erhebliche Erfolge. So verhinderte die **GOB**, wie sich die Umweltschutzorganisation auf Mallorca nennt, u.a. die Bebauung hinter dem Strand von Es Trenc und sorgte sogar für die Aufdeckung eines riesigen Immobilienskandals.

Ein vielleicht noch größerer Erfolg war die Freigabe der Insel Cabrera vor der Südostküste Mallorcas durch das Militär. Über Jahrzehnte hatte sie als Manöverterritorium gedient, aber nach jahrelangem Tauziehen wurde diese Nutzung höchstrichterlich untersagt und **Cabrera zum Nationalpark** erklärt.

Auch der noch relativ neue **Naturpark Mondragó** an der Ostküste bei Portopetro wäre ohne die Umweltschützer wohl nicht zustande gekommen, vielmehr die malerische Bucht zugebaut worden wie der kleine nördliche Nachbar Cala Barca.

Dass es zur »Umfunktionierung« der **Vogelinsel Dragonera** in eine Luxusurbanisation mit Yachthafen und allen Schikanen nicht kam, ist ebenfalls der einst in erster Linie ornithologisch orientierten Umweltschutzgruppe zu danken. Dragonera bleibt wie sie ist – unbewohnt.

Mittlerweile haben sich Inselregierung und viele Gemeinden den Umweltschutz auf die eigenen Fahnen geschrieben, nicht zuletzt im Sinne einer Zukunftssicherung der Attraktivität Mallorcas. Sichtbar positive Auswirkungen sind z. B. **Rückbaumaßnahmen im Straßennetz** der Urlaubsorte und Abriss von »Schandflecken« an der Bucht von Palma.

Umweltschutz

Um die Umweltbemühungen weiter zu intensivieren, führte die Balearenregierung 2002 eine **Ökoabgabe**, die sog. »Ecotasa«, auf Übernachtungen ein. Die spülte zwar ein gutes Jahr lang Millionen in den Staatshaushalt, wurde aber als eine ungerechtfertigte Sondersteuer für Touristen bekannt. Die Nachfolgerregierung schaffte die Ecotasa wieder ab, als diese tatsächlich einen Einbruch – speziell bei den Urlauberzahlen aus Deutschland – bewirkte.

Um Touristen wie Einheimische an der Finanzierung von Umweltprojekten zu beteiligen, hat man sich später die »Grüne Karte« ausgedacht, deren Erwerb für €10 freiwillig ist, siehe Seite 52. Mit dem über Jahre kontrovers geführten Streit über die Ecotasa gelang es immerhin, das Thema »Umweltschutz« in der öffentlichen Diskussion zu halten. Den Problemen der Wasserversorgung bzw. des Umgangs mit dieser auf Mallorca knappen Ressource, der Abwasserbeseitigung, der Müllentsorgung bzw. -verwertung und der Energieerzeugung/-einsparung gilt heute hohe Aufmerksamkeit. Dabei spielt auch eine Rolle, dass man den **Umweltschutz als Werbeargument für Mallorca** entdeckt hat.

In diesem Zusammenhang interessant ist, dass Veranstalter bei ihren Hotelbeschreibungen den Punkt »**Umweltschonende Hotelführung**« vermehrt als zusätzliche Kennzeichnung berücksichtigen oder den Kunden versichern, in den angebotenen Häusern auf umweltverträgliche Zustände zu achten.

Wer über Umwelt und Ökosystem Mallorcas nachdenkt, stellt sich fast unweigerlich die Frage, woher – zumal auf einer Insel – denn das **Trinkwasser für nahezu 900.000 Einwohner plus** – in der saisonalen Spitze – **über 300.000 Urlauber** kommt? Und natürlich, wo die **Abwässer** und der tägliche **Müll** bleiben.

Trink- und Brauchwasser

Die Wasserversorgung war lange ein Dauerproblem, das durch den Tourismus »nur« relativ geringfügig verschärft wurde. Mallorca verbraucht weit über 30 Mio. m³ Trinkwasser pro Jahr, wovon sage und schreibe 20% auf Verluste im maroden Leitungsnetz entfallen sollen. Vom »echten« Verbrauch holt sich die Landwirtschaft, die am Sozialprodukt Mallorcas nur noch nachgeordnet beteiligt ist, allein rund 60%, die Industrie 1%-2% und die Golfplatzbewässerung 1%. **Die Bevölkerung und Touristen verbrauchen den Rest, also nur wenig mehr als ein Drittel**.

Der Gesamtbedarf wird aus unterschiedlichsten »Quellen« gedeckt; dabei spielen natürliche Süßwasserressourcen heute eine wichtige Rolle (z.B. schon immer Kavernen unter Cala Rajada und die erst seit kurzem ausgebeutete Frischwasserquelle Sa Costera an der Westküste). Früher waren auch **Tiefbrunnen** wesentliche Lieferanten. Aber deren Wasser ist heute leicht salzhaltig und muss mit Süßwasser vermischt werden. Für den Raum Palma sind die **Stauseen Cuber** und **Gorge Blau** bedeutsam. Sie tragen aber nur nach niederschlagsreichen Wintern signifikant zur Versorgung bei. Der sichere Eckpfeiler der Wasserversorgung sind heute **Meerwasserentsalzungsanlagen** mit einer Kapazität von bis zu 150.000 m³/Tag, die aber nur selten voll genutzt werden.

Fast voller Cuber Stausee im Februar

Abwasserverbleib

Während noch in den 1970er-Jahren das Gros der **Abwässer** ungeklärt über oft nur wenige hundert Meter lange Rohre ins Mittelmeer floss, sind heute über **70 Kläranlagen** flächendeckend in Betrieb. Der Grad der Aufbereitung ist unterschiedlich. Das meiste Klärwasser geht über kilometerlange Leitungen ins Meer. Nur ein geringer Teil kann als sog. Brauchwasser zur Beregnung von Grünanlagen und Golfplätzen genutzt werden. Immerhin spricht die alljährlich gemessene (nicht nur optisch) sehr gute Wasserqual tät an allen Stränden für das erreichte Klärniveau. Weitere Verbesserungen und Kapazitätserweiterungen der Kläranlagen stehen auf dem Investitionsprogramm Mallorcas.

Zwar hat man schon vor Jahren das Problem der **Abwässer von Booten** erkannt, jedoch trotz neu erlassener Gesetze noch nicht gelöst. Tausende von Freizeitskippern und Fischern spülen trotz Verbots immer noch zu viel ins Meer.

Abfallentsorgung

Auf Mallorca entstehen heftige ca. **700.000 t Müll** pro Jahr, die früher auf »wilden«, d.h. nicht fachmännisch ausgebauten und überwachten Müllkippen abgeladen wurden. Bereits seit 1996 ist die **Müllverbrennungsanlage Son Reus** bei Palma in Betrieb. Sie kann ca. 300.000 t jährlich verarbeiten und ermöglichte die Schließung der Kippen. Aber diese Kapazität reicht nicht, obwohl immerhin 200.000 t weiterverwertet werden können. Die restlichen ca.

Müllschlucker in Palmas Altstadt: Anwohner (mit Schlüssel!) entsorgen Müll über ein unterirdisches Rohrsystem auf Unterdruckbasis.

200.000 t und die Verbrennungsrückstände wurden auf einer Riesenkippe (ebenfalls im Bereich Son Reus) abgelagert, dessen Kapazität aber seit 2008 erschöpft ist. Eine neu geschaffene Fläche mit 1,3 Mio t Kapazität übernimmt seither den Abfallüberschuss. Eine weitere Anlage mit 300.000 t Kapazität soll 2012 in Betrieb gehen.

In Nachbarschaft zu Son Reus entstand schon vor Jahren ein **Umwelttechnologiepark**, mit dessen Hilfe Trennung und Recycling der bereits in separaten Tonnen gesammelten Abfälle erfolgt (siehe Foto Seite 72). Dadurch kommt es zur oben bereits angesprochenen Verwertung von ca. 200.000 t. Der Clou sind ein **Infocenter** und eine **vollverglaste Besucherbahn** rund ums Gelände. Der Besuch ist indessen nur Gruppen nach Anmeldung möglich. Anfahrt nach Son Reus über die Straße Palma-Soller nördlich Son Sard na rechts ab (ausgeschildert).

Kraftwerk bei Alcudia

Elektrizität

Gasturbinen bei Palma und ein kürzlich (nach Installation einer Gaspipeline vom Festland über Ibiza) auf Gas umgestelltes altes Kohlekraftwerk beim Albufera Nationalpark zwischen Sa Pobla und Las Gaviotas sorgen für die **Erzeugung elektrischer Energie**. Da deren Kapazität in Spitzenzeiten an ihre Grenzen stösst, wurde ein **Unterwasserkabel** aufs Festland verlegt, das ab 2012 etwa ein Drittel des Inselbedarfs liefert (speziell die Meerwasserentsalzung kostet sehr viel Strom).

Naheliegend wäre die Nutzbarmachung von **Solarenergie**; bislang blieb das aber Privatinitiative vorbehalten. Auch eine stärkere Nutzung von **Windenergie** wird angestrebt. Ein Renovierungsprogramm für die alten Windräder in der Ebene des Südostens läuft schon seit Jahren.

Heizung

Geheizt wird auf Mallorca entweder mit Strom, Öl oder Gas, wobei es kein Gasleitungsnetz gibt. Betreiber der noch wenigen Gaszentralheizungen be-  nötigen einen Flüssiggastank. In vielen Häusern heizt man auch mit offen brennenden (bei uns nicht erlaubten) Einzelgasöfen, wobei das Gas aus einer Propangasflasche in Haushaltsgröße stammt. Dieselben Flaschen stehen auch in den meisten Küchen unter dem Gasherd.

Viele neue Häuser und Apartments haben einen Kamin. Das Problem dabei ist die Versorgung mit Brennholz (*leña*). Wenn alle Kaminbesitzer ernsthaft daran dächten, an kalten Tagen Feuer zu entfachen, gäbe es schon bald kein Holz mehr auf Mallorca. Auch so schon ist Brennholz knapp und daher extrem teuer.

Auf Mallorcas Straßen

Straßennetz

Wenn Sie auf eine Straßenkarte von Mallorca schauen, werden Sie bemerken, dass die meisten Hauptstraßen in Palma beginnen und sternförmig in alle Richtungen laufen. Diese Straßen bzw. Autobahnen nach Andratx, Soller, Inca/Alcudia, Manacor oder Lluchmayor/Santanyi sind denn auch die am stärksten befahrenen mit den höchsten Unfallzahlen.

Das Straßennetz auf Mallorca wurden in den letzten Jahren trotz gelegentlich heftiger Widerstände von Umweltaktivisten und betroffenen Bürgern weiter ausgebaut und erheblich verbessert. Besonders bei den Autobahnen hat sich einiges getan, wenn auch nicht alle kühnen Pläne, wie die Trasse Inca-Manacor, in die Tat umgesetzt werden konnten. Realisiert aber wurde die Verlängerung der Autobahn von Inca in Richtung Alcudia, von Palma Nova nach und um Paguera herum und von Arenal nach und über Llucmajor hinaus Richtung Campos. Auch eine Verbreiterung der *Via Cintura*, der Stadtautobahn rund um Palma, wurde angegangen und schon teilweise abgeschlossen.

Darüber hinaus hat die Balearenregierung zur Entlastung des überbordenden Autoverkehrs in und um die Inselhauptstadt den Bau von drei U-Bahnlinien angekündigt, von denen die erste seit 2007 das Zentrum (Plaça España) mit der Universität an der Straße nach Valldemossa verbindet (mehr dazu auf Seite 90).

Verkehrsdichte

Noch fließt der Verkehr außerhalb der Städte meist einigermaßen ungehindert, aber in Palma gibt es täglich zu den Spitzenzeiten nach wie vor erhebliche Staus an Ein- und Ausfallstraßen und den Autobahnauf- und -abfahrten (siehe Seite 24). 2011 kamen auf die rund 900.000 Bürger Mallorcas fast ebenso viele Fahrzeuge. In Palma gibt es schon mehr Autos als Einwohner. Mallorcas Hauptstadt nimmt damit in ganz Europa eine wenig erfreuliche Spitzenstellung ein. Bislang fehlt es an überzeugenden Konzepten, wie dem ausufernden Verkehr Einhalt geboten oder dieser zumindest sinnvoll reguliert werden kann. Ein paar zusätzliche Tiefgaragen und die Begrenzung der Höchstparkdauer in der Stadt auf 120 min brachten keine sichtbare Entspannung der Situation. Vielleicht wäre eine Art Innenstadt-Maut, wie sie in London seit einiger Zeit recht erfolgreich erhoben wird, auch und gerade für Palma eine praktikable Lösung bei gleichzeitig massivem Ausbau des öffentlichen Nahverkehrs, z. B. der beiden noch ausstehenden U-Bahn-Routen. Deren Finanzierung steht allerdings noch in den Sternen.

Verkehrsrecht – verschärfte Strafen seit 2010

Verkehrsstrafe

Bei Verkehrsstrafen wird zwischen leichten, schweren und sehr schweren Verstößen unterschieden. Von der Kategorie hängt die Höhe des Bußgelds ab. Für einen leichten Verstoß wird eine Strafe bis zu €90 verhängt, bei schweren Verstößen €91-€300 und bei sehr schweren Verstößen €300-€600. Bei schweren Vergehen kann außerdem der Führerschein für einen Zeitraum von 1-3 Monaten entzogen werden. Bei sehr schweren Übertretungen wird der Führerschein für diesen Zeitraum entzogen.

Strafzettel (*multa*)

Bei Strafzetteln wegen eines Verkehrsdelikts gibt es folgende Optionen:

Wenn man den innerhalb von 30 Tagen bezahlt, wird ein Nachlass von 30% gewährt. Die Strafe kann an verschiedenen Stellen bezahlt werden, so zum Beispiel über die Website des Verkehrsamts (www.dgt.es) mit Kredit- oder Debitkarte, bei der Post oder bei einer Zweigstelle der Santander-Bank.

Es besteht aber auch die Möglichkeit, Berufung einzulegen, etwa wegen eines Formfehlers (wenn die Strafe mit 30% Nachlass bezahlt wird, entfällt diese Option). Bei Widersprüchen ist es sehr wichtig, die Frist zu beachten, die je nach Art des Verstoßes zwei Wochen oder einen Monat beträgt. Der Vorteil des Einspruchs ist, dass es eventuell zu einer Verjährung der Strafe kommt.

Wenn man von der Polizei wegen eines Verstoßes angehalten und ein Strafzettel ausgefüllt wird, insistiert diese gerne auf einer Unterschrift des Übeltäters, zu der man aber nicht verpflichtet ist. Damit räumt man zwar den Verstoß als solchen ein, gibt jedoch nicht automatisch sein Einverständnis mit der Strafe. Es ist auch dann immer noch möglich, einen Einspruch einzulegen.

Quelle: www.info08.eu · Kanzlei Fuchs

Mietwagen

Manche meinen, dass die große Flotte der Leihwagen an der hohen Verkehrsdichte die Schuld trägt. Wie viele davon genau über die Insel fahren, weiß niemand. 2011 hieß es, dass es nach einer Spitze von ca. 50.000 im Jahr 2008 noch rund 30.000 Fahrzeuge bei über 200 kleinen und großen Firmen zur Vermietung stehen. Aber selbst der e nstige Höchstbestand entspricht nur ca. 5% des gesamten Fahrzeugbestandes. Zudem gilt: Wenn zu bestimmten Jahreszeiten tatsächlich viele Mietwagen unterwegs sind, so belasten sie weniger die Ballungsgebiete als vielmehr die typischen Ausflugsrouten. Außerdem warten Mietwagen die meiste Zeit auf Kunden oder stehen auf Parkplätzen. Das hohe Verkehrsaufkommen in Palma und anderswo ist letztlich eine Folge des Wohlstands der Insel und ihrer Bewohner.

Die Situation bei der Automiete auf Mallorca hat sich im Laufe der Jahre immer wieder verändert. Nach Beginn der Finanz- und Wirtschaftskrise und daraus resultierendem ruinösen Preisverfall 2008 reduzierten die Autoverleiher 2009 ihre Flotten derart, dass es in Monaten hoher Nachfrage zu heftigen Preissteigerungen mit teilweise absurd hohen Tarifen kam. Die Zeit der Schnäppchenpreise bei der Automiete schien damit zunächst vorbei zu sein. Aber 2011 sah das schon wieder anders aus. Mietwagenbestände und -nachfrage kamen wieder ins Gleichgewicht, so dass die Automiete auf Mallorca wie früher zu moderaten Tarifen möglich war.

Kleinwagen wie Renault Clio oder Ford Fiesta kosteten 2011 – außer in der Hochsaison – ab ca. €130/Woche. Empfehlenswert ist immer ein Preisvergleich per Internet in Portalen wie www.mietwagenmarkt.de oder www.billiger-mietwagen.de.

Verkehrsvorschriften

Abschleppen

In Spanien darf man sich bei Pannen nicht durch Privatfahrzeuge abschleppen lassen, sondern muss ein offiziell zugelassenes Abschleppunternehmen beauftragen. Wichtig: Tarife erfragen, bevor das Auto auf den Haken genommen wird.

Sicherheitsgurte

Auf allen Sitzen, für die ein Sicherheitsgurt vorhanden ist, besteht Gurtanlegepflicht. Nicht anschnallen kostet bis €300/Person!

Handy am Steuer

Das Telefonieren am Steuer mit Mobiltelefonen ist verboten, wenn das Handy dazu in die Hand genommen werden muss. Echte Freisprechanlagen ohne Kopfhörer sind zulässig. Zuwiderhandlungen kosten ab €90 Bußgeld.

Kindersicherung

Kinder über 3 Jahren und Personen, die nicht größer als 1,50 m sind, müssen eine an ihre Statur angepasste Rückhaltevorrichtung benutzen so vorhanden, ansonsten die eingebauten Sicherheitsgurte. Kinder unter 3 Jahren müssen in einem Kindersitz befördert werden, die ihrem Gewicht und ihrer Größe angepasst ist.

Kreisverkehr

Fahrzeuge im Kreisverkehr (*glorieta*) haben – sofern nicht ausdrücklich durch andere Verkehrszeichen anderes geregelt ist – Vorfahrt vor in den Kreisel einfahrenden Fahrzeugen.

Auf Mallorca ist jeder Verkehrskreisel Standort künstlerisch gestalteter Skulpturen

Parkverbot

Gelbe (durchgehende, zickzack- oder unterbrochene) Linien am Fahrbahnrand bedeuten Parkverbot. An blauen Markierungen ist das Parken gebührenpflichtig.

Promillegrenze

Die Promillegrenze liegt in Spanien bei 0,5 Promille. Auf Mallorca gibt es in letzter Zeit vermehrt Kontrollen zur Bekämpfung von Alkohol am Steuer. Denn alkoholisierte Fahrer sind verantwortlich für zahlreiche schwere Verkehsunfälle mit einer überproportional hohen Zahl von Verkehrstoten.

Tanken

Handys, Autoradio und Motor müssen beim Tanken ausgeschaltet sein. Rauchen ist selbstverständlich auch verboten.

Überholverbot

100 m vor Kuppen und auf Straßen, die nicht für mindestens 200 m zu überblicken sind, gilt ein allgemeines Überholverbot.

Warndreiecke

Alle Autos haben in Spanien im Prinzip zwei Warndreiecke mitzuführen, die im Pannenfall auf das liegen gebliebene Fahrzeug aufmerksam machen müssen und zwar mindestens 30 m vor und 30 m hinter dem Fahrzeug. Nach Protesten gilt nun einschränkend, dass für im Ausland zugelassene Fahrzeuge auch ein Warndreieck ausreicht, wenn diese nach dem jeweiligen nationalen Recht nur ein Warndreieck dabei haben müssen.

Warnwesten

Fahrer von Pkw, Autobussen und Fahrzeugen zur Güterbeförderung müssen, wenn sie bei Panne oder Unfall ihr Fahrzeug auf Autobahnen oder Landstraßen verlassen, eine reflektierende (gelb- oder orangefarbene) Warnweste tragen, die den Anforderungen der Euronorm EN 471 entspricht (kostet ca. €8-€10).

Weiter Erfordernisse

In Spanien zugelassene Fahrzeuge müssen nicht nur zwei Warndreiecke mit sich führen, auch Ersatzreifen, Wagenheber und Werkzeug zum Radwechsel und Ersatzbirnen gehören zur vorgeschriebenen Ausrüstung aller Fahrzeuge.

Der Fahrer, sollte er Brillenträger sein, muss bei Kontrollen eine Ersatzbrille vorweisen können. Die üblichen Dokumente (Führer- und Fahrzeugschein) und zusätzlich ITV (=TÜV)-Bestätigung und die Versicherungspolice sollen auch zur Hand sein, letztere zur Not als beglaubigte Kopien. Fehlt bei Kontrollen irgendetwas, ist für jedes Teil bzw. Dokument theoretisch ein Strafmandat fällig.

Die Realität bei Mietwagen ist häufig: keine Warndreiecke, keine Versicherungs- und TÜV-Papiere. Verbandskästen erst recht nicht, denn die sind nicht vorgeschrieben.

Vorschriften beachten

Schnallen Sie sich unbedingt an, selbst wenn Sie Polizisten sehen, die im Dienstfahrzeug ohne angelegte Gurte durch die Stadt brausen. Und beachten Sie die Halteverbote und Parkvorschriften. An anderer Stelle wurde bereits erläutert, wie es in der Kurzparkzonen der Städte zugeht, siehe Seite 40. Wer dort in einer Lieferzone parkt, und sei es nur mit einem Teil der Fahrzeuglänge, zahlt €60. Bei Leihwagen warten die Polizisten auf Ihre Rückkehr, um gleich an Ort und Stelle zu kassieren. Haben Sie nicht genügend Geld dabei, begleitet man Sie gern zum Bankautomaten oder ins Hotel. Die Strafen für Übertretungen sind, wie bereits erwähnt, auf Mallorca (in Spanien) deutlich höher als in Deutschland.

Tempolimits

Auf Landstraßen beträgt die zulässige Höchstgeschwindigkeit 90 km/h bzw. 100 km/h auf Schnellstraßen mit breiten Seitenstreifen, auf Autobahnen 120 km/h. Wenn Sie die 90 km/h auf Landstraßen einhalten, staut sich hinter Ihnen aber bald der Verkehr, weil allgemein gern 100 km/h und mehr gefahren wird.

Innerörtlich gilt 50 km/h, in Wohnstraßen ggf. 30 km/h.

Linksabbieger

Richten Sie sich auf folgende Eigentümlichkeit ein: der von links kommende Verkehr fädelt sich an einigen Stellen über eine kurze Einbiegespur fließend nach rechts ein. Die von links einbiegenden Fahrer müssen zwar Ihre Vorfahrt beachten, ziehen oft aber zügig nach rechts auch noch in die kleinste Lücke.

Autofahren in Palma

Autofahren in Palma, das die höchste Verkehrsdichte aller spanischen Großstädte aufweist, ist nicht schwieriger als anderswo, wenn man sich dem fließenden Verkehr anpasst und der Fahrer nicht nebenbei *Sightseeing* betreibt. Ganz wichtig ist in diesem Zusammenhang: Fußgänger gelten (leider) wenig auf Mallorca, und sie wissen das auch. Ampelrot hindert Autofahrer nicht unbedingt am Weiterfahren, und bei Ampelgelb hält erst recht keiner an. Wenn S i e das tun, laufen Sie Gefahr, dass der Hintermann auffährt. Das Gleiche gilt für Zebrastreifen, die ebenfalls nicht sonderlich beachtet werden. Wenn Sie höflich und vorschriftsmäßig stoppen, ist das Risiko groß, dass es hinten knallt. Mallorquiner rechnen im Allgemeinen nicht mit einem solchen Verhalten. Auf jeden Fall sollte man vor jedem Stopp in den Rückspiegel sehen.

Abgeschleppt im Parkverbot

Ihr Wagen könnte auch mit einer »Parkkralle« stillgelegt worden oder sogar fort sein, wenn Sie zurückkommen. Dann wurde er vermutlich in den meisten Fällen nicht gestohlen, sondern abgeschleppt. Der nächste Polizist ist bestimmt nicht weit, und der gibt Ihnen Auskunft, unter welcher Telefonnummer Sie anrufen können, um zu erfahren, wo Ihr Fahrzeug steht. Dafür existieren eingezäunte Parkplätze an Palmas Peripherie. Haben Sie Ihr Auto wiedergefunden, erhalten Sie es nur zurück, wenn Sie ca. €90 »Lösegeld« zahlen.

Die Höhe des Bußgeldes legt die jeweilige Gemeinde fest. Es kann auch schon mal die »Schmerzgrenze« überschreiten. Klagen dagegen sind wenig Erfolg versprechend bzw. sinnlos, denn bis zur Klärung des Falles bleibt das Auto konfisziert.

Was tun bei einer Panne?

Die zentrale **Telefonnummer für Notfälle** lautet in Spanien wie bei uns **112**. Außerdem sollten Sie weitere wichtige Nummern in Ihr Mobiltelefon einprogrammieren, sobald Sie auf Mallorca die dortigen Provider, wie z.B. *Movistar (Telefónica,) Vodafone oder Orange etc.* auf Ihrem Display sehen.

Bleiben Sie mit einer Panne unterwegs liegen und Sie sind mit Freunden in zwei Autos unterwegs, dürfen Sie sich nicht gegenseitig abschleppen, siehe Kasten oben auf Seite 80!

Unfallrisiko

Der dichte Verkehr und das rücksichtslose zu schnelle Fahren vor allem unter Alkoholeinfluss forderte jahrelang seinen Tribut mit regelmäßig über 100 Verkehrstoten jährlich (110 auf den Balearen noch in 2005) und Tausenden von Verletzten. Seit strengere Vorschriften gelten und die Polizei durch Kontrollen auch hilft, sie in die Praxis umzusetzen, sind die Unfallzahlen und vor allem die Zahl der Verkehrstoten deutlich zurückgegangen (2010 auf den Balearen insgesamt 54). Das Risiko, auf Mallorca durch einen Verkehrsunfall verletzt oder getötet zu werden, ist statistisch aber immer noch höher als bei uns. Es ist z.B. auch größer, als Opfer eines Verbrechens zu werden. Unter den Unfallopfern befinden sich Jahr für Jahr etliche Touristen und ausländische Residenten.

Was tun bei einem Unfall?

Ein Unfall ist niemandem zu wünschen, schon gar nicht, wenn Alkohol im Spiel sein sollte. Schon seit 1999 gilt auch in Spanien eine Promillegrenze von 0,5, und selbst auf der Ferieninsel Mallorca versteht die Polizei mittlerweile bei Unfällen unter Alkoholeinfluss keinen Spaß mehr. Sollten Sie Alkohol getrunken haben, und es fährt beispielsweise ein anderes Fahrzeug von hinten auf, bekommen Sie zunächst einmal Schuld, selbst wenn der Unfall eindeutig vom Auffahrenden verursacht wurde.

Bei einem Unfall ohne Personen-, aber mit Sachschaden – sei es, dass Sie geschädigt wurden oder einen anderen geschädigt haben – brauchen Sie in den seltensten Fällen die Polizei zu rufen. Sollten Sie ein Fahrzeug gemietet haben, sehen Sie in den Papieren nach, die Ihnen der Verleiher (hoffentlich) ausgehändigt hat. Darunter sollten sich ein Formular befinden mit der umständlichen Bezeichnung: ***Declaración amistosa de accidente de automovil***;

auf deutsch: »Schadenserklärung zur gütlichen Einigung«, das für die Angaben der beteiligten Parteien vorbereitet ist. In diesen Vordruck müssen die persönlichen Daten beider Fahrer, diverse Daten der Fahrzeuge und Angaben zu den Versicherungsgesellschaften eingetragen werden. Der Vordruck (spanisch und deutsch) kann man auch im Internet z. B. bei www.anwaltsauskunft.de/downloads herunterladen.

Lassen Sie sich unbedingt Ausweis, Führerschein und Versicherungsbestätigung des Beteiligten zeigen. Will oder kann er die Versicherungsbestätigung nicht zeigen, so rufen Sie (nun doch) die Polizei über Notruf 112. Es gibt auf Mallorca leider immer noch die Möglichkeit, dass Fahrzeuge unversichert herumfahren. Sofern alles glatt läuft, unterschreiben beide die Schadenserklärung – das ist Vorschrift. Mit dieser Unterschrift übernehmen Sie keine Verantwortung für den Schaden und erkennen auch nicht die Schuld am Unfall an, das ist also o.k. Die Schadensmeldung muss danach möglichst umgehend an die Versicherung bzw. – zunächst – an den Autovermieter gehen.

Unfall mit Verletzten

Sollten Sie einen Unfall mit Personenschaden haben, so wählen Sie vom nächst erreichbaren Telefon bzw. Ihrem Handy umgehend den Notruf 112 oder 062 für die *Guardia Civil* (außerhalb geschlossener Ortschaften), schildern Sie, was passiert ist (Ansprache auf Deutsch ist überwiegend möglich, zumindest aber auf Englisch), und geben Sie Ihre ungefähre Position an. Die Polizei organisiert dann ggf. die Hilfsmaßnahmen und nimmt ein Protokoll auf. Gefährden die Unfallfahrzeuge den fließenden Verkehr, sind die Beteiligten verpflichtet, die Fahrzeuge so schnell wie möglich aus der Gefahrenzone zu entfernen.

Bei der Aufnahme des polizeilichen Protokolls sollten Sie niemals eine Erklärung hinsichtlich Ihrer *responsabilidad* (Verantwortlichkeit, hier: Schuld) abgeben. Bei Mietwagen ist das sogar ein Vertragsbestandteil, siehe Kleingedrucktes. Wurden Personen in einem fremden Fahrzeug verletzt, so notieren Sie – wenn irgend möglich – deren Namen, Anschrift und Telefonnummer sowie die Daten der Polizei: Welche Stelle hat das Protokoll aufgenommen, wo ist es abzufragen? Und sehen Sie zu, dass die Daten und Unterlagen so schnell wie möglich in die Hände der Verleihfirma kommen, sofern Ihr Auto gemietet war.

Das Leben auf Mallorca

Öffentliche Verkehrsmittel

Wer auf Mallorca in Ortslage wohnt, benötigt nicht unbedingt ein Auto. Das Busnetz ist relativ gut ausgebaut, dazu gibt es die Bahnlinien von Palma nach Soller und nach Inca und von dort weiter bis Sa Pobla und über Sineu nach Manacor (eventuell demnächst verlängert bis Artá) sowie die U-Bahn in Palma. Die Tickets sind in allen Fällen trotz mehrfacher Preiserhöhungen in den letzten Jahren nach unseren Begriffen immer noch preiswert. Auch Taxifahren ist meist etwas günstiger als in Deutschland.

Weitere Informationen dazu unter:
http://reisebuch.de/mallorca/info/verkehr/mallorca_nahverkehr.html

Taxi

Die Taxitarife auf Mallorca werden – wie bei uns – zentral und verbindlich festgelegt. Von und zum Flughafen und zur Fährstation werden Zuschläge berechnet; außerdem zählt jeder Koffer extra.

Taxi-Tarife Mallorca

Taxi - Tarif 1 (samstags, sonntags, feiertags und an allen Tagen von 21.00 bis 7.00 Uhr): Taxigebühr: €2,25; gefahrener Kilometer: €1,02; Wartestunde: €18,40; Mindestgebühr: €4.

Taxi - Tarif 2 (werktags von 7.00 bis 21.00 Uhr): Taxigebühr: €1,95; gefahrener Kilometer: €0,80; Wartestunde: €16,40; Mindestgebühr: €3.

Zuschläge: Fahrt ab oder bis Flughafen: €2,70; Mindestgebühr pro Fahrt ab Flughafen (einschließlich Zuschläge): €12; pro Gepäckstück oder Koffer (ausgenommen Rollstühle): €0,60; Anfahrt bei Bestellung über Taxizentrale: 0,95 €.

Ausführliche aktuelle Tarif-Tabelle unter:
http://www.mallorcataxi.com/aleman/tarifas.html

Die Mitnahme von Blindenhunden, Rollstühlen und Kinderwagen sowie die Ausstellung von Quittungen oder Rechnungen sind den Taxifahrern zwingend vorgeschrieben und kostenlos. Der Taxi-Fahrgast hat ein Recht auf freie Streckenwahl, eine funktionierende Klimaanlage im Sommer und ein sauberes Fahrzeug

Das Taxameter muss zu Beginn einer Taxifahrt eingeschaltet sein, es sei denn, es wurde ein Pauschalpreis für eine Überlandfahrt bzw. zu häufig nachgefragten Fernzielen vereinbart. Deren Kosten sind an größeren Taxiständen Tafeln zu entnehmen. Eine Fahrt vom Flughafen nach Cala Rajada kostet ca. €100, nach Andratx ca. €50.

Eventuelle Reklamationen kann man in ein Beschwerdebuch (*Libro de reclamación*) schreiben, das in jedem Taxi vorhanden sein muss. Ohnedem erwartet der Taxifahrer wie in Deutschland ein Trinkgeld von 5-10% des Fahrpreises

Busverkehr

Die Flotte der beiden großen Anbieter **TIB** (*Transport de Illes Balears* für inselweite Strecken) sowie **EMT** (*Empresa Municipal de Transports* für den Stadtverkehr in Palma) verfügt über moderne, ausnahmslos klimatisierte Busse.

Der **Busbahnhof in Palma** wurde kürzlich unter den Park neben die Schienen der Inca-Bahn verlegt (identischer Eingang für Eisenbahn, Metro zur Universität und Fernbusse an der Plaça Espanya). Dieser unterirdische Bahnhof für alle öffentlichen Verkehrsmittel heißt im offiziellen Sprachgebrauch jetzt *Estació Intermodal*. Auf der Bahnsteig- bzw. Busebene steht ein aktuell gehaltener Infokasten mit allen Routen, die mit öffentlichen Verkehrsmitteln bedient werden.

Busse nach Playa de Palma/S`Arenal und in den Südwesten, also Illetes/Palma Nova/Magaluf/Santa Ponça/Peguera/Camp de Mar/Andratx/Sant Elm stoppen überirdisch an Haltestellen an der Plaça Espanya vorm Eingang in den intermodalen Bahnhof und gegenüber.

Die gelb-roten Überlandbusse der TIB, aber auch private Unternehmen verbinden Palma mit dem Rest der Insel. Das Streckennetz ist traditionell zentralistisch auf

Bürgerkarte (Tarjeta ciudadana)

Die Bürgerkarte (*Tarjeta ciudadana*) mit Chip der Stadt Palma erlaubt die bargeldlose Zahlung von Busfahrten innerhalb Palmas. Mit den auf ihr gespeicherten Daten berechnet und belastet die Karte den jeweiligen individuell rabattierten Ticketpreis.

Der Erwerb einer solchen Karte ist kostenfrei und steht grundsätzlich jedem Bürger Mallorcas (inkl. ausländischen Residenten) offen, unabhängig davon, ob er seinen Wohnsitz in Palma hat oder nicht.

Die Ausgabe der Bürgerkarte erfolgt durch die jeweiligen Stadt- bzw. Gemeindeverwaltungen. In Palma selbst kann die Karte in verschiedenen Dienststellen beantragt werden (siehe Liste).

Das erforderliche Guthaben kann in zahlreichen Schreibwaren- und sonstigen Geschäften aufgeladen werden. Ein Verzeichnis lässt sich von der Dokumentenseite der EMT herunterladen. Außerdem stehen an den wichtigsten Bushaltestellen Palmas Automaten zum Aufladen der Karten.

**Liste der Dienststellen,
in denen die Bürgerkarte beantragt werden kann:**

EMT-Palma; Carrer Josep Anselm Clavé 5, ✆ 971 214444
UIAP 0; Plaça Santa Eulàlia 9 (Cort), ✆ 971 225900
UIAP 3; Diego Zaforteza 7-A. (S'Arenal), ✆ 971 491553
UIAP 5; Cardenal Rossell 96 (Coll d'en Rabassa), ✆ 971 265522
UIAP 6; Avda del Cid 8 (Son Ferriol), ✆ 971 426209

Quelle: http://www.emtpalma.es/EMTPalma/03_tarjeta.jsp?lng=de

die Hauptstadt ausgerichtet mit hohen Frequenzen auf diesen Routen. Querverbindungen sind weniger gut abgedeckt. Die Tarife sind moderat. Eine Fahrt von Palma nach Andratx (ca. 20 km) kostet zur Zeit knapp €4, nach Cala Rajada (ca. 70 km) knapp €10. Alle Informationen zu den öffentlichen Verkehrsmitteln Mallorcas findet man auf dem sehr übersichtlichen Portal des ***Consorci Transports Mallorca*** (CTM): www.consorcidetransports.org/de/web/ctm.

Über alle Buslinien im Stadt- und Vorortverkehr von Palma informiert EMT umfassend unter www.emtpalma.es; dort die deutsche Version anklicken. Die einfache Fahrt innerhalb Palmas kostet €1,25; übertragbare Zehnerkarten zu €8. Residenten fahren mit der Bürgerkarte (*Tarjeta ciudadana*, siehe Kasten) noch preiswerter.

Eisenbahnen
Bahnlinie Palma-Soller

Trotz des nun schon 15 Jahre existierenden Straßentunnels nach Soller hat die Fahrt mit dem – in Wahrheit braunen – »Roten Blitz« ihre Attraktivität behalten. Bereits 1905 hatte man die Idee, das Tramuntana-Gebirge zu untertunneln und Eisenbahngleise von Palma nach Soller zu verlegen. 1907 begannen die Arbeiten, und 1911 erfolgte die erste Fahrt durch die 13 Tunnel. Der längste ist fast 3 km lang. Seit 1912 wird die Strecke regelmäßig befahren, zuerst unter Dampf und seit 1929 elektrisch. Innen aber erinnert der Zug mit poliertem Messing und Holz in den Abteilen auch heute noch an die gute alte Zeit. Ebenfalls nostalgische Gefühle wecken die restaurierten Bahnhöfe von Soller und Bunyola an der Strecke.

Der »Rote Blitz« verkehrt 5-6x täglich in beide Richtungen. Wer das Erlebnis verlängern möchte, besteigt vom Bahnhof von Soller die alte Straßenbahn und ruckelt damit zum Hafen weiter. Einzeltickets von Palma nach Sóller kosten €10, hin und zurück 17€. Für Sóller-Residenten gibt es günstige Jahreskarten. Die Weiterfahrt nach Port de Sóller mit der offenen Straßenbahn kostet 4€/Strecke; für Residenten wiederum verbilligte Jahrestickets. Die *Tranvia* fährt im Winter stündlich, im Sommer halbstündlich – »mas o menos« - ab Sóller bzw. Port de Sóller.

Die aktuellen Fahrpläne mit Tarifen findet man im Internet unter www.trendesoller.com (Erläuterungen nur auf Spanisch).

Offene Straßenbahn (»Tranvia«) in Sollér

Das Leben auf Mallorca

Bahnlinie Palma-Inca-Sa Pobla/Manacor

Die Bahnlinie nach Inca und weiter bis Sa Pobla ist zwar die älteste auf Mallorca (seit 1875) hat aber weder Flair noch den Vorzug einer attraktiven Strecke. Die modernen Züge verkehren werktags vom unterirdischen Bahnhof *Estació Intermodal* (dort Umsteigen auf U-Bahn und Busse möglich, siehe unten und Bild rechts) bei der Plaça Espanya in kurzen Abständen bis **Inca** (35 min). An der Strecke liegen Marratxi (mit den Orten Portol und Sa Cabaneta; dorthin verkehrt zusätzlich noch eine gesonderte Vorortbahn), Santa Maria, Consell/Alaró, Binissalem und Lloseta.

Die Weiterfahrt ab Inca erfolgt alternierend nach **Sa Pobla** (50 min via Llubi und Muro) und nach **Manacor** (60 min via Sineu, Sant Joan und Petra), wobei der erst vor einigen Jahren wiederbelebte Schienenstrang Inca-Manacor schön durch das Hügelland des zentralen Mallorca läuft.

Obendrein wurde eine Reaktivierung der alten Strecke Manacor-Artá 2010 in Angriff genommen. Wegen heftigen Widerstands von Grundbesitzern, über deren Land die Bahntrasse läuft, und leerer Kassen kamen die Arbeiten daran in einem bereits weit gediehenen Stadium und schon angeschaffter Triebwagen und Waggons 2011 (zunächst?) zum Erliegen. Die Fertigstellung ist unklar.

Durch den Ersatz der Diesellokomotiven durch E-Loks ab 2012 werden sich die Fahrzeiten der Züge nach Inca und Sa Pobla bzw. nach Manacor um ca. 20% verkürzen. Nebenbei entfallen dadurch auch die Dieselabgase entlang der Strecke.

Fahrpläne und mehr wie im Fall der Busse unter
www.consorcidetransports.org/de/web/ctm

oder unter
http://www.sfm.cat/page_horarios.php

Die aktuellenTarife für die Eisenbahn findet man unter
http://www.sfm.cat/info.php?register_vars[infotxt]=7

U-Bahn

Seit Mitte 2007 gibt es in Palma eine U-Bahnlinie, die den unterirdischen Zentralbahnhof über neun Stationen mit der Universität verbindet. Dieses mallorquinische Prestigeobjekt kostete 312 Mio. Euro (!) und damit letztendlich ca. 50% mehr als ursprünglich geplant. Immerhin ist Palma neben Madrid, Barcelona, Valencia und Bilbao eine der wenigen spanischen Großstädte mit einer U-Bahn. Zwei weitere Linien zur Entlastung des Straßenverkehrs in Palma sind geplant; deren Realisierung liegt aber zur Zeit wegen leerer Kassen in weiter Ferne.

Die Fahrpreise der Metro sind günstig. Der Einzelfahrschein kostet 90 Cent, die Rückfahrkarte €1,70. Die U-Bahn verkehrt täglich zwischen 6.30 Uhr und 22.30 Uhr.

Straßenbahn

Ein ebenfalls aus finanziellen Gründen zunächst ins Stocken geratenes kostspieliges Projekt betrifft eine Straßenbahn (Tram) von Palma über Playa de Palma und den Flughafen bis Arenal.

Die geplante Streckenführung und den Fortschritt des Bauvorhabens kann man sich unter http://www.trambadia.cat/tramvia.php erläutern lassen (neben Katalanisch nur Spanisch und Englisch).

Unterirdische kombinierte Metro- (links), Bahn- (in der Mitte der Zug nach Inca) und Busstation (rechts hinter der verglasten Wand) bei Palmas Plaça Espanya unter dem Parc d'Estacio

Telefon und Handy

Noch bis in die 1990er-Jahre hinein war es nicht so einfach, von Mallorca aus die Lieben in der Heimat telefonisch zu erreichen. Inzwischen hat die *Telefonica*, die einst staatliche, heute aber – wie auch die Deutsche Telekom – weitgehend privatisierte Telefongesellschaft, das Netz völlig erneuert und digitalisiert.

Wer viel telefonieren möchte bzw. erreichbar sein muss, und nicht nur wenige Tage bleibt, löst das Kostenproblem elegant mit einer spanischen SIM-Card (Im Internet oder in speziellen Telefonshops bzw. *Estancos* [Tabak- und Zeitschriftenläden] erhältlich), die man ins vorhandene Handy einsetzt. Man telefoniert damit zu innerspanischen Gebühren (pro Minute je nach Netz) und empfängt Anrufe als »Inländer«. Allerdings ist damit eine neue Handynummer verbunden, die man zunächst einmal den Lieben daheim und weiteren potentiellen Anrufern mitteilen muss. Die Tarifstruktur der aktuellen Provider ist unübersichtlich und ändert sich ständig. Eine gute Übersicht sowie die Möglichkeit, online zu bestellen, findet man unter www.gsm-webshop-com.

Pre-paid Handykarte oder Vertragshandy?

Spanische Pre-paid Karte

Wer sein deutsches Handy weiter benutzt, wird mit relativ hohen, seit 2007 aber auf Beschluss der EU gedeckelten und somit kalkulierbaren Roaming-Gebühren zur Kasse gebeten. (Obergrenze seit Mitte 2011: 26 Cent. Bei eingehenden Handygesprächen 11 Cent. Jeweils plus 18% Mehrwertsteuer).

Als Einstieg auf Mallorca empfiehlt sich ggf. zunächst eine pre-paid Handykarte von einem der Hauptprovider wie *Movistar* (*Telefonica*) oder *Vodafone*. Auch wenn diese etwas teurer sind als die der Discounter, so garantieren sie doch eine bessere Netzqualität und -abdeckung. Alternativ könnte man z.B. bei *hitsmobile.es* oder *orange.es* einen Preisvergleich vornehmen, wobei man genau hinschauen und Posten wie »Verbindungsgebühr« und Steuern mit einberechnen muss.

Das Guthaben muss meist innerhalb von sechs Monaten aufgebraucht bzw. nachgeladen werden, sonst verfallen sowohl Gebührenkonto als auch Handy-Nummer.

Beim Kauf einer Prepaid-Karte wird seit einigen Jahren die Vorlage eines gültigen Personalausweises verlangt. Man sollte auch unbedingt darauf achten, dass die Karte freigeschaltet ist, was man daran erkennen kann, dass nach Zahlung der Kartenkosten eine SMS des Providers auf dem Handy eingeht.

Spanisches Vertragshandy

Wer es geschafft hat, seinen Lebensschwerpunkt nach Mallorca zu verlegen, sollte sich überlegen, ob ein spanisches Vertragshandy nicht die bessere Option ist.

Diese Verträge sind allerdings nicht ohne Tücken. Meist beträgt die Mindestlaufzeit 18 Monate mit einer Mindestnutzung. Diese ersetzt die bei uns übliche monatliche Grundgebühr. Es gibt auch andere Modelle für Vieltelefonierer, aber ähnlich günstige Tarife wie in Deutschland wird man schwer finden.

Beim Abschluss eines Handyvertrages wird immer ein spanisches Konto verlangt, was wiederum eine N.I.E. voraussetzt (siehe Seiten 43, 51 und 245). Insgesamt sind Vertragshandys zwar meist günstiger als pre-paid Karten, lohnen sich aber nur, wenn man die überwiegende Zeit des Jahres auf Mallorca verbringt.

Eigener Festnetzanschluss und Internetzugang

Ähnlich wie in Deutschland ist der spanische Telekommunikations-markt nach Aufhebung des staatlichen Monopols und Privatisie-rung der *Telefónica* (vergleichbar mit der deutschen Telekom) in Bewegung gekommen. Weitere Anbieter drängen auf den Markt, haben es bislang aber nicht geschafft, die dominierende Stellung der *Telefónica* vor allem in ländlichen Gebieten zu brechen. Auch wenn für viele Spanier der Firmenname *Telefónica* negativ besetzt ist, führt für die meisten kein Weg vorbei an deren Produkten, weil dieses Unternehmen bislang als einziges auch auf Mallorca eine flächendeckende Versorgung mit Telekommunikation bereitstel-len und auch deutschsprachige Ansprechpartner aufweisen kann. Die entsprechende Service-Hotline ist unter 1004 erreichbar.

Die *Telefónica* bietet Tarifpakete für alle Bedürfnisse, vom einfa-chen Festnetzanschluss bis zu Paketen inklusive Breitband-Inter-net und Kabel-TV. Die aktuellen Konditionen einschließlich attrak-tiver Promotionsangebote findet man unter www.telefonica.es.

Alternative Anbieter für Telekommunikationspakete gibt es meist nur in den Städten z.B. von *ONO*, *Orange* und *Ya.com* (Tarife auf den Websites www.ono.com, www.orange.es und www. ya.com).

Zentrum für jede Art von Kommunikation vom Telefonat über Internetverbindungen (Wifi/WLAN) bis zu internationalen Schnellüberweisungen (in Arenal)

Wer die Freiheit liebt, kann sich auch auf Mallorca über das call-by-call Verfahren durch verschiedene »Vorwahlnummern« günstigere Verbindungsgebühren, vor allem für Auslandstelefonate, sichern. Wer sich hingegen lieber an ein bestimmtes Unternehmen bindet, wählt auch in Spanien das Preselect-Verfahren. Aktuelle Angebote findet man in den Anzeigenteilen von *Mallorca Magazin* und *Mallorca Zeitung* sowie z.B. unter www.rufanundspar.com.

Telefonieren über das Internet

Als kostengünstige Alternative bietet sich vor allem für längere Auslandstelefonate das Voice-over-IP Verfahren, also das Telefonieren übers Internet an. Voraussetzung dafür ist sinnvollerweise eine Internet-Flatrate, mit der sämtliche Kosten bereits abgedeckt sind, wenn beide Seiten VoIP nutzen. Mit Hilfe einer Software, z.B. von *Skype*, herunterzuladen unter http://www.skype.com/intl/de, und eines Headsets kann man dann von Computer zu Computer weltweit gratis telefonieren. *Skype* bietet auch Telefonate ins normale Festnetz zu Konditionen, die man im Einzelfall mit regulären Tarifen vergleichen sollte.

Wireless Lan bzw. Wifi

Wireless Lan Verbindungen für Laptop-Nutzer und internetfähige Handys bzw. Smartphones sind auf Mallorca zahlreich verfügbar, wenn auch meist kostenpflichtig. Aber immer mehr »***Hotspots***« sind gratis. So einige Tankstellen und auch Lokale, die damit Gäste werben. Zur Nutzung auch von Gratis-*Hotspots* benötigt man aber oft einen Code, den z.B. der Restaurantwirt bereithält. Das gilt auch für viele Hotels, wobei sich freies **Wifi** (**Wi**reless **Fi**delty, wie WLAN international heißt) meist auf den Bereich von Rezeption und Bar beschränkt und nicht bis in die Zimmer reicht; so doch, kostet es.

Unterwegs auf der Insel hilft Ausprobieren bei der Suche. Ein ***Hotspot App*** der Telekom erleichtert sie.

Ziel der Balearenregierung ist es, Mallorca flächendeckend mit kostenlosem **Wifi** zu versorgen. 2011 funktonierte das Funknetz erst in einigen der großen Küstenorten mit hohem Touristenaufkommen.

Eine von Zeit zu Zeit aktualisierte Übersicht über kostenlose wie kostenpflichtige *Hotspots* findet man unter

http://www.mallorca.de/die_insel/kommunikation.shtml

Man kann davon ausgehen, dass die Zahl der Hotspots rasch steigt.

Banken und Zahlungsverkehr

Spaniens Banken

Auch wenn sich in den letzten Jahren – was Modernisierung und Professionalisierung anbelangt – einiges im mallorquinischen Bankwesen getan hat, so stellen Sie sich am besten darauf ein, dass selbst Routinevorgänge nicht immer so glatt laufen, wie Sie es von deutschen Instituten gewohnt sind. Speziell das Kreditwesen ist längst nicht so gut ausgebaut, wie wir das aus Deutschland kennen. Unternehmensgründer etwa haben noch größere Schwierigkeiten als bei uns, an ein Darlehen zu kommen, besonders in Zeiten restriktiver Kreditvergabepolitik.

Welche Bank oder Sparkasse?

Suchen Sie sich Ihre Bank sorgfältig aus. Die Banken arbeiten nicht nur unterschiedlich, sondern folgen auch recht unterschiedlichen Geschäftsphilosophien. So gilt etwa die Sparkasse *Sa Nostra*, die auf Mallorca über die am meisten Filialen verfügt, als die Bank des »kleinen Mannes«. Bei ihr soll es aber gelegentlich passieren, dass ein Auftrag nicht ausgeführt wird, wenn auch nur ein paar Euros auf dem Konto fehlen. *La Caixa*, die größte Sparkasse Europas, repräsentiert katalanisches Selbstbewusstsein mit einem modernen, innovativen Image. Sie hat landesweit ein umfassendes Filialnetz aufgebaut, ist aber besonders stark in ihrem Kernland Katalonien und auf den Balearen. Die mallorquinische *Banca March* hat den Vorteil, dass sich ihr Hauptsitz auf der Insel befindet und Filialen in allen nennenswerten Ortschaften vorhanden sind.

Gleiches gilt für die *Banco de Credito Balear*. Die lokale Verankerung beschleunigt bestimmte Vorgänge, für die andere Banken erst die Genehmigung ihrer Zentralen in Barcelona oder Madrid einholen müssen. Generell gilt aber, dass Filialleiter im Allgemeinen weniger Kompetenzen besitzen als ihre Kollegen in deutschen Instituten. Einige der genannten Institute bieten im Internetauftritt auch deutschsprachige Seiten, auf denen man sich ausgiebig über deren – im Wesentlichen vergleichbaren – Dienstleistungen (zu denen auch das Online-Banking gehört) informieren kann:

www.bancamarch.es (deutschsprachiges Angebot)
www.lacaixa.es (nur Englisch als Zusatzsprache)
www.sanostra.es (deutschsprachiges Angebot)
www.bancocreditobalear.es (nur auf Spanisch)

Die **Deutsche Bank** hat in den letzten Jahren auf Mallorca eine ganze Reihe von Filialen eröffnet. Deren Erscheinungsbild entspricht dem der deutschen Niederlassungen und lässt auf eine enge Verbindung mit der Heimat schließen.

Dennoch unterscheidet sich die Deutsche Bank auf Mallorca in Leistung und Konditionen kaum von den lokalen Geldinstituten. Auch gibt es für deutsche Residenten dort keine besseren Konditionen. Mehr Informationen Mallorcaauf (Enlisch) unter:

www.db.com/spain/index_en.htm

Filiale der Deutschen Bank

Eine Übersicht aller Banken und Sparkassen auf Mallorca bietet:
http://mallorca-mietkult.com/informationen/banken-auf-mallorca

Kontoeröffnung

Jeder Resident benötigt ein eigenes Konto bei einer in Spanien ansässigen Bank. Sie können z.B. keinen Vertrag mit dem Strom- und Gasanbieter *GesaEndesa*, dem Wasserversorger *Emaya* oder mit einer Telefongesellschaft wie der *Telefonica* abschließen, ohne über ein entsprechendes Girokonto zu verfügen. Überweisungen aus dem Ausland, egal ob EU oder nicht, werden für Zahlungen an die Versorger nicht akzeptiert.

Wie auch sonst macht es Sinn, vor einer Kontoeinrichtung mit anderen Residenten zu sprechen oder sich in einschlägigen Mallorca-Foren zu erkunden und die Erfahrungen anderer zu berücksichtigen. Dabei ist es entscheidend, auf welche Serviceleistungen man im Einzelnen besonders Wert legt.

Auch die Kontoeröffnung läuft anders, d.h., in diesem Fall einfacher als in Deutschland. Sie gehen als (angehender) Resident zu einer Bank, legen Ihren Ausweis sowie die unvermeidliche N.I.E.-Nummer vor (Seite 51) und nennen Ihre Adresse. Da es in Spanien keine »Schufa« gibt, lässt sich Ihre Bonität zunächst nicht kontrollieren. Jedermann darf jederzeit Konten eröffnen, so viele er will.

Wollen Sie geschäftlich tätig sein, so ist es aus mehreren, vor allem steuerlichen Gründen erwägenswert, sich zwei Konten bei verschiedenen Instituten einzurichten und eins davon als das »offizielle« Konto zu benutzen.

Öffnungszeiten

Zur Bank gehen können Sie auf Mallorca nur vormittags 8/8.30 Uhr bis 14/14.30 Uhr. In den Wintermonaten (Oktober-Mai) haben einige Institute in Palma zusätzlich am Donnerstagnachmittag 16.45-19.45 Uhr geöffnet und alle am Samstag bis 13 Uhr.

Geldautomaten

Geldautomaten gibt es heute auf Mallorca nicht nur bei und in Banken, sondern auch in Supermärkten, vor Bars, Restaurants und Discos. Die Automaten akzeptieren alle gängigen Bank- und Kreditkarten. Die maximale Abhebesumme pro Tag beläuft sich überwiegend auf €600.

Gebühren für Abhebungen per Bankkarte fallen bei der Hausbank und den im jeweiligen Bankverbund angeschlossenen Instituten nicht an. Informieren Sie sich bei Ihrer Bank/Sparkasse, welchem der vier spanischen Verbunde sie angehört.

Bei ausländischen (also auch deutschen) Bankkarten ist der täglich verfügbare Maximalbetrag auf €500/Tag und €2000/Woche limitiert. Die betragsunabhängige »Bearbeitungsgebühr« variiert mit dem Kreditinstitut und beträgt meist €4.

Geldautomaten einer ganzen Reihe von Instituten in Palmas Fährterminal

Überweisungen/Einzugsermächtigungen auf Mallorca

Überweisungen sind zum Zweck des Rechnungsausgleichs auf Mallorca nicht sonderlich populär, weil man nicht weiß, wann sie ankommen. Gerne einmal nehmen die Banken für einen Vorgang, der eigentlich nur wenige Sekunden dauert, einige Tage in Anspruch, um für diese Zeit Zinsen einzustreichen. Hat man regelmäßig wiederkehrende Zahlungsverpflichtungen, erteilt man eine Einzugsermächtigung. Das funktioniert am besten.

Barzahlung

Bargeld hat in Spanien, wie bereits an anderer Stelle erläutert nach wie vor eine viel größere Bedeutung als bei uns. Dass man Bargeld anfassen und bei Bedarf verstecken kann, wird von Spaniern offenbar höher bewertet als von Mitteleuropäern. Bei abgewickelten Geschäften kann man auch leicht mal die Mehrwertsteuer »vergessen«, wenn nicht gleich den ganzen Umsatz.

Inkasso

Nicht zuletzt wegen der Unwägbarkeiten im Bankensystem unterhalten größere Firmen und Institutionen eigene Inkassoabteilungen. Da kommen Beauftragte von Zeitungen und kassieren Anzeigenrechnungen, Lieferanten fordern Warenrechnungen ein, oder es klopfen Wartungsfirmen an der Haustür, um an Ort und Stelle abzurechnen. Alle wollen am liebsten Bares, keine Schecks. Das Direktinkasso ist auch wegen der zähen Zahlungsmoral vieler Spanier nötig, die Gläubiger vertrösten und vertrösten. Mancher Kunde zahlt erst, wenn der Lieferant mit Einstellung der Lieferungen droht (Strom/Wasser) oder z.B. eine Zeitung sich weigert, Anzeigen noch weiterhin anzunehmen.

Bankgeheimnis in Spanien

Ein Bankgeheimnis existierte in Spanien nie. Auch wenn es in deutschen Landen de facto nur noch auf dem Papier steht: in Spanien hat man sich selbst diese Mühe erspart. Das hiesige Finanzamt kann jederzeit ohne behördliche Verfügung Auskünfte von der Bank verlangen, sofern das Konto bekannt ist. Eben deshalb hat jeder spanische Geschäftsmann zumindest zwei Konten. Nur die Konten von Anwälten sind in dieser Hinsicht einigermaßen sicher. Wer größere Geldbeträge ins Land bringt, »parkt« sie daher gerne auf einem Anwaltskonto.

Non-resident-Konto

Wenn Sie nicht ständig auf der Insel leben (weniger als zusammenhängende 183 Tage im Jahr!) und hier ein Konto eröffnen, erhält dieses den Vermerk *non-resident*. Ein solches Konto können Sie nicht nur in Euro, sondern auch in britischen Pfund, Rubel oder Dollar führen. Das lässt Ihnen eine größere Beweglichkeit, zumal der Fiskus sich nicht um derartige Konten kümmert, da die Bank sowieso automatisch 25% der Zinserträge als Quellensteuer ans Finanzamt abführt.

Geschäftskonto

Nun kann es die Zeit ja mit sich bringen, dass Sie *residente* werden und auf Mallorca Geschäfte tätigen. Dann brauchen Sie eine Steuernummer und ein Geschäftskonto. In einem solchen Falle meldet kaum jemand seiner Bank, dass er jetzt Resident ist, sondern eröffnet sein Geschäftskonto bei einer anderen Bank, behält aber das Nicht-Residenten-Konto für andere Zwecke bei. Das ist trotz der europaweit voranschreitenden Transparenz im Finanz- und Steuersektor immer noch gängige Praxis. So oder so sollte man private und geschäftliche Finanzen mit zwei Konten sauber trennen.

Steuerkonto

Ein Geschäftskonto, auf dem alle Vorgänge abgewickelt werden, die dem Finanzamt bekannt werden sollen und dürfen, bezeichnet man auch als »Steuerkonto«. Werden weitere Geschäfte getätigt, deren Bekanntwerden nicht im Sinne des Inhabers ist, wickelt er sie auf anderen Konten, am besten aber bar ab. Das Steuerkonto gibt man jederzeit gerne preis, weil man es penibel »sauber« hält. Es dient schließlich als Grundlage zur Berechnung der Einkommen- und ggf. weiterer Steuern.

Steuerzahlung

Diese Arbeit erledigt der *asesor fiscal* (Steuerberater) und füllt die entsprechenden Formulare aus. Der Steuererklärung ist der Auszug des Steuerkontos zum Stichtag der Steuerzahlung beizufügen. Damit kann man zum Finanzamt gehen, dort Schlange stehen und in bar bezahlen, oder man überlässt das seiner Bank. Die stempelt dann alle Papiere ab, gibt dem Kunden eine Kopie und reicht die Unterlagen samt Zahlung an den Fiskus weiter. Dieses verblüffend einfach erscheinende System, in dem jeder seine Steuern selbst berechnet, ersetzt in Spanien tatsächlich die Veranlagung durch die Finanzbehörden.

So »lässig« der Staat in manchen Bereichen zu sein scheint, so genau nimmt er es mit Steuerzahlungen. Wer z.B. die Termine zur Zahlung der jeweils geschuldeten IVA *(impuesto del valor adicional)*, der spanischen Mehrwertsteuer, nicht einhält, zahlt sofort 20% mehr. Deshalb erleben Sie an den Stichtagen in den Banken oft Schlangen von Leuten, die noch schnell zahlen wollen, bevor die Bank schließt.

Transaktionskosten

Für Euro-Überweisungen von Spanien nach Deutschland und umgekehrt gibt es heute eine ganz klare europaweit einheitliche Regelung: Die Gebühren für solche Transaktionen dürfen die Kosten einer Inlandsüberweisung des jeweiligen Instituts nicht überschreiten. Dies gilt für Beträge bis €50.000. Für eine EURO-Überweisung ins Ausland (z.B. nach Deutschland) benötigen Sie wie bei uns die IBAN *(International Bank Account Number)* sowie den BIC *(Bank Identifier Code)* der Bank des Begünstigten.

Theoretisch bedeutet diese Regelung, dass Banken oder Sparkassen, die für Inlandsüberweisungen keine Kosten berechnen, auch für Auslandsüberweisungen keine Gebühren in Rechnung stellen dürfen. In der Praxis wird versuchen einzelne Institute gerne, diese Vorschrift zu unterlaufen.

Generell gilt:

• Die Preise müssen transparent sein,
  also vorher bekannt gegeben worden sein.
• Es muss die volle Summe überwiesen werden,
  Gebührenabzüge sind unzulässig.
• Eventuell anfallende Kosten gehen
  nur zu Lasten des Auftraggebers.

Sollte ein Geldinstitut unerlaubte Gebühren erheben, kann man dies der zuständigen Beschwerdestelle in Spanien melden:

Servicio de Reclamaciones Banco de España,
Calle Alcana 50, 28014 Madrid

www.bde.es/webbde/es/secciones/servicio/reclama/reclama.html

Gläsernes Bankkonto

Seit Juli 2005 ist eine Richtlinie der Europäischen Union in Kraft, die etliche deutsche »Mallorcafans« dazu veranlasste, ihre Konten auf der Insel zu räumen. Denn auf Grund der so genannten »Verordnung zu Zinsinformationen« sind Banken der europäischen Mitgliedsstaaten dazu verpflichtet, Zinserträge von ausländischen Nicht-Residenten den Finanzämtern der Heimat mitzuteilen. Auch Einkünfte aus der Vermietung von Ferienimmobilien sind jetzt grenzüberschreitend sichtbar. Deutsche Finanzbeamte könnten sich jetzt z.B. dafür interessieren, woher das Vermögen auf den spanischen Konten von deutschen Bankkunden kommt.

Betroffen sind folgende Anlageformen: Festgeld, Sparbücher, Sparbriefe, Sparverträge, Staatsanleihen und Obligationen

Online-Banking

Der weder räumlich noch zeitlich beschränkte Zugang zum eigenen Konto über das Internet ist prinzipiell eine zeitgemäße Art, Bankgeschäfte kostengünstig zu erledigen. Die dagegen – zu Recht oder Unrecht – noch bestehenden Vorbehalte scheinen die Spanier weniger zu beeindrucken als die Deutschen. Denn in Spanien ist das Online-Banking weiter verbreitet als im sicherheitsbewussten Deutschland.

Wie bei den heimischen Banken versucht man mit der Vergabe von PINs und mobilen TANs den Kontozugang und die Transaktionen sicher zu machen und das Missbrauchspotenzial durch laufende Anpassung der Sicherheitsstandards niedrig zu halten.

Für deutsche Residenten, die sowohl auf Mallorca als auch in der Heimat Kontozugriff haben wollen oder aus geschäftlichen Gründen haben müssen, ist Online-Banking eine klare Option.

Mittlerweile bieten alle auf Mallorca mit Filialen vertretenen Geldinstitute ihren Kunden diesen Service kostenlos an.

Eine Übersicht aller teilnehmenden Banken in Spanien findet man unter: www.banco.com.es/online.htm

Bar Darsena zwischen Uferpromenade und Yachthafen von Palma

Mein Mallorca (I)

Deutsche Residenten mit unterschiedlichsten Biografien berichten von ihren persönlichen Erfahrungen mit dem Leben auf der Ferieninsel ganz außerhalb des Tourismus'.

Ein Beitrag von Peter V. Neumann

Die klassische Art, sich einer Insel zu nähern, ist mit dem Schiff. Mehr aus Kostengründen, als von romantischen Anflügen getrieben, kam auch ich auf diese Weise kurz vor Ostern 1980 mit der großen Fähre aus Barcelona nach Mallorca. Einer langen, aber durchaus unterhaltsamen Zugfahrt von Franken bis in die katalanische Hauptstadt folgte die recht stürmische und bewegte Überfahrt. Nun stand ich im Morgengrauen mit dem Verantwortlichen der Expedition, der mich zu diesem »Abenteuer« überredet hatte, an der Reling des leicht säuerlich riechenden Dampfers. Das aufgewühlte Meer hatte sich nach Passieren der Dracheninsel Sa Dragonera wie durch Geisterhand geglättet. Über den Schwaden des sich lichtenden Morgennebels tauchen in der weiter Bucht von Palma das alles überragende Rundschloss Bellver und die klotzigen Umrisse der Kathedrale auf, nach und nach die gesamte Skyline der Hauptstadt und ihres Hafens. Vermutlich hat sich dieser Eindruck so nachhaltig in meinem Gehirn eingeprägt, weil dieses damals noch kaum mit anderen Informationen über meine neue »Heimat auf Zeit« getrübt war.

Ich hatte, schlicht gesagt, keine Ahnung, was mich auf dem Eiland erwartete. Obwohl der Run auf die Baleareninsel schon kräftig eingesetzt hatte, war der Informationsfluss über die Insel mit dem heutigen Medienspektakel in Deutschland zu diesem Thema nicht vergleichbar. Es war die Zeit, als Mallorca unter einer giftigen Kampagne als »Putzfraueninsel« zu leiden hatte, vermutlich von den neidischen Konkurrenten aus Italien in die Welt gesetzt, die auf diese Weise gegen die sprunghaft steigende Popularität der Balearen ankämpfen wollten, die den teuer gewordenen Urlauberzentren an der Adria und Riviera den Rang abzulaufen drohten.

Mein Mallorca-Aufenthalt fing also so an, wie man es einem Neuinsulaner kaum empfehlen kann. Mit wenig Information, ohne Kenntnis der Landessprache. Aber ich hatte wenigstens einen Halbjahresvertrag bis Ende Oktober in der Tasche und für Quartier war gesorgt. Die Entscheidung zum Tapetenwechsel war recht spontan gefallen, viel Zeit hatte ich nicht für eine gründliche Vorbereitung. Ich fand dies auch nicht besonders wichtig, da mein Gastspiel auf der Insel ja nur sechs Monate dauern sollte. Auch die für deutsche Verhältnisse eher mickerige Bezahlung bot keineswegs den Anreiz für hochtrabende Zukunftspläne. Der Plan war einfach: ein bisschen arbeiten, neue Erfahrungen sammeln und Feiern unter der Sonne des Südens.

Die Arbeit erwies sich als stressig, vor allem weil wir die Zeit für die Produktion unseres Wochenblattes «Inselzeitung» nur auf 4 Tage konzentriert hatten, um den Rest der Zeit mit »Fiesta« und der Erkundung der Insel zu verbringen. Dabei wurde mir zum ersten Mal klar, wie wichtig ein guter Reiseführer ist. Nach Ausflügen mit einem Uraltwerk kaufte ich mir ein aktuelles Buch, mit dem sich die Gefahr, in die Irre zu laufen oder zu fahren erheblich verringerte.

Auf Mallorca herrschte der Tourismus-Boom. Jeder, der genug Geld und Beziehungen hatte, konnte seine Vorstellung von Hotel- und auch Privatbauten ohne große Auflagen verwirklichen. Die wenigen Lücken an den großen, weiten Sandstränden der gesichtslosen Urlauberorte wurden gnadenlos zubetoniert. Richtig klar wurde mir der rücksichtslose Umgang mit der herrlichen Küstenlandschaft der Insel durch ein Schockerlebnis an der Ostküste: Wir fuhren über das blühende Land, Romantik lugte aus allen Ecken. Doch nach der letzten Kurve vor der Abfahrt zum Meer kam der Schreck: Calas de Mallorca. Da hatte doch wirklich jemand irrsinnige Klötze mitten auf eine vor kurzem noch nahezu jungfräuliche Halbinsel über (damals) noch unberührten Stränden gesetzt. Geschmacklos ohne Grenzen, Hong Kong am Mittelmeer!

Nur die schwer zugänglichen Felsküsten blieben größtenteils verschont – und das bis heute. Der Grund war das Fehlen von Sandstränden und die teure Erschließung des Geländes. Die herrlichen Strände vieler großer Buchten wurden nach und nach von Bettenburgen überzogen, die auch an jeder anderen Stelle des Mittelmeers stehen könnten. Ausnahme waren und sind die Strände des Südens auf beiden Seiten des Urlauberorts Colónia Sant Jordi.

Vor 30 Jahren fanden wir immer noch viele verschwiegene Buchten und herrliche Badeplätze ohne Massenansturm und wurden Experten im Auskundschaften dieser Stellen. Wer heute die Einsamkeit sucht, braucht ein Boot, um an die von Land aus schwer zugänglichen Plätze zu gelangen, oder Wanderschuhe und eine gute Kondition. Aber es gibt sie immer noch.

Bei unseren Überlandfahrten stellten wir schnell fest, dass es auf Mallorca zwei völlig unterschiedliche Welten gab. In den grell bunten und lauten Küstenorten hatte sich die vermeintliche Kultur der ausländischen Besucher eingenistet, mit Akzenten der im jeweiligen Ort dominierenden Nation, deutsch an der Playa de Palma, in Arenal und Paguera und britisch in Palma Nova und Magaluf. Einheimische Tourismusplaner hatten mit Hilfe der Reiseveranstalter die beiden größten Horder der auf die Insel einfallenden Sonnenanbeter grob voneinander getrennt, um Reibereien zwischen den oft alkoholisierten Akteuren zu verhindern.

Einen krassen Gegensatz dazu bildeten die Dörfer und Städtchen des Inselinneren, die mit dem Rücken zum Treiben an der Küste zu leben schienen. Dort und noch zutreffender außerhalb der Ortschaften fand man noch das ursprüngliche Mallorca, das Eiland, das mit dem Prädikat »Insel der Stille« nach dem 1. Weltkrieg die ersten Fremden angelockt hatte. Die behäbige Schläfrigkeit in den Orten wurde nur am frühen Morgen und dann wieder am späten Nachmittag von geselliger Geschäftigkeit unterbrochen. Während tagsüber – vor allem im heißen Sommer – die Straßen menschenleer waren und die zugeklappten Fensterläden einen abweisenden

Die Miniwohnungen über den Bootsschuppen an der abgelegenen wunderschönen Cala S'Almonia (bei Cala Llombards) kann man mieten

Eindruck erweckten, füllten sich abends Gassen und Plätze mit Kindern, Frauen und Männern jeden Alters, die ihre Besorgungen mit einem ausgedehnten Plausch mit Bekannten und Nachbarn kombinierten. Auch der *cafecito* oder ein Glas Wein auf der Terrasse der Dorfbar gehörten zum Ritual.

An diesem Gegensatz zwischen Küste und dem Inneren der Insel hat sich bis heute nur wenig geändert, auch wenn die Moderne mit dem allgegenwärtigen Fernsehen und schnellen Mopeds für die gelangweilte Dorfjugend ihren Einzug gehalten hat. Das Binnenland hat sich den Fremden nach und nach ein wenig geöffnet. Großen Anteil daran haben die überall auf der Insel veranstalteten Märkte, deren buntes Ambiente zahlreiche Besucher anzieht. Auch die Ferienfincas und Landhotels – inzwischen gibt es über 200 – haben mit der mallorquinischen Version des »Urlaub auf dem Bauernhof« zur Öffnung beigetragen. Sie ermöglichen den Besuchern, sozusagen auf einem Logenplatz am Leben der Einheimischen, ihrer Kultur und Geschichte teilzunehmen.

Dieses andere Mallorca ist eigentlich »mein Mallorca«, zugegeben etwas glorifiziert von wehmütiger Nostalgie. Keineswegs will ich verschweigen, dass die Unfähigkeit zur intensiveren Kommunikation, will sagen, die Unkenntnis der Landessprache, der größte Hemmschuh für die Erschließung des Neulandes war und ich nach Ablauf meines ersten Arbeitsvertrages froh war, nach Deutschland zurückkehren zu können. Doch nach einem recht harten Winter in Berlin mit Eis, Schnee und jede Menge Braunkohlenruß folgte ich gerne dem erneuten Ruf in den Süden, allerdings mit dem festen Vorsatz, Spanisch zu lernen. So wurden aus sechs Monaten fast 30 Jahre.

Trotz mehrerer »Fluchtversuche« aufs Festland und ausgedehnten Reisen um die halbe Welt kehrte ich immer wieder auf die Insel zurück. Mit der Zeit wurde ich zum »hombre puente«, ein Brückenbauer zwischen den unterschiedlichen Kulturen, der beide Seiten versteht, weil er sie kennt. Nur korrekte Information ermöglicht es, die auf allen Seiten vorhandenen Vorurteile abzubauen und ein friedliches und produktives Zusammenleben in unserer heutigen insularen Multi-Kulti-Gesellschaft – ein echter Schmelztiegel mit mehr als 100 verschiedenen Nationalitäten – zu organisieren.

Seit fast 20 Jahren bin ich mit einer Mallorquinerin verheiratet und meine persönliche Integration funktionierte dank meiner neuen Familie, die mich mit offenen Armen aufnahm, fast automatisch.

Der Begriff der Integration ist zu einem Lieblingsschlagwort der einheimischen Politikerkaste geworden. Die meisten, vor allem die nationalistisch angehauchten, scheinen diesen komplizierten, soziologischen Prozess allerdings schlicht als Unterordnung zu verstehen, was sich in den letzten Jahren besonders in der Kultur- und Erziehungspolitik niedergeschlagen hat. Die Bevorzugung der katalanischen Sprache bei Behörden, in öffentlichen Schulen und der Universität hat zu einer früher kaum spürbaren Spaltung der mallorquinischen Gesellschaft geführt. Denn über die Hälfte aller Inselbewohner sind Festlandspanier und Ausländer vieler Nationen, denen die Erziehung ihrer Kinder auf Katalán e niges Kopfzerbrechen bereitet.

Integration ist sicher möglich, doch auch im besten Fall selbst für Individuen des gleichen Kulturkreises in der ersten Generation kaum zu schaffen. Wer woanders geboren wurde und dort aufgewachsen ist, wird sein psychisches und kulturelles Gepäck ein ganzes Leben mit sich herumtragen. Man kann nur dazulernen, die fremde Kultur verstehen und tolerieren. Und Menschen aus anderen Kulturkreisen, mit fremden Religionen und anderen Hautfarben werden dafür mehrere Generationen brauchen. Ich hoffe, dass ich diesen spannenden Prozess noch einige Jahre beobachten darf ....

Peter Valentin Neumann lebt seit über 30 Jahren als freier Journalist und Autor diverser Bücher über Mallorca in Palma. Zuletzt erschien von ihm *Zeit für Mallorca: 30 Traumziele zum Wohlfühlen*, ein Bildband mit Texten zu den schönsten Fincas der Insel, ISBN-Nr. 978-3765814853.

Die Hotelfinca Albellons in Binibona, eine der besten der Insel, eröffnete seine Tore erst 1995 in den Mauern eines alten Gehöfts, dessen Eigner bis dahin von den mageren Erträgen ihrer Olivenbäume und einer Ziegenherde gelebt hatten.

Kontakt finden

mit Einheimischen

Wer ins Ausland geht, tut sich oft schwer, dort neue Kontakte anzuknüpfen. Insbesondere die Sprachbarriere, Mentalitätsunterschiede und eventuell auch persönliche Zurückhaltung machen es oft nicht leicht, mit den Einheimischen warm zu werden. Deshalb suchen viele in erster Linie Kontakt zu eigenen Landsleuten und bleiben dann unter sich.

Dabei ist es im Grunde einfach, mit Mallorquinern Bekanntschaft zu schließen, da ihnen Berührungsängste weitgehend fremd sind. Mit der deutschen Gesellschaft vergleichbare soziale Barrieren bestehen weniger. Auch anders als bei uns, wo man sich oft lange Gedanken macht, bevor man Unbekannte anspricht, handeln Spanier eher aus der Situation heraus.

Kontakte in Bars

Auf diese Unbekümmertheit wurde bereits weiter oben in diesem Kapitel im Zusammenhang mit typisch spanischem Fahrverhalten hingewiesen. Sie ist auch und vor allem in Bars festzustellen, wo jeder mit jedem redet, über Wetter, Fußball und Gott und die Welt. Wenn Sie da ein wenig mithalten können und über einige Sprachkenntnisse verfügen, brauchen Sie sich über mangelnde Kontakte keine Sorgen zu machen.

Kontakte sind nicht nur aus sozialen Gründen wichtig, sondern unabding- bis unbezahlbar, wenn Sie auf Mallorca etwas erreichen wollen. Auch diese Art Kontakte finden Sie in Bars. Allerdings müssen es die richtigen sein. Sehen Sie sich die Gäste an: Krawattenträger sind Geschäftsleute, Freiberufler oder Angestellte von Behörden und damit »Ihre Leute«.

Beziehungen

Wenn Sie sich durch Gespräche über Fußball, und dabei vor allem über *Real Mallorca*, mit dem einen oder anderen etwas angefreundet haben, machen Sie doch einmal einen Test. Erwähnen Sie beiläufig, dass Sie ein kleines Problem hätten. Da es für einen Spanier *ningún problema* (kein Problem) gibt, wird seine Neugier geweckt. Dann deuten Sie Einzelheiten an. Machen Sie jetzt aber nicht den Fehler, ihn gleich zu fragen, ob er nicht jemanden wüsste, der ... Eine derart direkte Ansprache lieben Spanier gar nicht.

Mallorca-Kontakte im Internet

Wer tatsächlich dauerhaft auf Mallorca leben will, der sollte sich, wie bereits gesagt, am besten vor Ort eingehend informieren und sich ein eigenes, ungeschöntes Bild von den Lebensbedingungen auf der Insel machen. Um in Kontakt mit Gleichgesinnten oder möglichen Geschäftspartnern auf Mallorca zu treten, bieten sich darüber hinaus etliche spezialisierte Websites, Foren und Communities an. Hier kann man sich unverbindlich austauschen und Fragen aller Art stellen. Bei den meisten Foren/Communities muss man sich registrieren, bevor man in den vollen Genuss der diversen Kontaktmöglichkeiten kommt. Den dafür nötigen geringen Aufwand sollte man bei ernstem Interesse durchaus in Kauf nehmen, da der Service dann kostenfrei zur Verfügung gestellt wird. Skeptisch sollten Sie immer dann sein, wenn für vermeintlich wertvolle Dienstleistungen (z.B. Job- oder Partnervermittlung) bereits im Vorwege (hohe) Gebühren erhoben werden.

Viele Benutzer sind in mehreren Foren und Communities aktiv, wo oft erfahrene Kenner der Baleareninsel ihr breites Wissen uneigennützig an wissbegierige Mallorca-Fans weitergeben. Am besten, man klickt sich einmal durch das Angebot und entscheidet dann, welche Website für die eigenen Bedürfnisse das beste Angebot liefert. In den guten Foren/Communities bleibt es nicht bei virtueller Kontaktaufnahme; dort erwachsen aus dem digitalen Dialog Realbegegnungen auf Mallorca, die sich in regelmäßigen Treffs, Stammtischen oder in diversen Events manifestieren.

Private Anlaufstellen im Web

http://forum.mallorcainfos.com/auswandern-nach-mallorca-b24.0

Gut besuchtes Forum mit kompetenter Moderation

www.mallorca-forum.com

Mallorca-Forum mit Kontaktbörse und Infos zum Leben auf der Insel. Für registrierte Nutzer.

www.fly2mallorca.com/Community.html – kleines, noch recht überschaubare Community im Aufbau.

Anlaufstellen im Web für den Aufbau geschäftlicher Kontakte

www.xing.com/net/mallorcacircle

Mallorca Fans, Insel-Interessierte, Residenten und Mallorquiner geben Tipps und berichten über »ihre« Insel und treffen sich zum privaten wie geschäftlichen Austausch

www.xing.com/net/mallorca_business

Mallorca-Deutschland Connection für Xing-Mitglieder.

Wenn er Sie mag, kommt er von sich aus sofort oder bei nächster Gelegenheit darauf zu sprechen, dass er tatsächlich jemanden kennt, der Ihnen vielleicht helfen könnte. Und Sie werden feststellen, dass es in Spanien tatsächlich oft *ningún problema* gibt ...

Nachbarn, »Freunde« und Landsleute

Ihre spanischen Nachbarn lassen Sie in Ruhe, wenn Sie nicht selbst die Initiative ergreifen. Trotzdem wissen Ihre Nachbarn mehr über Sie, als Sie glauben, denn sie registrieren unauffällig Vieles. Wenn es Ihnen auf Kontakt ankommt, gehen Sie nicht mit einem knappen *buenos dias* an ihnen vorbei, sondern wechseln ein paar Worte. Damit schaffen Sie die Basis für gute Nachbarschaft und eventuell auch für die – in mancher Situation wichtige – Bereitschaft der Nachbarn, Ihnen mit Rat und Tat zu helfen, sollte mal Not am Mann sein.

Auch wenn Spanier sich zurückhaltend zeigen, dürfen Sie meist mit Hilfe rechnen. Nachbarn können Sie in der Regel unbesorgt die Wohnungs- bzw. Hausschlüssel überlassen. Sie werden Ihre Pflanzen gießen und auf Ihr Haus aufpassen, als wäre es ihr eigenes. Und sollten Sie Handwerker benötigen und davon Ihren Nachbarn erzählen, so hat der einen Maurer in der Familie und ein anderer Elektriker oder Klempner.

Das »Du« in Spanien

Im Spanischunterricht lernen Sie neben der vertraulichen »Du«-Form auch die förmliche Anrede *Usted* (»Sie«). Dabei dürfte Ihre Lehrkraft bereits darauf hinweisen, dass das »Du« in Spanien gebräuchlicher ist als bei uns. Auf Mallorca werden Sie bald feststellen, dass Sie häufig mit dem »Du« auskommen. Im täglichen Umgang ist ein »Du« normal, so z.B. in der Bar beim Gespräch der Gäste untereinander. Auch den Barmann duzt man, während der Sie mit *Usted* anredet. In der Bank werden Sie den Direktor nicht gleich mit »*Hola, Roberto*« ansprechen können, aber wenn er Sie kennt und Sie ein guter Kunde sind, wird er in manchen Fällen bald sagen: »*Puedes tutearme, soy Roberto*« (»Du kannst mich duzen, ich bin/heiße Roberto«). Auch in Firmen duzen die Mitarbeiter ihre Chefs natürlich nicht ohne dessen ausdrückliche Aufforderung.

Der Wechsel vom »Sie« zum »Du« erfolgt ohne Brimborium. Vielfach gehen in Spanien die Frauen voran. Wenn man erst einmal beim »Du« ist, bleibt man auch dabei und hat es nicht, wie schon mal bei uns, am nächsten Tag »vergessen«. Vielen Mallorquinern ist das »Sie« lästig, es engt sie ein. Deshalb möchten sie es möglichst schnell loswerden. Schafft man es nicht, im privaten Bereich nach drei- bis viermaligem Treffen vom »Sie« ins »Du« überzuwechseln, ist das oft ein deutliches Signal: Eigentlich will ich mit Ihnen nicht viel zu tun haben.

Die wie selbstverständlich gehegte Vertraulichkeit basiert auf der Formel: »Vorname plus ‚du'« und kennt kein Zwischending wie das im Deutschen verwendete »Vorname plus ‚Sie'«.

Amigos

Ist Spanien eine einzige Amigo-Gesellschaft? Fast könnte man es meinen, wenn man einen Spanier von seinen *amigos* reden hört. Tatsache ist, dass Spaniern sehr viel daran liegt, Freunde zu haben und diesen Kreis ständig zu erweitern. »Freund« und »*amigo*« sind jedoch nicht gleichzusetzen. Ein Freund, wie wir ihn verstehen, ist ein Mensch, dem wir großes Vertrauen schenken, der zu uns steht und uns nicht enttäuscht. Da solche Fälle selten sind, sagen viele Deutsche, sie hätten in diesem Sinne überhaupt keine Freunde. Spanier sind (auch) in dieser Hinsicht unbekümmerter und stellen keine Gretchenfragen. Für sie definieren sich *amigo*s vorzugsweise unter Nützlichkeitsgesichtspunkten. Man muss Freunde bei Gelegenheit anpumpen können, sie müssen verfügbar sein, wenn man Probleme hat, und sollen Verbindungen herstellen. Wenn man sie daneben auch noch dann und wann ins Vertrauen ziehen kann, umso besser.

Amigo wird man hier über die Sympathie, die zwei füreinander empfinden, wobei man schnell zur Sache kommt. »*Eres simpático*« (wörtlich: »Du bist mir sympathisch«, aber sinngemäß eher: »nett«, »feiner Kerl«) ist dann schon die »Weihe«, mit der man zum *amigo* befördert wird. Aber nehmen Sie diese Ehre nicht so ernst, wie Sie es aus Ihrem Verständnis von einem Freund gewohnt sind. Es könnte durchaus sein, dass Ihr Gegenüber Sie ganz bewusst »ausgeguckt« hat in der Überzeugung, Sie könnten ihm nützlich sein.

Letztendlich muss man sagen, dass die *Amigo*-Gesellschaft auf Mallorca bestens funktioniert, wie schon an früherer Stelle anlässlich der Schilderung der *amistades* ausgeführt wurde. Es lohnt sich, Kontakte zu suchen mit dem Ziel, auf der Insel möglichst viele *amigos* zu gewinnen.

Landsleute auf Mallorca

Für die ersten Kontakte auf Mallorca zieht es viele in die Nähe von Landsleuten, was zunächst durchaus nachvollziehbar ist. Die sind nicht schwer zu finden, weil sich einige Orte (nicht nur, was die Urlauber, sondern auch die Residenten betrifft) bekanntermaßen »fest in deutscher Hand« befinden (Port d`Andratx, Port Portals, Pollença, C'as Concos u.a.), und die Deutschen vorzugsweise in bestimmten Lokalen verkehren. Dort kann es durchaus passieren, dass Sie plötzlich jemand anspricht, dem Sie nun überhaupt nicht auf der Insel begegnen wollten. Denn Mallorca ist ein Dorf. Auch die Playa de Palma gehört zu den Bereichen, wo die Chance bzw. das Risiko groß ist, einen Nachbarn oder alten Bekannten treffen.

Deutsche »Sportbar« in Cala Millor

Aus dem irrationalen Grundvertrauen gegenüber Landsleuten wird von neuen deutschen Bekannten angebotene Hilfe gern angenommen. Aber einige von ihnen sind mit Vorsicht zu genießen. Unter den lieben Landsleuten auf Mallorca gibt es überproportional viele »schwarze Schafe«, die den ihnen entgegengebrachten Vertrauensvorschuss z.B. für Betrügereien nutzen. Da wird etwa Geld gefordert für Genehmigungen unter Hinweis auf angeblich in spanischen Ämtern unumgängliche Zuwendungen, da werden Geschäftslokale unter Vorspiegelung falscher Zahlen vermittelt usw. Hinterher fallen die Opfer oft aus allen Wolken, da sie sich nie hätten träumen lassen, von einem »Landsmann« übers Ohr gehauen zu werden. Dabei würde zu Hause niemand auf die Idee kommen, wildfremden Personen nur deshalb zu vertrauen, weil sie auch einen deutschen Pass besitzen.

Deutsche Clubs und Vereine

Natürlich gibt es auch positive Kontakte zu Deutschen. Da sind z.B. die Clubs und Vereine, denen sich viele *Alemanes* anschließen. Das Spektrum reicht von den *Amigos en Mallorca* über die Freimaurer und den Skatclub, die Tangotänzer und zahlreiche Selbsthilfegruppen bis hin zu den Vogelfreunden, um nur einige zu nennen. Für jeden dürfte mittlerweile etwas dabei sein.

Eine aktuelle Übersicht mit Kontaktadressen findet man jede Woche im *Mallorca Magazin* und in der *Mallorca Zeitung* oder im Internet unter www.mallorcazeitung.es/servicios/adressen/adressen.jsp?pldCategoria=59&pRef=2010060300_0_0

Auf zwei Vereinigungen sei besonders hingewiesen:

Deutscher Sozial- und Kulturverein

Der Deutsche Sozial- und Kulturverein wurde erst 1996 von José Rodriguez und seiner Frau gegründet. Er hat heute 700 Mitglieder. Mit dem Geld aus Beiträgen und Sammelaktionen hilft der Verein Not leidenden Deutschen.

Carrer Huguet d'es Far 20,
E-07180 Santa Ponça
✆ 971 690554 und ✆ 620 196 503

Email: oficina@dskv.net
www.dskv.net

Das Leben auf Mallorca

Ciudadanos Europeos

Eine Sonderstellung nimmt die Vereinigung *Ciudadanos Europeos* (»Europäische Bürger«) ein, die sich als Sprachrohr aller europäischen Wahlmallorquiner versteht. Mit seinen etlichen tausend Mitgliedern auf den Balearen, von denen etwa 30% Deutsche, 35% Engländer, 15% Spanier und der Rest Skandinavier, Franzosen, Holländer u.a. sind, stellt der Verein für die Interessen der internationalen Residenten auf Mallorca eine einflussreiche Lobby dar. Man kann sich als Mitglied Information und Beratung zu den Themen *Residencia*, Arbeit, Firmengründung, Steuern, Autoummeldung etc. einholen. Termine müssen allerdings telefonisch vorher vereinbart werden. Anschließend wird ein Treffpunkt ausgemacht.

Auch eine passende *Gestoria* kann man sich dort empfehlen und vermitteln lassen. Schwerpunkt waren in den letzten Jahren Organisation und Promotion von Veranstaltungen mit integrativem Charakter. Verständigungssprache ist in erster Linie Spanisch; die Beratung erfolgt aber auch auf Deutsch oder Englisch:

Ciudadanos Europeos
✆ 971 727062 und info@ce-palma.com

Kontaktanzeigen

Als Kontaktmarkt dienen neben einschlägigen Foren im Internet auch noch Mallorca Magazin und Mallorca Zeitung. Letztere veröffentlicht kostenlose Privatanzeigen auch auf ihrer Website unter www.mallorcazeitung.es/servicios/bre ves/lesen.jsp.

Das Gleiche gilt für das weit verbreitete Anzeigenblatt *El Aviso*, wo man seinen Kontaktwunsch sowohl für das Netz als auch für die Printausgabe unter www.el-aviso.es aufgeben kann. Dafür muss man sich aber zunächst einmal anmelden.

Sprachschulen

Relativ unkompliziert ist es, über ein Sprachlehrinstitut zu Kontakten zu kommen. Im Anschluss an den Unterricht bleibt man oft noch zusammen, um die Spanischkenntnisse zu vertiefen. Das verbindet. Außerdem veranstalten Sprachschulen sog. *tertulias* (Stammtische) zwischen spanischen und ausländischen Schülern. Dabei ergibt sich manche Gelegenheit, mit einer Spanierin oder einem Spanier einen *intercambio* (Austausch) zu verabreden.

Auf Mallorca bietet eine ganze Reihe von Sprachschulen Spanisch-unterricht für deutsche Residenten, Urlauber und Geschäftsleute auf mehreren Vorkenntnisstufen an. In Crash-Kursen von einer Woche bis 14 Tagen oder im Normalkurs über 10-12 Wochen erwirbt man Grundkenntnisse im Spanischen oder erweitert eine bereits vorhandene individuelle Sprachkompetenz.

Die Anbieter unterscheiden sich bei der Preisgestaltung, nach Methoden, Gruppengröße, Kursdauer und Qualität, wobei letztere oft schwer zu messen ist.

Jedem Teilnehmer muss klar sein, dass sich ohne eigenes Engagement und die Bereitschaft, die neue Sprache im Alltag anzuwenden, kaum Erfolg einstellen wird. Jeder Kurs kann nur die Basis legen für den ganz persönlichen Umgang mit der Fremdsprache.

Während noch vor wenigen Jahren nur in Palma Sprachschulen zu finden waren, gibt es mittlerweile auch in kleineren Städten und Touristenorten die Möglichkeit, Spanischkurse zu belegen.
Im Kasten steht eine kleine Auswahl der Sprachschulen in Palma, darunter auch eine an der Platja de Palma.

Sprachschulen in/bei Palma

Dialog International
www.dialog-palma.com
Carrer Carme 4, 07003 Palma; ℭ 971 719 994

Berlitz
www.berlitz.es/es/palma-de-mallorca
Carrer General Riera 1, 07003 Palma; ℭ 971 756782

Inlingua
www.inlinguapalmademallorca.com/AL/libre1.html
Carrer 31 de Diciembre 7, 07003 Palma; ℭ 971 719 994

Die Akademie
www.dieakademie.com
Carrer Morey 8, 07001 Palma; ℭ/Fax 971 718290

Academia Mallorca Plus
www.mallorca-plus.com/sprachschulen_palma_playa_htm
Carrer Garza 3/Platja de Palma, 07610 Palma; ℭ 971 260924

Das Leben auf Mallorca

Deutsche Kirche auf Mallorca *(Edith Kölzer/Bielefeld)*

Zur Situation

Wer sich auf Mallorca niederlassen will, ob dauerhaft oder auf Zeit, möchte manche Dinge oder Gewohnheiten, die ihm zu Hause lieb und teuer waren, auch unter südlicher Sonne nicht missen. Dazu gehören für manche Mallorca-Residenten unter anderem Gottesdienste in deutscher Sprache, ein deutscher Beichtvater sowie die kirchlichen Feiern beider Konfessionen. Sowohl evangelische als auch ein katholischer Seelsorger sind auf der Insel tätig.

Außer ihrer rein seelsorgerischen Tätigkeit leisten sie oft auch Hilfe bei ganz weltlichen Problemen. Die wird gar nicht selten von Menschen gesucht, die ihren Traum von einem schönen Leben auf Mallorca ausgeträumt haben, in Notlagen und verzweifelt sind. Die Pfarrer machen auch Krankenbesuche und vermitteln bei akuter Geldnot auch schon mal für einen Rückflug in die Heimat.

Zu den angenehmeren Aufgaben gehören Kommunionen und Konfirmationen wie auch Trauungen.

Die Evangelische deutschsprachige Gemeinde auf Mallorca

Der erste evangelische Gottesdienst in deutscher Sprache wurde auf Mallorca schon vor über 100 Jahren gehalten. Aber erst seit 1972 gibt es einen hauptamtlichen deutschen Pfarrer auf Mallorca. Damals öffnete der katholische Bischof die Türen aller katholischen Kirchen auch für protestantische (!) Gottesdienste. Die gibt es zur Zeit an sechs Orten der Insel.

Von den rund 50.000 ganz oder zeitweise als Residenten auf Mallorca lebenden Deutschen sind nur etwa 250 offiziell eingeschriebene Mitglieder der Kirchengemeinde. Die Besucher der Gottesdienste sind zu 80% Touristen.

Allein 2010 wurden etwa 100 Paare evangelisch getraut. Dabei muss wenigstens Partner des Ehepaares in spe ein Mitglied der evangelischen Kirche sein. Wenn die Trauung in einer Kirche stattfinden soll, ist eine Voranmeldung von mindestens einem Jahr nötig.

Bestattungen machen nur einen geringen Teil der Kirchenarbeit aus. In der evangelischen Gemeinde gibt es etwa 20 Seebestattungen und etwa gleich viel Erdbestattungen pro Jahr, siehe auch

reisebuch.de/mallorca/leben/sterben_und_tod_auf_mallorca.html

Evangelisches Pfarramt

Comunidad Evangelica de Habla Alemana
Carrer Bellavista H 3, E-07600 S'Arenal-Ses Cadenes
℡ (0034) 971 743267, Fax (0034) 971 743897

Internetauftritt der deutschsprachigen evangelischen Gemeinde auf den Balearen: www.kirche-balearen.de

Gottesdienstorte

Residenz Es Castellot
Santa Ponça, Hug de Mataplana 1
jeden Sonnabend 18.00 Uhr (Juli und August Sommerpause)

Pfarrkirche St. Antonius de la Platja
Carrer Padua in Can Pastilla,
jeden Samstag 11.00 Uhr (Juli und August Sommerpause)

Pfarrkirche Peguera
Plaça Matilde Wahring
jeweils Sonntag 17.00 Uhr

Kirche am Meer
Carrer Murada 1
in Cala Murada
jeden 1. Mittwoch im
Monat 11.00 Uhr

Pfarrkirche Cala Rajada
Carrer Pascual Marqués,
jeden Sonntag 11.00 Uhr
(Mai bis September)

Unabhängig von der
Evangelischen Gemeinde
hält ein spanischer Pfarrer
in Cala Millor einen
evangelischen
Gottesdienst in
deutscher Sprache ab:

Es Rafalet
Carrer Rafalet 20,
Cala Millor,
jeden Mittwoch 16.00 Uhr
(Oktober bis April)

Ankündigung in Peguera

Die katholische deutschsprachige Gemeinde auf Mallorca

Die Geschichte der deutschsprachigen katholischen Gemeinde auf Mallorca begann in den 1960er-Jahren. Ihr Mittelpunkt ist jetzt die gotische Kirche *Santa Cruz* (katalanisch: *Santa Creu*) mitten in Palmas Altstadt in der Nähe des Kunstmuseums *Es Baluard*.

Katholisches Pfarramt

Parroquia Alemana en la Iglesia de Santa Cruz
Carrer Forn de L'Olivera 5; E-07080 Palma

✆ (0034) 971 264551 Fax (0034) 971 262510

Internetauftritt der deutschsprachigen evangelischen Gemeinde auf den Balearen: <u>www.kath-gemeinde-mallorca.de</u>

Gottesdienstorte

Pfarrkirche Santa Cruz
Santa Cruz (in der Krypta)
Carrer Forn de L'Olivera 5 in Palma
jeden Sonntag 12.00 Uhr

Pfarrkirche St. Christ
Plaça Mathilde Wahring 1 in Peguera,
jeden Sonntag 9.30 Uhr

Klosterkirche Cala Rajada,
Carrer de ses Monges 20
jeden Freitag 15.30 Uhr (November bis Ostern)
jeden Freitag 17.00 Uhr (Ostern bis Oktober)

Nach den Gottesdiensten Gemeindetreff.

Iglesia Nuestra Senora de los Angeles im Park La Porciuncula in Platja de Palma

Ökumene auf Mallorca

Zweimal im Jahr finden internationale ökumenische Wallfahrten zu einer der zahlreichen mallorquinischen Pilgerziele statt.

Am Heiligen Abend um 15.30 Uhr und um 17.00 Uhr füllt sich die **Kathedrale *La Seu* in Palma** bei ökumenischen Gottesdiensten, zu denen sich rund 6.000 Besucher einfinden.

Residenten treffen sich monatlich zwischen Oktober und Mai. Auskunft erteilen die evangelischen und katholischen Pfarrämter.

Krankenbesuchsdienst

Ein Krankenbesuchsdienst existiert unabhängig von der jeweiligen Konfession: © 971 743267

Unter dieser Nummer erreicht man eine Telefonkette für Nachbarschaftshilfe. Um vor allem älteren, allein lebenden Residenten ein Gefühl der Sicherheit zu geben, erfolgt jeden Tag etwa zur selben Zeit ein kurzer Anruf von derselben Person, um zu erfahren, ob alles in Ordnung sei. Wer angerufen werden oder sich als Anrufer zur Verfügung stellen möchte, kann sich dort ebenfalls melden.

Katholische Kirche Mallorcas

Der Domkapitular der Kathedrale von Palma ist zugleich Bischof von Mallorca. Es gibt auch einen speziellen Diözesanbeauftragten für die Tourismusseelsorge

Gottesdiensttermine sämtlicher Gemeinden auf der Insel in spanischer oder mallorquinischer Sprache findet man im Internet unter www.bisbatdemallorca.com/lit_horaris.php

Palmas Kathedrale »La Seu«

Gay Life auf Mallorca -
die Schwulen- und Lesbenszene

Situation

Mallorca ist nicht gerade eine Hochburg für lesbisches und schwu-
les Leben. Im Gegensatz zur Nachbarinsel Ibiza, wo sich schon zur
Zeit der Franco-Diktatur – vor allem auch im Zusammenwirken
und unter dem Deckmantel der vor 40 Jahren anlaufenden Hippie-
welle – eine Gay-Szene mit fester Infrastruktur gebildet hat, gibt
sich die größte Baleareninsel etwas konservativer. Aber Diskrimi-
nierung ist auch auf Mallorca eigentlich nicht mehr angesagt.

Hochburg Palma-El Terreno

Die dichteste Szene findet man in Palma. Homosexuelle, die sich in
Platja de Palma/Arenal wohlfühlen, zieht es abends ins *Sa Bota*
(»der Stiefel«), ein von Deutschen betriebenes etwas plüschiges
Schwulen-Lokal, das auch für Travestieshows bekannt ist. Das Zen-
trum des Nachtlebens liegt für Gays im Kneipenviertel El Terreno.
Zwar zog die Szene-Disco »La Demence« ins Industriegebiet Son
Castelló (Autobahn Richtung Inca), aber El Terreno mit der zentra-
len Plaça Gomila blieb nächtlicher Hotspot.

Auch tagsüber trifft man sich gerne dort. Das Café und Restaurant
»*Michel*« ist zur Zeit angesagter Treffpunkt für homosexuelle Pär-
chen, gleich nebenan liegt das Modegeschäft »*Soft for men*«.

Auch weitere Cafés, Pubs und Restaurants sprechen dort Schwule
und Lesben an. Laut der zweimal im Jahr erscheinenden »*Mallorca
Gay Map*« gibt es um die Plaça Gomila 15 Gay-Lokale. Das Viertel ist
daher auch als Wohnort unter Homosexuellen sehr beliebt.

Unten am Passeig Marítim bietet das Café »*Mythos*« Clubatmo-
sphäre und Kultur für ein gemischtes Publikum. Sowhl Gays als
auch Heteros fühlen sich im »*Titos*« oder »*Abraxas*« – ebenfalls am
Passeig Marítim – wohl.

In El Terreno gibt es zwei Hotels, die von der Schwulen- und Lesben-
organisation *Ben Amics* (»Gute Freunde«) als »gayfreundlich« emp-
fohlen werden:
Im *Rosamar* (www.rosamarpalma.com) und
im *Aries* (www.ariesmallorca.com)
werden Gays, die händchenhaltend zum Frühstück erscheinen,
nicht schief angeschaut.

Information und Anlaufstellen

Die *Ben Amics* haben neben der Vereinigung *Alas*, die sich dem Kampf gegen Aids und der Propagierung von sicherem Sex verschrieben hat, auch beim kleinen Spezialführer «*Entiendes … Mallorca*» (spanisch und englisch) mitgearbeitet, der kostenlos in allen Touristeninformationen und in einschlägigen Lokalen erhältlich ist.

Das Faltblatt enthält einen Stadtplan mit markierten Adressen von Hotels, Discos, Restaurants, Musikkneipen und Saunen, aber auch von Friseuren, Bioläden, Immobilienagenturen, Autovermietungen und Fotostudios, die sich als »gayfreundlich« präsentieren. Auf einer kleinen Inselkarte sind neun Strände verzeichnet, die bevorzugt (auch) von Homosexuellen besucht werden.

Die bereits erwähnten **Ben Amics** stehen in ihrer Geschäftsstelle (Carrer Conqueridor 2, ✆ 971 715670, www.benamics.com) auch ausländischen Besuchern mit Rat und Tat zur Seite.

Südwestlich von Magaluf sind die Felsklippen der Cala Mago, einer Neben-bucht der Cala Portals Vells, ein beliebter homosexueller Treffpunkt

Hochzeit auf Mallorca

Dass heterosexuelle Paare ihr Hochzeitsfest auf Mallorca feiern möchten und aufwändig organisieren lassen, ist nichts Neues. Der Marktführer in diesem Segment, www.mallorca-hochzeiten.de, gibt an, in den letzten 12 Jahren über 600 Hochzeitsfeiern ausgerichtet zu haben. Das Angebot ist vielfältig und umfasst diverse »Themenhochzeiten« (Golf, Oldtimer, Yacht, …) sowie »Romantikhochzeiten« in »malerischer Naturkulisse«, »rustikalen Kirchen« oder an »einsamen Stränden«. Der Dienstleister vor Ort übernimmt dabei die gesamte Organisation auf der Insel, wobei die Hochzeitsfeier in einer Hotelfinca auf dem Lande der Klassiker zu sein scheint. Die Preise variieren natürlich nach Aufwand. Man darf davon ausgehen, dass die Kosten keinesfalls unter denen einer vergleichbaren Feier in Deutschland liegen.

Um den finanziellen Aufwand für das Hochzeitspaar im Rahmen zu halten, empfehlen die Anbieter, dass man die ggf. zahlreichen Gästen ihre Anreisekosten selbst tragen lässt. Das würde meistens »verstanden und akzeptiert«.

Der Haken an der ganzen mallorquinischen »Traumhochzeit« ist aber die Tatsache, dass standesamtliche Eheschließungen in Spanien für Deutsche nur in Frage kommen, wenn sie dort ihren festen Wohnsitz haben. Das dürfte aber bei den meisten Heiratswilligen nicht der Fall sein. Ausnahmen sind möglich bei kirchlichen Trauungen durch einen katholischen Priester. Diese Eheschließungen können »unter bestimmten Umständen« zivilrechtlich anerkannt werden. Es gilt also, im Vorfeld verbindliche Auskunft von deutschen Behörden einzuholen.

Die Alternative ist: In Deutschland auf das Standesamt und dann ab in den Flieger und die Feier samt kirchlicher Trauung auf Mallorca stattfinden lassen – vorausgesetzt, man verfügt über das dafür nötige Kleingeld.

Hochzeitszeremonie auf einer Finca bei Santa Margalida

Seit einiger Zeit ist es auch für homosexuelle Paare möglich, auf Mallorca zu heiraten und die Hochzeit professionell auf Mallorca ausrichten zu lassen. Der Service von z.B. gay-wedding-mallorca.com umfasst dabei aber nur die Feier selbst. Die zivilrechtlichen Einschränkungen gleichen denen für heterosexuelle Paare, d.h. eine offiziell gültige Eheschließung ist nur für in Spanien gemeldete Personen möglich.

Obwohl seit 2005 auch gleichgeschlechtliche Ehen vor dem Standesamt in Spanien geschlossen werden können, dürfte der priesterliche Segen den meisten homosexuellen Paaren verwehrt bleiben. Denn die Vorbehalte in der katholischen Kirche Spaniens gegen Schwule und Lesben sind noch stark.

Feste feiern, Spiel und Spaß

Wer auf Mallorca keinen Spaß hat, ist selbst schuld. Damit ist keinesfalls nur Ballermann-Saufvergnügen gemeint. Neben speziell für Touristen inszenierten schrillen Events gibt es anderes, was leiser daherkommt. Außerdem bilden landestypische Fiestas, die ihren festen Platz im Kalender haben, einen Reigen, der es möglich macht, viele Tage zu einem »Festtag« zu machen.

Lebensfreude pur vermitteln auf Mallorca vor allem lokale *Fiestas*. Sie zu besuchen, kostet nicht einmal Eintritt. Aus dem jährlichen Fiesta-Reigen seien nur beispielhaft einige herausgegriffen, deren Besuch sich besonders lohnt:

Winterfeste

Im Winter feiert die Insel am schönsten. Wenn Sie miterleben möchten, wie vergnüglich die Mallorquiner das Neue Jahr beginnen, dann treffen Sie sich in der **Silvesternacht** mit Freunden kurz vor 24 Uhr am Rathaus an der Plaça Cort in Palma. Die zwölf Glockenschläge werden dann so verlangsamt, dass dabei jeder – zwischen erstem und letztem Schlag – seine traditionellen **zwölf Trauben** (*uvas*), die unbedingt dazugehören, essen kann. Sie verheißen Glück für das Neue Jahr.

Am Abend des 5. Januar können Sie dabei sein, wenn in Palmas Hafen die **Heiligen Drei Könige** anlegen und in einer Art Karnevalsumzug, der aus vielen geschmückten Wagen besteht, durch die Stadt fahren. Aber passen Sie auf, dass Sie nicht von *caramelos* (Karamelbonbons) »erschlagen« werden.

Am 16./17. Januar findet die **Festa de Sant Antoni**, die besonders intensiv in Sa Pobla, Sant Joan und Artá mit Freudenfeuern (*Foguerons*) und Tänzen wie Umzügen in wüsten Verkleidungen und riesigen Masken gefeiert wird.

Teufelsmasken, ausgestellt im Museu de Sant Antoni in Sa Pobla, die nur einmal im Jahr zur gleichnamigen Fiesta aktiviert werden.

Kurz darauf ist der 19./20. Januar ein weiterer Höhepunkt des Jahres . Dann wird der Schutzpatron der Hauptstadt, **San Sebastian**, gefeiert. Um 20 Uhr gibt`s ein tolles Feuerwerk. Bis 2.00 Uhr morgens geht es in allen Orten und auf allen Plätzen Palmas hoch her. Man musiziert, tanzt und bruzzelt an offenen Feuerstellen. Jedermann ist eingeladen, mitzuessen und mitzutrinken.

Das gilt auch für den **Karnevalsumzug** *Sa Rua* im Februar. Vor allem die »Fußtruppen« beweisen dabei jedes Jahr bewundernswerten Einfallsreichtum und viel Originalität.

Ostern

Dann naht Ostern, nicht nur das höchste kirchliche Fest in Spanien, sondern auf Mallorca besonders geadelt durch die traditionelle Anwesenheit des Königs. Osterprozessionen finden dann in vielen größeren Orten statt. Die Prozession in Palma zieht am Gründonnerstag stundenlang durch die Stadt. Insgesamt 30 »Bruderschaften« (*fraternidades*) nehmen daran teil, jede in anderer Farbe, mit Büßergewand, große Kerzen in den Händen, meterhohen Spitzhüten mit Gesichtsmasken nach Art des Ku-Klux-Klans. Dumpfe Trommelwirbel verstärken den Eindruck des Unheimlichen.

Beeindruckend ist ein gewaltiges Marienmonument aus getriebenem Silber, das von 28 Männern – für den Zuschauer unsichtbar – getragen wird. Sie schwanken unter der tonnenschweren Last wie ein Wüstenschiff und schaffen jeweils nur 30 Meter, bis sie wieder absetzen müssen und abgelöst werden.

Nach Ostern feiern die Andalusier an sechs Tagen auf der **Feria de Abril** ihr Frühlingsfest. Zum Kirmesplatz im Poligono de Son Rossinyol (an der Straße nach Sóller nördlich der Autobahn) pilgern dann zahllose Besucher, die sich von Tanz, Gesang und Fröhlichkeit der Andalusier begeistern lassen.

Mauren gegen Christen

Der Kampf der Christen gegen die Mauren lebt im Mai in Soller und im Juli in Pollença wieder auf. In eindrucksvoll in Szene gesetzten Schaukämpfen wird dabei jahrhundertealte mallorquinische Geschichte lebendig. In beiden Orten beteiligen sich fast alle (jüngeren) Einwohner an den »Kämpfen«, die einen als verteidigende Christen, die anderen als angreifende *Moros*. Nach »erbitterter Schlacht«, bei der es durchaus auch schon mal ein paar Schrammen gibt, gewinnen – gemäß der historischen Vorgabe – natürlich immer die Christen. In Soller sind die Frauen die eigentlichen Helden bei der Vertreibung der Angreifer.

Angriff und anschließende Vertreibung arabischer Piraten als jährliches Spektakel

Das Leben auf Mallorca

Dörfliche Fiestas

In der zweiten Jahreshälfte ziehen sich die *Fiestas* auf die Dörfer zurück. Überall gilt es, Heilige zu feiern mit Prozessionen, Wallfahrten, Paraden, Feuerwerk und Jahrmärkten. Bei allen Festen kann man nachvollziehen, wie stark die Position der katholischen Kirche nach wie vor im Volk ist. Vor jeder *Fiesta* ist der Kirchgang obligatorisch. Alle Feste auf Mallorca werden im *Mallorca Magazin*, in der *Mallorca Zeitung* und den spanischen Tageszeitungen angekündigt und in den meisten Fällen redaktionell gewürdigt.

Eine kalendarische Übersicht der regelmäßig wiederkehrenden Fiestas auf Mallorca findet man z.B. unter

http://reisebuch.de/mallorca/info/
kunst kultur/fiestas.html

*»Hau den Lukas«
in spanischer
Horrorversion auf
einer Dorfkirmes*

Familienfeste

Beim **Kindergeburtstag** ist die Zahl der kleinen Gäste groß! Es ist üblich, die gesamte Schulklasse einzuladen, dann Nachbarkinder, die Kinder der Freunde der Eltern und die Eltern der Freunde der Kinder. Auf Topfschlagen, »Blinde Kuh« oder die »Reise nach Jerusalem« wird man vergebens warten. Die Miete einer Hüpfburg oder Ponys vom Reiterhof hingegen gehören zum Standard. Wer keinen Garten hat, geht mit den Kindern in ein Freizeitzentrum oder auf einen Indoor-Spielplatz – und sei das Wetter noch so schön.

Die typische Verpflegung auf solchen Geburtstagen besteht aus einem Drei-Gänge-Menü: Als Vorspeise Chips, dann Weißbrot mit Nutella und als Nachtisch am liebsten eine Marshmellowtorte.

»**Heilige Drei Könige**« ist für Kinder der wichtigste Tag in der Weihnachtszeit, denn erst dann gibt es die Geschenke, so will es die spanische Tradition. Die reich bepackten Könige kommen per Boot nach Mallorca. Sie steuern gleich mehrere Häfen der Insel an – jedes Mal ein Spektakel, das Kinderaugen schon vor dem Anblick der Pakete glänzen lässt.

Doch in den letzten Jahren hat zusätzlich der **Weihnachtsmann** den Weg auf die Insel gefunden, so dass es heute in vielen Familien bereits an Heiligabend die ersten Geschenke gibt.

Spielen und Zocken

Nirgendwo macht offenbar das Spielen und Zocken so viel Spaß wie auf Mallorca, denn die Mallorquiner sind Spaniens besessenste Spieler. Über €500 pro Einwohner machen die Mallorquiner jährlich für Glücksspiele locker.

Das spanische Lotteriesystem hat eine lange Tradition (seit Anfang des 19. Jahrhunderts) und ist sehr differenziert und für Außenstehende ziemlich kompliziert. Die Regeln wurden im Laufe der Zeit immer wieder den veränderten sozialen und technischen Entwicklungen angepasst. Die Chancen auf einen Millionen-Hauptgewinn sind zwar – wie beim deutschen Lotto – verschwindend gering, aber der »Magie der großen Zahl« und dem Traum vom plötzlichen Reichtum können sich offensichtlich nur wenige Mallorquiner entziehen.

Lotterien

Die hohen Spielumsätze führt man zwar gerne auf den Tourismus zurück, zumal hinter den Balearen – was die Summe der Einsätze angeht – gleich die Kanaren rangieren. Und ganz sicher sind unter den über 200.000 jährlichen Besuchern des Spielkasinos und unter den Automatenspielern viele Touristen, aber für das Gros der Umsätze sorgen die Insulaner selbst, nämlich in den diversen Lotteriesystemen:

- *Bono Loto* (Zahlenlotto mit geringen Mindesteinsätzen und vier Ziehungen pro Woche: Mo, Di, Mi, Fr)
- *La Primitiva* (Zahlenlotto donnerstags und samstags und jeden Sonntag *El Gordo*: €5 Mio.)
- *Quiniela* (Fußballtoto)
- *Lotería ONCE* (Blinden-Lotterie)
- *Lotería Nacionál* (Nationallotterie)
- *Bingo*

Wie bereits erwähnt, ist das spanische Lotteriesystem eine Wissenschaft für sich. Es gibt scheinbar unendliche Variationsmöglichkeiten, die den Spielern hohe Gewinnchancen vorgaukeln, letztendlich aber nur dazu dienen, ihnen das Geld aus der Tasche zu ziehen. Wer der Versuchung nicht widerstehen kann und sich in den spanischen

127

»Lotteriedschungel« wagt, sollte sich vorher detailliert informieren. Dafür sind fortgeschrittene Spanischkenntnisse von Vorteil. Dank des Internets kann man seit geraumer Zeit an den spanischen Lotto-Glücksspielen auch von zu Hause oder von unterwegs aus auf einschlägigen deutschsprachigen Portalen teilnehmen.

ONCE

Die Lotterie des spanischen Blindenverbandes *ONCE* ist eine Erfindung des faschistischen Diktators *Franco* aus dem Jahre 1938, mit der er die Kriegsblinden des von ihm initiierten Bürgerkrieges versorgen wollte. Dass er damit ein Wirtschaftsimperium gründen würde, war dem *Caudillo* sicher nicht bewusst. Heute stehen die grünen Verkaufshäuschen der *ONCE* unübersehbar überall in ganz Spanien. Außerdem werden die Lose vor Supermärkten verkauft. Die Einzeltickets kosten je nach Tag und Ausschüttungssumme zwischen €1,50 und €3. Die Gewinnspannen sind groß und reichen von einigen tausend Euro bis zu einigen Millionen bzw. einer großzügigen jährlichen Dauerrente (25 Jahre) von 100.000 Euro.

Nach wie vor beschäftigt *ONCE* im Losverkauf vorwiegend sehbehinderte Mitarbeiter, insgesamt mehr als dreißigtausend. Auf den Balearen gehören die ca. 700 Losverkäufer an ihren Stammplätzen zum Straßenbild auch der kleineren Städte. ONCE ist einer der größten Finanziers des spanischen Staates, verfügt über Beteiligungen an vielen großen Unternehmen und unterhielt eine Zeitlang sogar ein eigenes Profi-Radrennteam.

Die Organisation hat sich zu einem Musterbeispiel für die Behinderten-Selbsthilfe entwickelt. Aus den Einnahmen der Lotterie finanziert sie viele Projekte zur Integration Blinder, Arbeitsplätze in Firmen und Werkstätten, Bücher in Blindenschrift, Blindenhunde u.a. Etwa ein Zehntel des insgesamt in Spanien für Glücksspiele ausgegebenen Geldes fließt der ONCE-Lotterie zu.

Mehr Infos unter www.once.es.

Nationallotterie

Die Ziehung der *Loteria Nacional* erfolgt zwei Mal wöchentlich am Donnerstag und am Samstag; Lose gibt es in speziellen Verkaufsstellen, z.B. in *Estancos*, den Tabakläden, und im Internet. Mit Einsätzen zwischen €3 (donnerstags) und €6 (samstags) erwirbt man ein *décimo* (Zehntellos), mit dem man €30.000 (donnerstags) bzw. €60.000 (samstags) und maximal €200.000 beim **Gordo** (dem

»Dicken«) gewinnen kann. Etwa 70% der Einnahmen werden an die Spieler als Gewinne ausgeschüttet, die restlichen 30% gehen an den hoch verschuldeten Staat.

Ein nationales Fieber bricht jährlich am letzten Wochenende vor Weihnachten aus, wenn bei einer Sonderziehung (Prozedur im Kern nahezu unverändert seit 1812!), ganz Spanien an den Rundfunk- und Fernsehgeräten sitzt und lauscht, wenn die gezogenen Nummern singend (!) verkündet werden.

Die Nationallotterie macht ca. 40% ihrer Umsätze zur Weihnachtszeit. Mehr Infos und Tickets unter:
www.loteriasyapuestas.es oder www.loterias.com

Bingo

Das in Deutschland als Glücksspiel (außer im Fernsehen) verbotene Bingo ist auf Mallorca ähnlich beliebt wie in England. Es rangiert auf Mallorca auf der Beliebtheitsskala der Glücksspiele nach den Geldspielautomaten und der allgegenwärtigen Nationallotterie auf Rang 3. Bingo wird in großen Sälen zelebriert.

Einen eleganten Rahmen für die banale Dauerziehung bietet das **Bingo Teatro Balear** in Palma (beim *Mercat d'Olivar*, nahe der Plaça Espanya). Gespielt wird täglich von 15 Uhr bis 4 Uhr morgens, aber schon nachmittags herrscht reger Betrieb. Das Publikum gehört überwiegend der Mittelschicht an, wobei Frauen um die 50 überwiegen. Viele verbringen den ganzen Abend im *Teatro*. Der Besuch ist wegen dessen besonderer Atmosphäre auch für Leute interessant, die dem monotonen Spiel nichts abgewinnen können.

Das Leben auf Mallorca

Bingohallen auf Mallorca

Bingo Rosales, Carrer Manacor 99, Palma
Bingo Teatro Balear, Plaça del Condado de Rosselló 4, Palma
Bingo Es Forti, Plaça Barcelona 1, Palma
Bingo Casino Antiguo, an der Carretera Alcúdia-Artà (km 20)
Bingo Sala Imperial, Carrer Rector Caldentey 4, Manacor

Der Eintritt ist frei, die Tickets kosten je €2.

Einen gültigen Personalausweis sollte man dabei haben.

Eine Liste fast aller Bingo-Hallen auf Mallorca mit Adressen und Anfahrtskarte findet sich unter http://deportes-entretenimiento.paginas-amarillas.es/Bingo_en_Illes_Balears-loc241x7.htm

Bingo-Spielschein auf Mallorca

Beim Bingo werden laufend Zahlen gezogen und gleichzeitig angesagt und auf Bildschirmen angezeigt. Die Mitspieler streichen jede Zahl auf ihrem Spielschein aus, die gezogen wird. Unterbrochen wird das Spiel, wenn jemand »Linea« ruft und damit signalisiert, fünf Zahlen in einer Reihe zu haben. Das Spiel ist beendet, wenn der erste Mitspieler mit *Bingo* bekannt gibt, dass alle Zahlen auf seinem Spielschein getroffen wurden. Das dauert selten länger als 5 Minuten. Nach kurzer Pause zur Gewinnauszahlung und zum Verkauf neuer Spielscheine folgt die nächste Ziehung usw.

Die Höhe der Gewinne richtet sich nach dem Gesamtwert der verkauften *cartones* (Spielscheine), d e jeweils €2 kosten. Davon wandern erst einmal 20% an den Fiskus, 10% bleiben beim Betreiber der Anlage. 70% der Einnahmen werden für Gewinne ausgeschüttet. Je nach Besetzung des Saals und der Anzahl der Einsätze kann man mit *Bingo* in 5 Minuten zwischen €250 und €1000 gewinnen. Um ihre Gewinnchance zu erhöhen, kaufen viele Teilnehmer mehrere Scheine für jede Ziehung.

Gran Casino de Mallorca

Noch schneller als beim Bingo kann man im Spielkasino sein Geld loswerden. Das Kasino befand sich über Jahrzehnte in abseitiger Lage der Urbanisation Sol de Mallorca südwestlich von Magaluf, ist aber Ende 2011 nach Palma ins **Einkaufszentrum Porto Pi** umgezogen. Dort belegt es eindrucksvolle 3000 m².

Ein Parkhaus befindet sich in den Untergeschossen des Zentrums im Westen des Stadtteils El Terreno oberhalb des Übergangs des Meeresboulevards in die Autobahn Richtung Peguera. Der Eintritt kostet €5, aber dafür sind die ersten beiden Stunden im Parkhaus für Kasinobesucher gratis. Geöffnet ist das Kasino täglich 18-5 Uhr. Es besteht Ausweispflicht, jedoch keine Kleiderordnung; es geht leger zu. Roulette, Baccara, Black Jack und viele »einarmige Banditen« bzw. ihre elektronischen Varianten warten auf Besucher.

Infos (Spanisch und Englisch) unter www.casinodemallorca.com

Die Medien auf Mallorca

Printmedien

Zeitungen und Zeitschriften aus der Heimat

Bis zu 200.000 deutsche Touristen und Residenten wollen täglich vorwiegend mit Printmedien informiert werden. Und so sind in Palma und allen größeren Küstenorten nur wenige Stunden später als in Deutschland alle überregionalen Zeitungen wie DIE WELT, die FAZ oder die »Süddeutsche Zeitung« zu bekommen; außerdem aus vielen Bundesländern die führende Regionalzeitung. Selbst auf Mallorca braucht man also nicht auf alle wichtigen Nachrichten aus der Heimak zu verzichten. Und die offenbar für viele unentbehrliche Bild-Zeitung druckt bereits seit Ende der 1990er-Jahre in Palma eine eigene Mallorca-Ausgabe.

Für einige große Blätter gibt es sogar einen Zustellservice, der den Abonnenten die Zeitung wie zu Hause in Deutschland täglich vor die Haustür liefert.

Neben den Zeitungen liegt immer eine Fülle von deutschen Zeitschriften aus. Alle halbwegs bekannten Titel, von der Regenbogenpresse bis zu den Nachrichtenmagazinen, sind vertreten.

Kiosk mit deutscher Presse ebenso gut sortiert wie in der Heimat

Mallorca Magazin

Donnerstags erscheint das deutschsprachige *Mallorca Magazin*, die älteste deutschsprachige Wochenzeitung auf der Insel (seit 1971) mit einem umfangreichen Anzeigenteil. Manche Artikel zum aktuellen Geschehen auf Mallorca sind vorher in einer der lokalen Zeitungen des gleichen Verlages (*Ultima Hora*) erschienen und

wurden für das *Mallorca Magazin* aufbereitet. Das hat den »Vorteil«, dass kritische Stellungnahmen zu den Verhältnissen auf der Insel aus einer spanischen Zeitung zitiert werden und damit nicht als deutsche Überheblichkeit ausgelegt werden können. In regelmäßigen Folgen erscheinen Artikel mit Vorschlägen für Ausflüge und Stadtrundgänge. Daneben werden die Städte, Orte, Häfen und Gebäude vorgestellt und im Veranstaltungskalender alle kulturellen Ereignisse inselweit aufgelistet.

Auch zu vielen Themen, die in diesem Ratgeber angesprochen werden, kann man regelmäßig Aktuelles im *Mallorca Magazin* finden. Obwohl fast alle redaktionellen Beiträge mit Anzeigen umrahmt sind, liest sich die Zeitung sehr flüssig. Die große Zahl der Kleinanzeigen aller Rubriken spiegelt die Ausweitung der Aktivitäten deutschsprachiger Residenten auf der Insel wider. Etwas überzogen erscheint die unermüdliche »Hofberichterstattung« über prominente deutsche Inselresidenten oder -besucher, auch der B- und C-Kategorie, aus Politik, Film und Fernsehen.

Die Redaktion befindet sich im *Ultima Hora*-Gebäude nördlich der Via Cintura nahe der Ausfahrt nach Puigpunyent.

Für das *Mallorca Magazin* gab es lange Jahre keinen ernsthaften Konkurrenten. Man hatte eine marktbeherrschende Stellung, und genaue Informationen über die gedruckte, verbreitete und verkaufte Auflage gab man nur ungern preis; zurzeit liegt sie saisonal schwankend zwischen 23.000 und 32.000 Exemplaren, die zu einem nicht unerheblichen Teil in Deutschland jeweils ab Freitag an Abonnenten ausgeliefert werden. Das Magazin ist nach wie vor

Die Medien auf Mallorca

Pflichtlektüre für alle, die auf der Insel leben, dort ihr zweites Zuhause haben oder mit dem Gedanken spielen, sich auf Mallorca niederzulassen.

Man kann das *Mallorca Magazin* bequem über die Website der Zeitung abonnieren, das Jahresabo kostete 2011 bei Bezug in Deutschland €145, fürs halbe Jahr €75, der Einzelverkaufspreis beträgt €2.

Wem das zu teuer ist, schaut regelmäßig in die Website des *Mallorca Magazins*, wo jeweils ab dem Wochenende das »Thema der Woche« sowie die wichtigsten Nachrichten und Kommentare abrufbar sind. Außerdem kann man im umfangreichen Archiv des Hauses »blättern«.

Mallorca Magazin

Edificio Ultima Hora
Polígono Son Valent, 07011 Palma de Mallorca

Postadresse:
Apartado de Correos 304, E-07080 Palma de Mallorca

© 971 919333, Fax 971 919340

E-Mail: red@mallorcamagazin.net
anzeigen@mallorcamagazin.net

Internet: www.mallorcamagazin.com

Mallorca Zeitung

Was fürs *Mallorca Magazin Ultima Hora* ist, das ist für die *Mallorca Zeitung* das *Diario de Mallorca*. Mit der soliden Unterstützung durch dieses mallorquinische Traditions-Verlagshaus im Hintergrund gelang es dem Redaktionsteam um den damaligen Chefredakteur Schönborn, sich seit dem Start im Jahr 2000 mit beiden Beinen fest im Zeitungsmarkt zu verankern. Auch wenn der Kampf um die Gunst der deutschen Leserschaft auf Mallorca zunächst hart war, so schaffte es das »neue« Blatt, ein Stammpublikum zu erobern und sich ein beachtliches Stück aus dem Kuchen des Anzeigenmarktes herauszuschneiden.

Mit einer gelungenen Mischung aus Mallorcanachrichten und überregionalen Themen sowie einer gehörigen Portion Lifestyle versorgt die Zeitung jetzt unter Leitung von Chefredakteur Ciro Krauthausen ihre Leserschaft jede Woche ab Donnerstag mit einer Auflage von ca. 20.000 Exemplaren.

Auch die *Mallorca Zeitung* lässt sich in Deutschland abonnieren. Der Jahrespreis beträgt €150, das halbe Jahr kostet €80. Einzelpreis €2.

Die attraktiv gestaltete **Website** bietet (neben kostenlosen Kleinanzeigen) aktuelle Nachrichten von der Insel, ausgewählte Artikel sowie ein umfangreiches Archiv.

Mallorca Zeitung

Polígono de Levante
Carrer Puerto Rico 15,
07007 Palma de Mallorca

✆ für Leser: 971 170511
Anzeigen & Vertrieb:
✆ 971 170500, Fax 971 170505

Redaktion: ✆ 971 170501, Fax 971 170510

E-Mail: mallorcazeitung@epi.es; Internet: www.mallorcazeitung.es

Tipp

Im Internet lassen sich beide Zeitungen auch als sog. Epaper im PDF-Format herunterladen, sowohl als Einzelexemplar als auch im günstigeren Abo. Kurioserweise verlangt das Mallorca Magazin für die elektronische Version €3, also einen Euro mehr als für die Printausgabe, die Mallorca Zeitung kostet in Print und digital jeweils 2€.

Wer sich zunächst einmal einen Eindruck von der aktuellen Ausgabe verschaffen möchte, erhält dort auch eine Vorschau der ersten Seiten als Leseprobe.

Mehr Infos und Download unter www.pressekatalog.de.

Spanische Zeitungen

Allein fünf Tageszeitungen erscheinen täglich auf Mallorca, teils in Mallorquinisch, teils in Hochspanisch, von denen die bekannteste das Boulevardblatt **Ultima Hora** (»Letzte Stunde«) ist. Da die Seiten gefüllt sein wollen, wird auch noch über das kleinste Ereignis berichtet, ob es sich um Dorfpolitik oder Treffen von Kleintierzüchtern handelt. Auf dem Titel dominieren häufig spektakuläre Fotos von brutalen Verbrechen oder tragischen Unfällen.

Die Medien auf Mallorca

Seriöseres Gegenstück zur *Ultima Hora* ist *Diario de Mallorca*, wo die sachliche Information angeblich mehr im Vordergrund steht, das nüchterne Layout auf viele aber eher langweilig wirkt.

Internet: www.ultimahora.es oder www.diariodemallorca.es

El Aviso

Bereits seit 1998 gibt es ein deutschsprachiges Anzeigenblatt, den **Mallorca Anzeiger - El Aviso**, der monatlich erscheint und an zentralen Punkten – z.B. in Supermärkten – gratis verteilt wird, seit einigen Jahren sogar in den regionalen Varianten Ost und West. Auch im *Aviso* kann man kostenlos private Anzeigen aufgeben (gewerbliche sind kostenpflichtig) und sich in Rubriken wie »Spanien«, »Mallorca«, »Wirtschaft«, »Recht« etc. punktuell informieren. Seit einiger Zeit greift die Redaktion gezielt heikle Themen aus dem Mallorca-Alltag auf (z.B. Kriminalität am Flughafen, Katalanisierung, Servicemängel, Preistreiberei, etc.) und liefert dazu kritische Kommentare ab. Dabei sind die Positionen oft deutlich »mallorca-skeptischer« als in den beiden deutschsprachigen Wochenzeitungen. Nach eigenen Aussagen beträgt die Auflage des Blattes zwischen 30.000 und 50.000 mit einer Reichweite von »mehr als 100.000 Lesern pro Monat«.

Die ansonsten wenig ergiebige Website des Blattes bietet im Kern den kostenlosen Download der aktuellen Ausgabe von El Aviso im PDF-Format. Das sollte man in Erwägung ziehen, wenn man keinen Zugriff auf ein Print-Exemplar hat. Denn nicht nur die redaktionellen Texte bewegen sich mittlerweile auf einem guten Niveau, auch der diversifizierte Anzeigenteil kann es mit der kostenpflichtigen Konkurrenz durchaus aufnehmen.

Mallorca Anzeiger El Aviso
Carrer San Francisco 58,
E-07620 Llucmajor

© 71-66-91-91, Fax 971 662848

E-Mail: infi@el-aviso.com
Internet: www.el-aviso.com

Radio, Fernsehen und Internet

Deutsches Radio seit 1996

1996 gründete der Immobilienmakler Matthias Kühn mit Hilfe des bekannten NDR-Moderators Uwe Bahn aus Hamburg einen deutschsprachigen Rundfunksender auf Mallorca, dem sie zunächst den Namen »La Ola – Das Urlaubsradio« gaben. Als sich bald zeigte, dass der Bedarf nach deutschsprachigen Informationen und Unterhaltungsprogrammen größer war als erwartet, erweiterten die Initiatoren die Sendezeit von ursprünglichen vier auf neun Stunden pro Tag. Es sollte für Urlauber und Residenten ein professionelles Radioformat geschaffen werden, das die mallorquinische Kultur mit der deutschen verbindet und einen Brückenschlag leistet zwischen Mallorquinern und Deutschen.

Dieser hohe Anspruch lässt sich an der Programmstruktur indessen nicht unmittelbar ablesen, die sich stark an das vertraute Schema deutscher Kommerzsender anlehnt. Zunächst gab es täglich in der Zeit 13-22 Uhr lokale und internationale Nachrichten, Wetterberichte, Börseninformationen und Veranstaltungstipps sowie vor allem Musik der 1960er- bis 1990er-Jahre, gelegentlich unterbrochen von Werbespots. Das Format wurde später etwas modifiziert und weiter kommerzialisiert.

Mallorca 95,8

Das Programm wurde im Jahr 2000 auf 24 Stunden täglich ausgeweitet. Und seit 2001 sendet *Mallorca 95,8 Das Inselradio* aus dem damals ersten voll digitalen Studio der Balearen. Das technisch wie architektonisch hochmoderne gläserne Studio am Passeig Maritim in Palma sollte damit Transparenz und Hörernähe symbolisieren. Wenig später begann man mit der Ausstrahlung über Astra-Satellit, so dass *Mallorca 95,8* heute europaweit gehört werden kann. Aber auf der Insel selbst ist der Sender nach wie vor über normale Antennen nicht überall optimal zu empfangen, etwa an Nord- und Ostküste oder in der *Serra Tramuntana*. Auf Menorca sendet Das Inselradio auf 99.6 Mhz.

Bereits seit 1999 ist das Inselradio auch übers Internet und neuerdings über die App *Visual Radio* auf Smartphones zu hören. Außerdem wird der Sender in zwei regionale Kabelnetze in Deutschland eingespeist (Sachsen-Anhalt, Baden Württemberg).

Heute steht *Mallorca 95,8 Das Inselradio* nach eigenen Aussagen für ein modernes Radiokonzept. »Sonnenschein-Feeling, Unterhaltung und Information rund um das Inselleben« bestimmen den Sende-Alltag. Man könne, heißt es, sich nicht nur über das »gute Wetter« informieren, sondern halbstündlich News aus aller Welt, Verkehrsinfo und Event-Tipps hören.

Das *easy listening*-Musikbasisformat besteht im Wesentlichen aus englischsprachigen und spanischen Titeln, wobei letztere für das nötige Mallorcafeeling sorgen, und einem Anteil deutscher Interpreten. Oberste Priorität hat aber der Service für den Hörer.

Die Betreiber schätzen, dass sie täglich je nach Saison zwischen 100 000 und 200 000 Hörer erreichen. Ähnlich wie *Mallorca Magazin* und *Mallorca Zeitung* hat sich der Sender auf dieser Basis zu einem wichtigen Identifikationsmedium für die Deutschen auf der Insel entwickelt.

Auf der Homepage www.inselradio.com können sich alle Interessierten ständig über aktuelle Entwicklungen bei *Mallorca 95,8* informieren. Highlight ist hier u.a. die stark frequentierte und neu gestaltete **Jobbörse**.

Mallorca Fernsehen

Einen deutschsprachigen TV-Sender gab es für wenige Stunden täglich zwischen 1997 und 2003. Da er nicht aus den roten Zahlen herauskam, wurde das Programm zum allgemeinen Bedauern vieler Residenten und Mallorcafans eingestellt. Ein Nachfolger ist bislang nicht in Sicht. Viele durchaus sehenswerte Beiträge aus den damaligen Sendungen kann man sich heute noch unter www.tele web-mallorca.com anschauen.

Seit Mai 2011 nutzt das neue »Deutsche Mallorca TV« die fortgeschrittenen technischen Möglichkeiten und bietet über das Internet ein umfangreiches Programm per live-stream an. Mit 20 Mitarbeitern will das ambitionierte Projekt frischen Wind in die deutsche Medienlandschaft auf der Insel bringen und über alle Aspekte Mallorcas berichten.

Man darf gespannt sein, wie sich die Akzeptanz dieses Mediums entwickelt und ob die Macher es verstehen, die doch naturgemäß begrenzten Themen auf Dauer attraktiv aufzubereiten.

Infos und Programm unter: http://www.deutsches-mallorca.tv

Mallorca im Internet

Unter dem Stichwort »Mallorca« gab es in bei Google Ende 2011 ca. 74 Millionen »Treffer« – im Jahr 2000 waren es »nur« gut 100.000.

Auch wenn man davon ausgehen kann, dass die meisten dieser »Treffer« für den Suchenden eher irrelevant sind, so zeigt das Ergebnis doch, in welch starkem Maße Betreiber von Websites Mallorca für ihre (meist) kommerziellen Interessen entdeckt haben. Entgegen den Prognosen von Web-Experten hält sich ebenfalls ein erstaunlich großes kostenfreies Angebot für Touristen und angehende Residenten, die sich über das Inselleben und viele Aspekte Mallorca informieren möchten.

Die Frage ist, wie man aus dieser unübersichtlichen und nahezu erdrückenden Menge von Internetseiten die soliden und nützlichen herausfinden kann?

Einen kleinen »**Netguide Mallorca**« mit Empfehlungen und Kommentaren finden Sie auf unserer Website
http://reisebuch.de/mallorca/info/reisepraxis/internet_guide.html.

Immobilienpreise und Einkommen der Mallorquiner

Bei den Immobilien kann Mallorca in vielen Ecken der Insel trotz des mittlerweile eingetretenen (vorübergehenden?) Angebotsüberhangs und daher heute reduzierter Preise mit deutschen Hochpreiszonen wie München und Hamburg immer noch locker mithalten. Und das bei einem im Durchschnitt deutlich niedrigeren Einkommensniveau der Spanier, speziell auch der Mallorquiner. Dieser Widerspruch erklärt sich aus der besonderen Situation auf den Balearen (auch Ibiza und Menorca sind gleichermaßen betroffen): Ein Großteil des jahrelangen Immobilienbooms war Resultat der preistreibenden Nachfrage aus dem Ausland, in erster Linie durch Deutsche und Briten. Die Markt-überhitzung erfasste aber auch den etwas anders strukturierten Immobilienmarkt für Einheimische, die für Häuser und Wohnungen im unteren und mittleren Preissegment ebenfalls immer tiefer in die Taschen greifen mussten. Möglich war dies wegen (zu) lange niedriger Zinsen und Hypothekendarlehen mit Laufzeiten bis zu 50 Jahren (!), die im Fall junger Familien auch noch staatlich subventioniert wurden.

Zum meist bescheidenen Einkommen aus Berufstätigkeit (siehe Seite 168f) wurde in vielen einheimischen Familien zusätzliches Einkommen und erhebliche Kaufkraft dadurch generiert, dass man Grundeigentum – darunter jede Menge einst landwirtschaftlich genutzte, aber mittlerweile brachliegende Flächen und felsige Küstenstreifen – nach und nach zu steigenden Preisen an Ausländer verkaufte. Ein Teil der Gewinne wurde auf den Balearen reinvestiert und heizte neben der Auslandsnachfrage ebenfalls den Immobilienboom an.

Wie überall sind Besitz und Einkommen auch auf Mallorca ziemlich ungleich verteilt. Die Mehrheit der Mallorquiner und zugewanderten Festlandspanier war und ist nicht in der glücklichen Lage, eine baufällige Finca im Familienbesitz für ein Vermögen an Ausländer loszuschlagen. Und so verwundert es nicht, dass bei einer kürzlichen repräsentativen Befragung auf den Balearen über zwei Drittel der Befragten angaben, sie hätten Probleme, mit ihren monatlichen Einkünften auszukommen. Weit über 20% (!) bekannten, bereits in erheblichen finanziellen Schwierigkeiten zu stecken.

Die Quote der Familien mit eigenen Immobilien ist auf den Balearen per 2011 auf 65% gesunken, was aus deutscher Sicht viel erscheint, aber 15%-Punkte unter dem spanischen Landesdurchschnitt liegt.

Alles über Immobilien

Aktuelle Situation

Man schätzt heute (2011), dass 50.000 bis 80.000 Deutsche Immobilien auf Mallorca besitzen.

Von 1997 bis 2007 stieg das Immobilienpreisniveau auf Mallorca um durchschnittlich 170%, partiell in sehr begehrten Lagen sogar um über 300%. 2007 setzte auf Grund von Überteuerung und dadurch reduzierter Nachfrage eine Stagnation der Preise ein. Mit dem Ausbruch der weltweiten Finanz- und Wirtschaftskrise in 2008 kam es zu heftigen Preiseinbrüchen, die durch zahlreiche Zwangsversteigerungen verstärkt wurden. Diese Entwicklung wurde lange von der Immobilienbranche auf der Insel schön geredet, die bereits 2010 jeden Hoffnungsschimmer als Trendwende deutete. Tatsache ist, dass das Gros der Immobilien auf Mallorca auch in 2011 immer noch (viel) zu teuer angeboten wurde.

Man ist gut beraten ist, zunächst einmal ein Objekt zu mieten, bevor man tief in die Tasche greift oder sich gar hoch verschuldet und diesen Schritt vielleicht wenig später bitter bereut. Viele Anleger klagen in Mallorca-Internetforen auffällig oft über falsche Beratung oder eigene Blindheit beim Immobilienkauf auf der Insel. Nicht wenige haben sich damit schon finanziell ruiniert.

Apartmentkomplex an der Costa de la Calma – heute fast unbezahlbar

Grundsätzliches

Spontankäufe

Wenn Sie Mallorca gerade erst kennen gelernt haben oder noch wenig kennen, ist besondere Vorsicht und Umsicht angebracht. Lassen Sie sich nicht von der Sonne blenden und zu einem schnellen Entschluss verleiten, indem Sie das erstbeste Objekt erwerben, in das Sie sich verliebt haben. Einen spontanen Kauf werden Sie vielleicht bereuen, denn er kann Sie teuer zu stehen kommen. Treffen Sie Ihre Entscheidung nüchtern unter Abwägung aller Umstände, auch wenn es die Luft auf Mallorca bisweilen schwer macht, einen kühlen Kopf zu bewahren. Auf einen Monat mehr oder weniger kommt es meist nicht an. Wenn man es denn grundsätzlich bezahlen kann und will, gibt es auf Mallorca immer wieder fast alles zu kaufen, was das Herz begehrt. Dafür sorgt allein schon die Rotation der Objekte, ausgelöst durch den stetigen Weg- bzw. Zuzug von alten und neuen Mallorcaresidenten.

Anfängerfehler vermeiden

Jede Lage hat ihre Vor- und Nachteile. Wenn Sie ein geselliger Typ sind, sollten Sie nicht die Abgeschiedenheit wählen und umgekehrt. Und wenn Sie bauen wollen (wobei Grundstücke mit gültiger Baugenehmigung extrem rar und teuer geworden ist), sollten Sie ein Abenteurer-Typ sein mit starken Nerven.

Zu verkaufen: Wem es hier spontan gefällt, muss die Lage bedenken: 8 km zum nächsten Laden, sonst nichts in der Nähe und die laufenden Erhaltungskosten.

Auch die vor allem bei unerfahrenen Erstkäufern begehrte »1. Reihe am Meer« hat Nachteile. Unmittelbar am Wasser zu wohnen, mag einerseits attraktiv sein, aber andererseits ist es dort feucht und windig. Eine kühle Brise ist im Sommer zwar angenehm, doch vertragen Sie die auch im Winter? Mit dieser Lage ist außerdem immer ein höherer Erhaltungsaufwand verbunden, denn (salzhaltige) Feuchtigkeit und Wind setzen Gebäuden kräftig zu. Trotzdem sind Objekte in *primera linea* besonders teuer.

Prestigelagen

Wenn Sie sich unbedingt im Südwesten, etwa Port d`Andratx, ansiedeln wollen, müssen Sie in Kauf nehmen, dass Sie wegen des hohen Sozialprestige (Nachbarschaft zu Schauspieler X und TV-Moderator Y), den diese Lage inzwischen besitzt, glatt 50% mehr bezahlen als »eigentlich« angemessen wäre. Das gilt ähnlich auch für andere beliebte Regionen wie Pollença und Umgebung oder Bon Aire bei Alcudia. Da neues Bauland im Rahmen des schon 2004 verabschiedeten Raumordnungsplanes und einer eher ökologisch als ökonomisch ausgerichteten Politik kaum noch ausgewiesen wird, sollte man im Zweifelsfall lieber auf solide Bestandsimmobilien zurückgreifen.

Immobilienpreise Mallorca 2011

Durchschnittspreise für die jeweilige Kategorie, also für Objekte mittlerer Größe und mittlerer Ausstattung, drücken im Einzelfall wenig aus und sind leicht irreführend. Die Streuung um diese Mittelwerte ist zu groß, je nach Größe, Komfort und genauer Lage.

Top-Objekte erzielen vielfach noch höhere Preise, Abweichungen nach unten sind bei Vorliegen besonderer Faktoren (z.B. Mikrolage, Zustand etc.) immer möglich. Es stellt sich dann jedoch die Frage, warum ein Objekt günstiger ist als vergleichbare andere. Gesundes Misstrauen ist dabei immer angebracht.

Es empfiehlt sich generell, die von Verkäufern bzw. Maklern genannten Preise zunächst nur als Ausgangsangebot anzusehen. Durch geschicktes Verhandeln lassen sich manchmal um bis zu 20% niedrigere Preise realisieren.

Man sollte sich auf jeden Fall vor dem Kauf einen Überblick über die aktuelle Marktsituation verschaffen. Mit Hilfe des Internets ist dies heute bequem zu leisten. Aussagekräftiger als die Seiten der Immobilienmakler sind die Anzeigen in den oben gelisteten deutschen Printmedien Mallorcas. Vor allem im online frei zugänglichen *El Aviso* kann man sich hier leicht ein ungeschminktes Bild der Lage verschaffen, das häufig nicht unerheblich von der »offiziellen« Version des Immobilien-Gewerbes abweicht.

Kostenrechnung

Grundsätzlich gilt – und das sollte man sich vor einer Kaufentscheidung sehr klar vor Augen halten –, dass der Erwerb einer Wohnung und mehr noch eines frei stehenden Hauses auf Mallorca sich heute selbst auf bereits ermäßigtem Niveau nur in Ausnahmefällen kaufmännisch rechnen dürfte. Das liegt zum einen am auch nach deutschen Maßstäben sehr hohen Preisniveau, und zum anderen an den laufenden Nebenkosten, die regelmäßig als Steuern sowie für Betrieb und Erhalt des Objektes anfallen. Schon bei einer kleinen, relativ günstigen Wohnung um €200.000 (!) muss man (ohne Reparaturen) auf Mallorca mit mindestens €2.000 festen Nebenkosten pro Jahr rechnen, wovon ca. ein Drittel auf die Steuern entfällt. Die Verzinsung des eingesetzten Kapitals bzw. der Entgang von Zinsen im Vergleich zu einer Investition in anderen Anlagen »kostet« mindestens (!) weitere €6.000 jährlich. Diese Kosten fallen immer an, auch wenn das Objekt einen Großteil des Jahres leer steht (siehe Kasten Nebenkosten).

Vor einer Ferienvermietung sind im Übrigen sowohl kostspielige wie auch bürokratische Hürden zu überwinden. Mieteinnahmen müssen zudem versteuert werden.

Der Kauf einer Immobilie auf Mallorca ist daher heute in erster Linie eine Investition in Lebensqualität oder aber eine ziemlich risikobehaftete Spekulation auf wieder steigende Preise.

Immobilienpreise auf Mallorca: Entwicklung 2005–2010 (Stand Ende 2010)

Die angegebenen Preise sind Durchschnittswerte in €1000 bezogen auf das letzte Quartal des jeweiligen Jahres (**Spitzenlagen**).

Jahr	2005	2006	2007	2008	2009	2010
1 Zimmer	157	181	199	192	194	175
2 Zimmer	283	321	305	334	332	278
3 Zimmer	390	473	447	493	496	472
4 Zimmer	752	830	863	941	852	809
5 Zimmer	1053	1184	1120	1433	1402	1254

Quelle: http://de.kyero.com/

Diese Übersicht ist allerdings nur eine grobe Orientierungshilfe. Im Einzelfall können die Abweichungen von diesen Durchschnittswerten je nach Lage und Zustand des Objektes gravierend sein. Nach wie vor gilt, dass Objekte in Premium-Lage auch nach der Korrektur deutlich bessere Preise erzielen als Häuser oder Wohnungen in weniger attraktiven Umgebungen. In **2011** dürfte sich in vielen Bereichen der Preisrückgang zunächst fortgesetzt haben, auch wenn viele Makler bereits wieder eine gestiegene Nachfrage vor allem nach Top-Objekten sehen wollen.

Die Preise für Mallorca-Immobilien liegen insgesamt immer noch weit über denen in den meisten anderen Provinzen Spaniens!

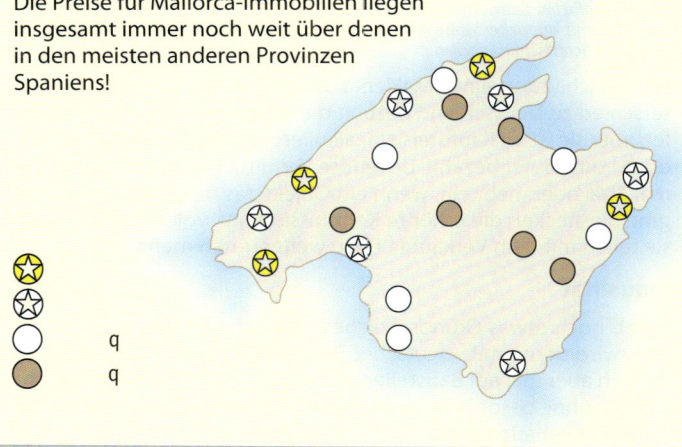

Die Maklerszene

Zu Spitzenzeiten sollen sich angeblich mindestens fünfhundert Maklerbüros und »Einzelkämpfer« auf der Insel mit Immobilien befasst haben, kein Wunder bei den hohen Provisionen. Ein einziges im ganzen Jahr vermitteltes Objekt kann leicht mehr als ein durchschnittliches Arbeitnehmereinkommen bringen.

Rohbau in einfacher Bauweise zu verkaufen – nichts mit doppelter Außenmauer, Isolation und Schallschluckdecken

Unter den Maklern gibt es dubiose »Schwarzarbeiter«, die lediglich ein Mobiltelefon besitzen, sich die Objekte von seriösen Kollegen »beschaffen« und – sobald sie einen Kunden an der Angel haben – die Kommission mit diesem Kollegen teilen. Bei derartigen Spezialisten haben Sie keine Garantie für eine korrekte Abwicklung, schon gar nicht auf Gewährleistung bezüglich zugesicherter Eigenschaften des Objekts, etwa dem Vorliegen einer Baugenehmigung für Erweiterungen. Es gibt andererseits genügend seriöse Makler, deren Hilfe Sie ohne Bedenken in Anspruch nehmen können und auch sollten.

Die Einschaltung eines Maklers kostet Courtage (5%-6%). Im Unterschied zu Deutschland bezahlt die in Spanien zwar der Verkäufer, aber sie ist im Kaufpreis einkalkuliert und wird deshalb letztlich doch vom Käufer bezahlt. Unseriöse Vermittler rechnen auch schon mal 10% oder mehr ein, wenn ein Objekt das möglicherweise hergibt. Sie stecken die erhöhte Kommission ggf. voll selbst ein, oder sie teilen mit dem Verkäufer. Dazu weiter unten mehr.

Bauqualität

Vorab noch etwas Grundsätzliches: Um hohe Preise zu rechtfertigen, wird gerne mit »deutscher Bauqualität« geworben. Schauen Sie sich aber mal auf Baustellen auf Mallorca um! Sie werden leicht – selbst ohne besondere Fachkenntnisse – feststellen können, dass derartige Behauptungen mit Vorsicht zu genießen sind.

Es gibt natürlich unterschiedliche Qualitäten, aber die spanischen Vorschriften sind generell weniger streng und die klimatischen Bedingungen ganz andere als in Mitteleuropa. Von »deutscher Bauqualität« kann daher so gut wie nie die Rede sein.

Vorinformation

Wenn Sie jemanden haben, der die Insel kennt, so beziehen Sie ihn schon bei der Informationsbeschaffung mit ein. Vielleicht besuchen Sie zuerst einmal einige Baustellen spanischer Promotoren, um zu sehen, welche Leistung Sie für welchen Preis erwarten können. Auch die Kleinanzeigen in spanischen Zeitungen und Anzeigenblättern sind von Interesse. Indessen sollte man dafür eigene Spanischkenntnisse besitzen oder sich die interessant scheinenden Annoncen übersetzen lassen. Durch erste Erkundungen dieser Art gewinnen Sie eine Übersicht über den Markt und ein Gefühl für das jeweils aktuelle Preis-/Leistung-Verhältnis.

Marktübersicht verschaffen

So gerüstet, sollten Sie zum *Mallorca Magazin*, dessen Anzeigenteil Spötter mit dem Untertitel versehen: »Wo Deutsche Deutsche über den Tisch ziehen«, und zur *Mallorca Zeitung* wie zum *El Aviso* greifen. Die Zahl der Immobilienangebote ist insbesondere im

Handarbeit bei der Restaurierung einer alten aus Naturstein gemauerten Finca wird schnell zum teuren Vergnügen, selbst wenn das Objekt zunächst preiswert erschien.

Mallorca Magazin enorm. Der weitaus größte Teil davon wird von Maklern geschaltet, auch wenn man das nicht in allen Fällen auf Anhieb erkennen kann. Ob alle Anbieter seriös sind, ist ebenfalls schwer zu beurteilen. Manche verstecken sich hinter einer Handy-Telefonnummer. Das sind nicht selten diejenigen, welche weder über Büro noch Lizenz verfügen, sondern nur über ein Mobiltelefon als einziger Geschäftsausstattung. Kommt es zum Vertrag, kassieren sie ihre Kommission (am liebsten in bar!) und verschwinden. Sie bieten weder Service noch Gewährleistung für ihre Arbeit, wie bereits weiter oben bemerkt.

Beim Lesen von Anzeigen werden Sie feststellen, dass viele deutsche Anbieter – entsprechend spanischer Gepflogenheit – keine oder kaum Angaben zur Größe der Objekte machen. Es heißt da z.B. nur: »Wunderbare Wohnung mit 3 SZ (Schlafzimmern), 3 Bädern en suite ...«. In vielen Fällen fehlt auch eine Preisangabe. Das hat den »Vorteil«, dass Sie nicht nachrechnen und Angebote vergleichen können. Denn Sie sollen nicht vergleichen, sondern – vom blumigen Text beeindruckt – erst einmal anrufen.

Nebenbei: wenn Sie doch Quadratmeter-Angaben lesen oder genannt bekommen, nehmen Sie die nicht so genau. Sie stimmen nämlich immer nur *mas ó menos* (mehr oder weniger); meistens ist es deutlich weniger als angegeben, was auch damit zusammenhängt, dass man in Spanien die Mauern mitrechnet.

Die Wohnfläche wird in Anzeigen also immer »brutto«, also von Außenwand zu Außenwand, manchmal inkl. Gemeinschaftsfläche wie Treppenfluren angegeben. Die »Netto-Wohnfläche« kann dadurch im Extremfall bis zu 25% niedriger ausfallen!

Wenn Sie es ganz genau wissen möchten, bleibt Ihnen nur das Nachmessen. Eine weitere spanische Gepflogenheit ist, Pläne nach Fertigstellung des Objektes einfach wegzuwerfen nach dem Motto: »Wen interessieren noch Pläne, wenn das Haus steht?« Bei Neubauten ist das natürlich anders, aber bei älteren Objekten werden Sie oft vergeblich nach Plänen fragen.

Maklerverhalten

Die großen Maklerfirmen (siehe rechts) brauchen sich nicht zu verstecken. Bei ihnen wissen Sie in der Regel, mit wem Sie es zu tun haben. Wenn Sie einen Makler mit der Suche nach einem geeigneten Objekt beauftragen, wählen Sie jemanden/eine Firma, der/die sich in Ihrer Wunschgegend und bei der von Ihnen angepeilten Immobilienart (Grundstück, Apartment, Villa) besonders gut auskennt. Mallorca ist zwar nicht groß, aber auch nicht so klein, dass jeder Vermittler in jedem Ort und auf jedem Gebiet gleich gut sein kann. Einige haben sich schon spezialisiert, wie z. B. *First Mallorca* auf den Südwesten.

Die Firmen *Kühn & Partner*, *Engel & Völkers* wie auch mehr und mehr *Minkner & Partner* sind mit einer ganzen Reihe von Büros in allen Ecken der Insel zu finden.

Weitere Infos unter:

www.minkner.com
www.firstmallorca.com
www.mallorcaimmoservice.com
www.kuhn-partner.com
www.engelvoelkers.com

Da Immobilienmakler ihre Angebote nur in wenigen Fällen exklusiv vertreten, rangeln oft mehrere Personen/Firmen um ein und dasselbe Objekt. Nicht wenige sind Trittbrettfahrer, die sich – wie erwähnt – Objekte aus Anzeigen »besorgen« und dann als »ihre

eigenen« anbieten. Solche »Makler« müssen vor einer Besichtigung noch »ganz dringend« telefonieren, weil sie die Schlüssel für das Haus/Apartment leider »vergessen« haben. Der Kollege, der dann die Schlüssel bringt (wenn er das Spiel nicht ablehnt), ist der eigentliche, vom Verkäufer beauftragte Makler.

Unseriös, aber vom Käufer kaum zu durchschauen, ist auch folgende vor allem bei steigenden Preisen beobachtete Arbeitsweise: Der Verkäufer fordert z.B. als Kaufpreis €600.000 inkl. einer Kommission von 5% (= €30.000!). Daraufhin bietet der Makler an, ggf. einen noch höheren Preis zu erzielen und dann den Mehrerlös zu teilen. Kann das Objekt dann tatsächlich für z.B. €650.000 verkauft werden, verdient der Vermittler weitere €25.000.

Seriöse *Intermediarios* beraten Sie fair und helfen Ihnen, ein Objekt zum günstigsten Preis zu bekommen, indem sie ggf. signalisieren, dass im Kaufpreis noch »Luft« ist. Sie machen auch keine unhaltbaren Versprechungen, etwa: »Auf diesem Grundstück dürfen Sie z. Zt. zwar keine 250 m^2 Wohnfläche errichten oder einen Anbau an die bereits bestehende Finca machen, aber wir kriegen das mit meinen Beziehungen schon hin«. Darauf hat sich schon mancher Käufer eingelassen. Wenn dann später Probleme mit der Genehmigung kommen, kann sich dieser Makler garantiert an nichts mehr erinnern.

API- oder GIPES-Registrierung

Eine Unterscheidung zwischen seriös und unseriös ist natürlich nicht leicht, aber in Grenzen möglich. Wenn Sie beim Gespräch mit einem Makler kein gutes Gefühl haben, fragen Sie ihn doch beiläufig einmal nach seiner Registrierungsnummer (die Registrierung bei API oder GIPES, den beiden spanischen Maklerkammern, weist den lizensierten Makler aus und entspricht als Markenzeichen dem deutschen VDM oder RDM).

Der seriöse Makler wird sie Ihnen ohne weiteres nennen, während der unseriöse Kollege versuchen wird auszuweichen (theoretisch sind alle Makler verpflichtet, die Nummer vor Beginn ernsthafter Verhandlungen unaufgefordert zu präsentieren). Die Kammern achten auf korrekte Arbeit ihrer Mitglieder und sind Anlaufstellen für die Kunden bei eventuellen Problemen. Aber die Zugehörigkeit ist natürlich keine Garantie, dass immer alles einwandfrei abläuft.

Besichtigungen

Besichtigungen werden wie überall auf der Welt von Vermittlern am liebsten so gelegt, dass die Lichtverhältnisse für das jeweilige Objekt möglichst günstig sind. Achten Sie daher auf die Himmelsrichtungen, um zu erkennen, ob und wann Wohnzimmer und/oder Garten im Schatten liegen. Unternehmen Sie unbedingt möglichst viele Besichtigungen, damit Sie Erfahrung sammeln. Am besten ist, Sie nehmen einen Freund oder spanischen Bekannten mit, der zudem »Ahnung« von Immobilien hat.

Lassen Sie sich in keinem Fall zum übereilten Vertragsschluss drängen durch Hinweise wie: »Da gibt es noch andere Interessenten, die (auch) so gut wie zum Kauf entschlossen sind«. Das stimmt nur in eher seltenen Fällen.

Komplettpreise von Bauträgern

Bauträger machen meist nur komplette Preisangaben; d.h., Haus und Grundstück werden zusammen angeboten. Sie können aber leicht nachrechnen, ob ein Preis in etwa angemessen ist, wenn Sie sich über die ungefähren Quadratmeterpreise einer Gegend informiert haben. Wenn Sie z.B. einen Grundstückspreis von 200€/m^2 zugrunde legen und Baukosten von z.B. 1800€/m^2 Wohnfläche ansetzen, so ergibt sich folgende Rechnung:

Grundstück 1.000 m^2 zu €200 = €200.000

200 m^2 Wohnfläche zu €1.800 = €360.000

Der angemessene Kaufpreis betrüge dann vielleicht €580.000 bis €700.000. Angeboten wird ein solches Haus fertig jedoch durchaus für €800.000 bis €900.000, speziell bei guter Lage mit Meerblick.

Checkliste für Immobilienkäufer

Bei der Besichtigung kommt es nicht nur darauf an, sich intensiv umzusehen, sondern auch die richtigen Fragen zu stellen:

- Wie viel Quadratmeter Wohn- und Nutzfläche hat die Wohnung bzw. das Haus?
- Wie viel davon sind Terrassen?
- Wie groß exakt ist das Grundstück?
- Gibt es Pläne? (für Lage und Raumaufteilung)
- Wie alt genau ist die Wohnung/das Haus?
- Was wurde wann erneuert?
- Welcher Wert steht in der *escritura* (im Grundbuch)?
- Bei Grundstücken: Darf überhaupt gebaut werden, wenn ja, wieviel Quadratmeter Wohnfläche maximal?
- Wo ist die Genehmigung dafür?
- Bei Musterhäusern: Welche Ausstattung ist inklusiv?
- Gibt es ein Leistungsverzeichnis?
- Bestehen Auflagen hinsichtlich des Baustils?
- Ist der Verkäufer eine Privatperson oder eine Gesellschaft?

Geben Sie sich dabei nicht mit ungenauen Angaben zufrieden (*mas ó menos* z. B. hinsichtlich der Quadratmeterzahl).

Selbst bauen?

Baugenehmigung

Grundsätzlich werden dank des Raumordnungsplanes von 2004 nur noch wenige neue Baugenehmigungen erteilt, speziell nicht im dicht besiedelten Südwesten. Es gibt allerdings noch Grundstücke mit Genehmigung, deren Preise wegen dieser Restriktion naturgemäß sehr hoch sind und wohl noch weiter steigen werden.

Wenn Sie nichtsdestoweniger unbedingt ein Haus nach Ihren eigenen Vorstellungen gestalten möchten und starke Nerven haben, dann ist das also immer noch möglich, wenngleich unter Umständen ein Unternehmen mit ungewissem Ausgang. Der wichtigste Rat dazu lautet: Finden Sie jemanden, der dieses Abenteuer mit Erfolg gemeistert hat, und lernen Sie aus seinen Erfahrungen.

Die Mindestgröße eines Grundstücks, auf dem ein neues Einfamilienhaus (üblicher Begriff hier: eine »Finca«) errichtet werden darf, beträgt außerhalb von Städten und Gemeinden 14.000 m², womit die Sache eigentlich bereits erledigt ist, denn die Grundstückspreise rangieren zwischen €150 und €500, im Extremfall bis zu €1000 pro m². Und wer kann es sich schon leisten, allein für das Grundstück mehrere Millionen Euro auszugeben?

Wenn Sie noch ein kleineres Grundstück mit alter Baugenehmigung in attraktiver Lage zu einem akzeptablen Preis (was unwahrscheinlich ist) ergattern, dann sollten Sie unbedingt die professionelle Hilfe einer *Gestoria* in Anspruch nehmen (siehe Seite 189ff). Architekt und Bauunternehmen sollten einen guten Ruf besitzen (Nebenbei: das Honorar für den Architekten und Bauleiter zusammen beträgt fest 11,3% der Gesamtbausumme).

Bei Baubeginn ist es üblich, 10% des im Kostenvoranschlag genannten Betrages zu zahlen, den Rest etappenweise dem Baufortschritt entsprechend in 3-6 Raten. Einen Restbetrag von ca. 5% bis – in begründeten Fällen – 10% sollte man zur Kompensation eventueller Baumängel vorläufig einbehalten.

Auf keinen Fall dürfen Sie sich darauf einlassen, »schwarz« zu bauen, im Vertrauen darauf, nicht erwischt zu werden. Die Zeiten eines gewissen »südländischen Schlendrians« sind (zumindest, was das Bauen angeht) auf Mallorca längst Vergangenheit. Im Extremfall droht Ihnen neben einem saftigen Bußgeld auch noch der Totalverlust Ihrer Immobilie!

Angesichts dieser widrigen Umstände ist der Rückgriff auf eine Bestandsimmobilie oder der Kauf eines fertigen Komplett-Objektes bei einem Bauträger meist die günstigere und sicherere Option.

Vorgehensweise beim Kauf einer Immobilie

Schwarzgeld erwünscht?

Rechnen Sie bei Immobiliengeschäften immer mit der Frage, was denn in »B« bezahlt werden könne. Mit »B« ist immer Bargeld gemeint, während »A« der offen ausgewiesene Betrag ist. Weil Grund und Boden einer Verkaufssteuer unterliegt, wird die Kaufsumme gerne unterverbrieft; d.h. mit einem Betrag ausgewiesen, der nur wenig über dem Katasterwert liegt. Dieses Spiel wiederholt sich von Verkauf zu Verkauf. Sie sollten darauf vorbereitet sein, da sich auch für Sie fast sicher die Frage stellt, ob Sie dabei mitspielen können bzw. wollen. Ist das der Fall, haben Sie gute Aussichten, den Kaufpreis zu drücken, besser zumindest als Kaufinteressenten ohne oder mit weniger »B«. Das Finanzamt »akzeptiert« einen Preis, der dem Katasterwert multipliziert mit 1,8 entspricht; darunter sollte man im Allgemeinen nicht gehen.

Die Hänge rund um Port d'Andratx sind mit Luxusimmobilien (zumindest preislich) zugepflastert. Dennoch oder vielleicht gerade deshalb gilt die Region nach wie vor als eine der besten und damit teuersten Lagen.

Plusvalia

Fragen Sie im Vorfeld eines Kaufs: »Wer zahlt die *Plusvalia*?« (Steuer auf den Mehrwert, normalerweise der Verkäufer, ist aber frei verhandelbar) und »Mit welchem Wert stehen Grundstück, Wohnung oder Haus in der *Escritura* (dem Grundbuch)?«

Verkäufer rücken mit dem Wert der *escritura* nur ungern heraus, denn er zeigt dem Käufer, welchen Gewinn der Verkäufer beim (Wieder-) Verkauf an Sie einstreicht, da im Gegensatz zu Deutschland der vorherige Kaufpreis eingetragen wird. Dabei bleibt allerdings der Anteil »B« aus dem vergangenen Geschäft im Dunkel. Ist »B« beim Folgeverkauf geringer, führt dies logischerweise zu einer höheren Steuer, die natürlich unerwünscht ist.

Der Kaufpreis

Beim Kauf eines Objekts wird immer gehandelt. Das Ganze nennt sich »Angebot und Gegenangebot« (*oferta y contraoferta*). Bevor Sie auf eine Kaufpreisforderung hin Ihr Gegengebot machen (möglichst schriftlich), sollten Sie – soweit möglich – den Makler auf Ihre Seite ziehen, damit er nichts verliert, wenn der Kaufpreis niedriger ist. Garantieren Sie dem Makler bei einer Forderung von z.B. €800.000 die 5% Kommission; also €40.000. Bieten Sie dem Verkäufer jetzt €600.000, verliert der Vermittler nichts, wenn Sie das Objekt am Ende für €650.000 bekommen. Sie sparen dabei aber €142.500, sofern der Verkäufer unter dem Einfluss »seines« Maklers einwilligt.

Nebenbei: Geben Sie dem Verkäufer beim Handeln (unter Zeugen) nicht die Hand; denn dadurch kommt – ggf. von Ihnen noch gar nicht gewollt – ein rechtskräftiger Vertrag zustande.

Der Kaufoptionsvertrag

Wenn Sie über den Kaufpreis und die Modalitäten seiner Bezahlung Einigkeit erzielt haben, dann können Sie jetzt zum Abschluss eines Kaufoptionsvertrages schreiten. Sinn eines solchen Vertrages ist es, das Objekt für den Käufer zu sichern. Dafür zahlen Sie 10% an und legen den Termin fest, bis wann der Rest fällig ist. Sollten Sie es sich bis dahin anders überlegen, verlieren Sie die Anzahlung; verkauft der Eigentümer an einen anderen (weil der ihm mehr bietet), so muss er Ihnen das Doppelte der Anzahlung zurückzahlen.

Der Kaufoptionsvertrag ist ein privatrechtlicher Vertrag, den Sie unmittelbar mit dem Verkäufer abschließen können. Besser ist es, auch dabei bereits einen Anwalt einzuschalten. Das Honorar für diesen (ca. 1% des Kaufpreises, jedoch prinzipiell verhandelbar) ist gut angelegt, könnten Sie doch sonst ein Objekt erwerben, das dem Verkäufer gar nicht gehört oder das er schon einmal verkauft hat. Normalerweise wird die Anzahlung auf ein Anderkonto des Anwalts überwiesen (Vorsicht, wenn man fordert, das Geld direkt dem Verkäufer auszuzahlen!).

Aufgaben des Anwalts

Der Anwalt prüft dann in der Folge, ob der Verkäufer tatsächlich der Eigentümer ist, ob *embargos* (Belastungen wie Bankpfändungen oder unbezahlte Steuern) auf dem Objekt ruhen. Die würden Sie nämlich mitkaufen. Aufgabe des Anwalts ist es wie bei uns, u.a. dafür zu sorgen, dass der Käufer das Grundstück/Apartment/Haus belastungsfrei erwirbt.

Wenn Sie kein oder nur wenig Spanisch sprechen, sollten Sie unbedingt einen Anwalt nehmen, der Deutsch spricht und sich bei Immobiliengeschäften auskennt, z.B. *Jaime Lamas* (Carrer Sindicat 69 in Palma, ℂ 971 720202, www.bufetejaimelamas.com).

Schon lange Jahre auf Mallorca tätig ist auch der deutsche Anwalt *Günter Menth*
Plaça d´es Cos 8-3° in Manacor,
ℂ 971 55 93 77, www.copp-menth.de.

Tipp: Immobilien-Schutzvereine

Erwägenswert ist auch, vor dem Immobilienkauf einer der sog. »Schutzgemeinschaften« für Immobilienbesitzer im Ausland beizutreten. Diese stehen ihren Mitgliedern mit Rat und Tat zur Seite und gewähren u.a. Rechtsbeistand. Sie verstehen sich als unabhängige Kämpfer »gegen Abzocker, Fiskus und Dunkelmänner«:
www.dsa-ev.de
Deutsche Schutzvereinigung Auslandsimmobilien e.V.
Der Jahresbeitrag beträgt zur Zeit €165.

www.schutzgemeinschaft-ev.de
Deutsche und Schweizerische Schutzgemeinschaft
für Auslandsgrundbesitz e.V.; Jahresbeitrag zur Zeit €240

Alles über Immobilien

Auf dieser Website findet man u.a. detaillierte Informationen zum spanischen Immobilienrecht und den Erwerb bzw. Verkauf einer Immobilie auf Mallorca.

Eine Auflistung weiterer Rechtsanwälte und Notare auf Mallorca steht unter der Adresse:

www.mallorcadirekt.net/Dienstleistungen/
Rechtsanwalt_Notar/index.html

Kaufen über eine Gesellschaft?

Ein erfahrener Anwalt oder Steuerberater kann Sie auch umfassend beraten, ob sich in Ihrem Falle der Kauf einer Immobilie über eine Gesellschaft empfiehlt. Das kann nicht nur steuerliche Vorteile – vor allem im Erbschaftsfall – haben, sondern der Kauf lässt sich auch anonym gestalten, wenn ein Treuhänder als Gesellschafter auftritt. Die Gründung einer spanischen GmbH (SL = *sociedad limitada*) ist relativ einfach und geht rasch; als Stammkapital brauchen Sie lediglich ca. €3.000. Hier auf weitere Details einzugehen, würde allerdings den Rahmen dieses Buches sprengen.

Kaufvertrag und Zahlung: alles zusammen

Nach rund vier Wochen hat der Anwalt alles geprüft und gibt bei positivem Ausfall grünes Licht zum Abschluss des eigentlichen Kaufvertrages, den er inzwischen ebenfalls erstellt hat. Dann können Sie beruhigt einen Notartermin vereinbaren, um den Kauf endgültig zu besiegeln.

Sie haben die bankbestätigten Schecks (und nur solche!) dabei – in der Stückelung, wie Sie Ihnen der Verkäufer vorher aufgegeben hat – und (ggf.) den Teil »B« des Kaufpreises in bar (und nur so!). Der Notar wird nun als erstes mit den Parteien nochmals offen darüber sprechen, welche Summe denn in die *escritura* aufgenommen werden soll. Dabei wird er möglicherweise darauf hinweisen, dass der »B«-Anteil zu hoch angesetzt sei und dann eine entsprechende Empfehlung geben (bis zu 30% sind durchaus üblich).

Der zweite sehr wichtige Punkt ist der Grundbuchauszug des bisherigen Besitzers. Der muss quasi noch »warm«, d.h. nicht älter als 24 Stunden sein, um den Verkäufer als rechtmäßigen Eigentümer auszuweisen und damit sicherzustellen, dass er das Objekt nicht zum zweiten Mal verkauft (ist schon vorgekommen, wenn der Notar nicht auf die »Frische« der *escritura* geachtet hat).

Beim Notar können auch noch zwei Bankenvertreter mit am Tisch sitzen. Während der eine seinen Scheck erhält für die Löschung einer bestehenden Hypothek, gibt der andere ggf. einen Scheck gegen Eintragung einer neuen Hypothek. Alles erfolgt gleichzeitig: die Prüfung der Schecks, die Unterschriftsleistung der Parteien, die Erstellung der neuen *escritura* – und notfalls die Zählung und Zahlung des Bargeldes. Ein spanischer Notar wird dabei nicht rot.

Finanzierung

Bei Finanzierungen durch eine Sparkasse oder Bank auf Mallorca liegt der Beleihungswert von Immobilien zwischen 50% und 80% des offiziellen Kaufpreises.

Über Fallstricke und verschieden Möglichkeiten der Immobilien-Finanzierung in Spanien informiert z. B. www.finanzkontor.es.

Unter dem Namen »*Casa Europa*« offeriert die LBS einen kompletten Finanzierungsservice: Finanzierung mit LBS oder Sparkasse, reibungslose Finanzierungsabwicklung durch Kooperationspartner im jeweiligen Land, Objektbewertung, Prüfung des Grundbuchs, Hinweise für die Vertragsgestaltung sowie weitere länderspezifische Serviceleistungen.« Mehr dazu unter:

www.lbs.de/ht/immobilien/auslandsservice/casa-europa

Steuern, die beim Kauf oder Verkauf einer Immobilie fällig werden:

Verkauf: Pauschal 19% auf den Gewinn.

Privater Kauf: Grunderwerbssteuer: 7%; gewerblich: 18%, bei Kauf von einem Bauträger: 8%.

Grundsteuer je nach Gemeinde 0,45% - 0,95% jährlich plus 0,5% Nutzungswert-Steuer.

Infrastruktur vorhanden –
jetzt fehlen nur noch die Häuser

Mein Mallorca (II)

von Elke Menzel

Tja, wie soll ich nur anfangen – was bedeutet für mich diese Insel im Mittelmeer, deren Schönheit und Charme nicht unbedingt mehr auf den ersten Blick zu erkennen sind, und die ich alljährlich mit Millionen Urlaubern teilen muss?

Was ist für mich so reizvoll, einen Teil des Jahres auf Mallorca zu leben? Soll ich alle Klischees bedienen? Ich werde wohl nicht ganz darum herumkommen.

Natürlich schätze ich die Menschen, diese Inselbewohner mit ihrer freundlichen Zurückhaltung, ihrer Skepsis, aber auch ihrer offenkundigen Toleranz. Mir gefällt ihre Haltung, nicht zu leben, um zu arbeiten, sondern zu arbeiten, um zu leben. Mir gefällt ihre Unaufgeregtheit, die langsamere Gangart.

Was mich besonders reizt, ist nicht Perfektion, sondern Unvollkommenheit, Improvisation, sind die Brüche, die das Besondere erst ins rechte Licht rücken lassen.

Dies alles ist »mein« Mallorca:

Im **Januar** kann ich nicht genug vom leuchtend grellgelb blühenden Sauerklee bekommen, die ganze Insel ist voll davon – es ist, als ob die Sonne direkt aus den Feldern heraus scheint.

Nur in meinem Garten wäre es mir lieber, wenn sie, wie üblich, nur vom Himmel scheinen würde.

Ich mag auch den Rauch von tausend Holzfeuern, der langsam den feuchten Muffgeruch aus den Häusern mit sich trägt. Und lange Spaziergänge an leeren Stränden.

Und ich liebe die Umzüge der Heiligen Drei Könige am Abend des 5. Januar!

Der **Februar** bringt Kälte und Mandelblütenschnee, manchmal sogar für ein paar Stunden echte weiße Pracht, die dann nur leider die Spitzen und Blüten meiner Kakteen erfrieren lässt. Auf den Straßen wird es dann gefährlich, weil niemand Winterreifen hat.

Im **März** liegt Zitronenblütenaroma in der Luft und in meinem Garten blühen süß duftend die Freesien. Junge Lämmer blöken kläglich nach ihren Müttern und toben steifbeinig über saftgrüne Wiesen.

Bodennebel verschluckt an manchen Tagen die ganze Insel, sodass die Flugzeuge weder starten noch landen können.

Das Unkraut hat im **April** seine Maximalhöhe erreicht und zwingt mich im Garten tagelang in die Knie; auf den angrenzenden Feldern sind die blühenden Wildkräuter aber eine Augenweide! Mallorca lockt mit verführerischem Klatschmohnrot. Eine Etage höher feuern die Granatapfelblüten aus allen Zweigen. Die Osterfeiertage versinken häufig in kaltem Regen.

Unbeschreiblich schön ist der **Mai**, der *mes de las flores*. Die ganze Insel ist ein einziges vielfarbiges Blütenmeer, nur übertroffen von quietschbunten Radfahrerpulks, die sogar asphaltgraue Landstraßen beleben; die Nachtigall bezieht wieder ihren Posten im wilden Olivenbaum und flötet unverschämt laut in meine Träume; der erste Tanz der Fledermäuse im Dämmerlicht kündet vom nahen Sommer und von Wespenplagen.

Schafsglockengebimmel und nächtliche Schreivogelrufe läuten den **Juni** ein.

Wieder geschlossene Persiannas zeugen von Intimität, verhindern Blicke in private Räume und Innenhöfe, lassen Fremde draußen bleiben.

Die Natur geht allmählich in einen ockergelben Sommerschlaf.

Mandelblüte auf Mallorca

Der **Juli** bringt erste Hitzewellen und braunen klebrigen Staub von trockenen Feldern, der alles überzieht und Hausfrauen, Kellner und Möbelverkäufer täglich ärgert. Und er bringt Ameiseninvasionen, die die Küche überfallen, obwohl eigentlich wirklich alles krümel-frei ist und nichts Essbares mehr herumsteht! Sie bringen mich regelmäßig um den letzten Rest Selbstbeherrschung.

Der Juli duftet nach Oleander, Jasmin und ersten reifen Feigen, nach Sonnenöl, nach Meersalz und gebratenen Heringen, nach Knoblauch und Schweiß, nach Sickergrube und Insektenspray!

Mit dem Juli kommen die ausgelassenen Sommerfeste in die Dör-fer, die spektakulären Feuerwerke um Mitternacht und die nächt-lichen Mopedrennen durch stille Straßen.

August bedeutet flirrende Hitze und nur vormittags geöffnete Dorfläden; bedeutet Schwierigkeiten, einen Handwerker zu be-kommen, den man dringend bräuchte; bedeutet volle Strände, weil auch die Festlandspanier Urlaub haben.

August heißt Trägheit; jede Anstrengung, die nicht unbedingt not-wendig ist, wird vermieden. Morgen oder übermorgen vielleicht – *mañana*-Mentalität auch bei uns.

August heißt hochkarätige Sommerkonzerte in Klöstern und Ere-mitagen, heißt nächtliche einlullende oder, je nach Mentalität, nervtötende Zikadengesänge, sind sehr späte Nachtmahle bei ein-heimischen Freunden, ist Discolärm, den der Wind vom Sportplatz herüberträgt, wenn man gerade die laue Sommernacht genießt.

August heißt, in den samtschwarzen diamantbestickten Himmel zu blicken und Sternschnuppen zu zählen – und Mückenstiche!

Im **September** kommt endlich der langersehnte Regen, die *gota fría*, der kalte Tropfen, der die Luft und die Natur reinigt, die dicke Staubschicht abwäscht – und klares Poolwasser in eine trübe bräunliche Brühe verwandelt!

Im September werden Johannisbrot und Mandeln geerntet und Kaktusfrüchte zu Marmelade verarbeitet. Ratten und Mäuse flitzen in der Dämmerung über die Terrasse und nachts durchs Dach.

Der **Oktober** riecht nach Spanferkel aus dem eigenen Steinofen, nach puderzuckersüßen *oreanes*, die es auf den herbstlichen Hand-werkermessen gibt, nach aufgewühltem Meer – und nach Besuch! Man kann wieder Golf spielen und in den Bergen wandern!

Der **November** steht für Ruhe auf Mallorca. Ruhe kehrt in den Dörfern und auf den Märkten ein, selbst in Palma wird es ruhiger. Die meisten Hotels sind geschlossen, kaum ein Tourist auf der Insel.

Dafür hat man Zeit für die Toten: an Allerheiligen und Allerseelen verwandeln sich die Friedhöfe in Blumenmeere, alle Gräber sind überbordend geschmückt. In steinernen Grüften liegen die Verstorbenen ameisensicher einzementiert.

Auch die Natur hält Ruhe: die Ernten sind eingebracht, es gibt wenig zu tun, sogar der Wind schläft meistens.

Ach, doch – hin und wieder hört man durchdringendes lautes Quieken, wie in Todesangst: November ist Schweineschlachtzeit, *Sobrasada*machzeit, *Frito*brutzelzeit!

Danach ist wieder Ruhe!

Wie der **Dezember** auf Mallorca ist, weiß ich nicht wirklich – da bin ich nie da. Ein paar Mal nur haben wir Weihnachten auf der Insel gefeiert. Da war es warm und sonnig, die ganze Insel frisch und grün und frühlingshaft.

Wunderschön, die reifen Orangen im dunklen Laub!

Überall geschäftiges Treiben wegen der kommenden Feiertage und vor allem dem Jahreswechsel, der von den Einheimischen gerne festlich und außer Haus gefeiert wird.

Weihnachtliche Stimmung – Fehlanzeige. Aber überall inzwischen Lichterketten, Glitzerkram, fassadenkletternde Weihnachtsmänner und bunt geschmückte künstliche Tannenbäume in den Wohnzimmern der Mallorquiner! Und seit ein paar Jahren zweimal Bescherung: an Weihnachten und traditionell am 6. Januar!

Den Heiligen Männern aus dem Morgenland gefällt das überhaupt nicht! Und mir auch nicht!

Elke Menzel aus Hamburg besitzt mit ihrem Mann eine Finca bei Santanyi an der Südostküste Mallorcas.

Sie ist Autorin von zwei Titeln der Edition Reise Know-How: »Eine Finca auf Mallorca« und »Mallorca mit Leib und Seele« (zur Zeit vergriffen).

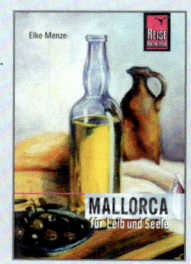
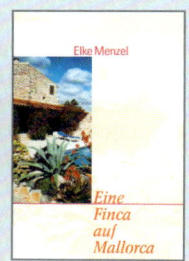

Auf Mallorca Arbeit suchen oder sich selbständig machen

Situation für Arbeitnehmer

Wer mit dem Gedanken spielt, auf Mallorca einen Job zu suchen, und glaubt, dort müsse es in Anbetracht des hohen Anteils der Deutschen am Tourismus und bei den Residenten doch in vielen Berufssparten reichlich Stellen für Deutsche geben, irrt. Möglichkeiten bestehen im Bereich Gästebetreuung/Hotellerie/Gastronomie natürlich im Prinzip reichlich, aber darüber hinaus ist das Stellenangebot eher gering. Das liegt u.a. daran, dass deutsche Firmen außerhalb der unmittelbar mit dem Tourismus verbundenen Sparten überwiegend in Bereichen tätig sind, in denen relativ wenige Mitarbeiter benötigt werden. Und die sind im Wesentlichen bereits da. Spanische Firmen kommen als Arbeitgeber nur in Frage für Leute, die gut Spanisch sprechen und ggf. auch schreiben können.

Auf Mallorca sind etwa 12.000 Deutsche offiziell sozialversichert gemeldet, davon arbeitet ca. die Hälfte im Tourismussektor, gefolgt vom Immobilienbereich, dem Einzelhandel, dem Transportwesen und der Bauwirtschaft. Auffällig ist dabei, dass die Zahl der Selbständigen größer ist als die der abhängig Beschäftigten.

Für eine gründliche Vorinformation zusätzlich zu den folgenden Ausführungen und ggf. auch bereits für in Frage kommende Jobs empfiehlt sich u.a. das Portal der Bundesanstalt für Arbeit

www.ba-auslandsvermittlung.de;

dort klickt man auf die kleine spanische Flagge oben.

Danach geht es weiter auf Schaltflächen für Detailinformationen (sehr informativ unter dem Stichwort »Arbeiten«) und Spezialinteressen, ggf. auch zu konkreten Jobangeboten.

Stellenanzeigen, -gesuche

Wer sich die Mühe macht, die Stellenanzeigen im *Mallorca Magazin* und in der *Mallorca Zeitung* sowie im *El Aviso* zu studieren, wird feststellen, dass viele Arbeit suchen, aber nur wenig angeboten wird, was einen halbwegs seriösen Eindruck macht. Daran hat sich über die Jahre wenig geändert.

Bei Formulierungen wie »Verkaufsprofis gesucht« oder »Neue Berufe – Neue Chancen« sollten die Alarmglocken läuten. Aus solchen Versprechen wird sich selten eine solide Anstellung ergeben.

Andererseits sind Arbeitsgesuche mit diffusen Textzeilen wie z.B. »Suche Arbeit aller Art« oder »Suche Nebenjob, Branche egal« auch wenig erfolgsversprechend. Und der berühmt-berüchtigte »Allrounder« wird es sogar noch schwerer haben als jemand, der sich als »Gärtner, Maurer und Maler« zugleich anpreist.

Als Grundregel gilt: Sofern Sie eine Stellenanzeige aufgeben bzw. auf ein Angebot antworten, bringen Sie Ihre Qualifikation und die Positionen, die Sie konkret und nachweisbar ausfüllen könnten – und nur die – klar zum Ausdruck. Gut, wenn Sie das auch konkret durch Zertifikate oder andere Belege nachweisen können.

Spanisch unabdingbar

Um auf Mallorca eine Arbeit zu finden, reicht es nicht, dass Sie »*buenos dias*« und »*gracias*« sagen können. Angaben in Stellengesuchen wie »Grundkenntnisse in Spanisch« oder »Mache gerade Spanischkurs« sind als Qualifikationshinweis unzureichend. Viele Bewerber sagen ziemlich unbekümmert: »Auf Mallorca lerne ich schon Spanisch«, was vielleicht richtig ist. Aber selbst die meisten als Arbeitgeber in Frage kommenden deutschen Firmen erwarten von angehenden Mitarbeitern durchweg, dass sie sich auf Spanisch verständigen können – und zwar bereits, wenn sie antreten. Darüber hinaus sollten Sie heutzutage im Umgang mit dem Computer und dem Internet versiert sein, wenn Sie einen Bürojob anstreben. Das ist auf Mallorca nicht anders als in Deutschland.

Bevor Sie also auf die Insel reisen in der Absicht, dort zu arbeiten, lernen Sie so engagiert wie mögl ch Spanisch! Je nach Intensität Ihrer Bemühungen werden Sie dafür mindestens sechs Monate, leicht aber viel länger benötigen, es sei denn, Sie sind noch relativ jung, darüber hinaus ein Sprachentalent oder können sich drei Stunden täglich einen Privatlehrer leisten.

Auf jeden Fall sollten Sie in der Lage sein, sich in allen Lebenslagen verständlich zu machen und eine einfache Konversation zu führen. Je besser Ihr Spanisch, desto größer sind Ihre Chancen am Arbeitsmarkt! Wer sich darüber hinaus auf das Abenteuer, Katalanisch zu lernen, einlässt und dies mit Ausdauer halbwegs erfolgreich besteht, dem stehen auf Mallorca viele Türen offen!

Eine Liste von Sprachschulen, in denen Sie auf Mallorca Ihre Spanischgrundkenntnisse systematisch ausbauen können, finden Sie auf Seite 115.

Und ohne Spanisch?

Von der Regel, dass eine Stellensuche besser mit Spanischkenntnissen läuft, gibt es eine bescheidene Ausnahme: sie bezieht sich auf Jobs in Restaurants z. B. an der Playa de Palma, in Peguera, Cala Rajada u.a., die unter deutscher Leitung stehen, nur deutsche Mitarbeiter beschäftigen und im Wesentlichen deutsche Gäste haben. Diese Betriebe benötigen aber nur in der Saison schlecht bezahlte Arbeitskräfte zum Schleppen von Speisen und Getränken. Nach 6-7 Monaten Arbeit mit zwölf oder mehr Stunden täglich, an sieben Tagen in der Woche, sehr häufig »schwarz«, steht deren Personal wieder auf der Straße. Wer dann immer noch kein Spanisch kann, findet so leicht nichts Neues – bis zur nächsten Saison.

Auf einer Yacht anheuern, um Chartergäste zu betreuen, und dabei rund um die Balearen schippern – solche Jobs gibt es tatsächlich, aber nur für Leute mit Segelerfahrung (am besten C-Schein), weiteren Kenntnissen und Referenzen.

Arbeit suchen – Arbeit finden

Wenn Sie versuchen, Arbeit auf Mallorca von Deutschland aus zu finden, vergeht mit Anrufen, Bewerben, Vorstellen zu viel Zeit, zumal die Stellen oft schnell besetzt werden. Ausnahmen bestätigen diese Regel, wenn z.B. ein Zahntechniker mit Spezialkenntnissen gesucht wird, den es kaum auf Mallorca gibt. In solchen Fällen wird auch in Deutschland inseriert.

Am besten ist es, sich ein paar Wochen Zeit zu nehmen und sich auf Mallorca in Ruhe umzusehen und schnell zu handeln, sollte sich tatsächlich eine Chance bieten. Die Aussichten sind aber in den letzten Jahren nicht gerade rosig gewesen. Lag die Arbeitslosenquote vor der Finanzkrise noch bei ca. 4%, verharrte sie in der Hauptsaison 2011 bei ca. 14% und dürfte im letzten Quartal nach Saisonende wie 2010 wieder auf über 20%. Es wurden zwar neue Jobs geschaffen, die Nachfrage überstieg das Angebot jedoch bei weitem.

Auch in Spanien gewinnt das **Internet** bei der Arbeitsvermittlung immer mehr an Bedeutung. Für Bewerber mit exzellenten Spanischkenntnissen lohnt ein intensiver Blick auf die Seiten des spanischen Arbeitsamtes unter www.sepe.es.

Man kann sich auch beim balearischen Arbeitsamt registrieren lassen und bekommt im Glücksfall einen Anruf mit passender Offerte.

Das Arbeitsamt SOIB ist mit acht Zweigstellen auf Mallorca vertreten. Drei von ihnen befinden sich in **Palma**:

- Carrer Miquel Marquès 13, ℂ 971 770975
- Carrer Jordi Villalonga i Velasco 2 ℂ 971 469151
- Carrer Mateu Enric Lladó, ℂ 971-728625
- **Magaluf** (zuständig für Calvià, Ardratx, Banyalbufar)
  Camí Sa Porrassa 6, 07182 Magaluf (Calvià), ℂ 971 132182
- **Felanitx** (Felanitx, Porreres, Ses Salines, Santanyí)
  Sant Agustí 13, 07200 Felanitx, ℂ 971 580958
- **Inca** (u.a. Inca, Costitx, Llubí, Sineu, Selva, Sencelles)
  Avinguda des Raiguer 99, 07300 Inca, ℂ 971 881103
- **Alcúdia** (Alcúdia, Muro, Sa Pobla, Pollença, Santa Margalida)
  Teodor Canet 31, 07410 Alcúdia, ℂ 971 549398
- **Manacor** (Manacor, Capdepera, Artà, Sant Llorenç, Son Servera),
  Jaume II 26-1r, 07500 Manacor, ℂ 971 553397

Quelle: MallorcaZeitung.es

Mallorca Jobbörsen im Internet

Seriöse Jobbörsen für Arbeitssuchende und Jobanbieter mit Standort Mallorca gibt es nur wenige im Netz. Oft liegt es daran, dass anfänglich ambitionierte Projekte zu wenig frequentiert werden und dann auch noch zu wenige brauchbare Angebote enthalten. Darüber hinaus hapert es meist mit der Aktualität. Eine Jobofferte, die vor Monaten in das betreffende Portal gestellt wurde, ist entweder längst vergeben oder – wenn nicht – vermutlich unseriös.

Websites, die sich auf die Vermittlung von »Callagenten«, »Heimarbeit« und »Ticketverkauf« etc. spezialisiert haben, sind mit äußerster Vorsicht zu genießen. Auch wenn es pauschal heißt, dass »Arbeit und Unterkunft auf Mallorca« zu vergeben sei, sollten die Alarmglocken läuten. Dahinter stecken meist Abzocker, die es auf schlichte Gemüter abgesehen haben und sie skrupellos ausbeuten.

Hier einige einschlägig aktive Portale:

www.mallorcars.de/

umfangreiche, neu gestalte Jobbörse des Inselradios. Anzeigen nach fünf Kategorien geordnet. (Bürowesen, Gastronomie, Gesundheitswesen, Handwerker, Hilfstätigkeiten). Kostenlose Registrierung notwendig. Premium-Anzeigen gegen Gebühr. Hilfreiche Tipps für effektive Anzeigen.

www.computrabajo.es/

Jobbörse auf Spanisch für ganz Spanien, aber auch mit vielen aktuellen Mallorca-Angeboten und -Gesuchen.

www.mallorcajob.info/

Portal mit vielen Angeboten, auch in etwas problematischen Promotionsjobs (»Ticketeros«) oder im Telefonmarketing.

www.mallorcaexperten.de/leben-und-arbeiten/jobs-auf-mallorca

Viele Angebote unterschiedlichster Art; außerdem einleitend allgemeine Informationen zur Jobsuche auf Mallorca.

http://jobkontakte-mallorca.com

Vermittlung von Stellen im »gehobenen Bereich«, keine expliziten Angebote im Internet. Wer über eine überdurchschnittliche Qualifikation verfügt, d.h. eine abgeschlossene Berufsausbildung mit Erfahrung und Referenzen, und neben Deutsch auch Englisch und Spanisch beherrscht, sollte hier Kontakt aufnehmen.

http://reisebuch.de/mallorca/service/mallorca_jobs.html

Jobbörse von reisebuch.de in Zusammenarbeit mit mallorca-blog.de. Kostenlose Anzeigen für Stellengesuche und -angebote, gegliedert nach den gängigen Kategorien.

Das Jobportal der EU »Eures« ist ebenfalls eine gute Adresse für Informationen und Jobangebote:

http://ec.europa.eu/eures/home.jsp?lang=de

Inserate in den deutschen Printmedien auf Mallorca

Selbst inserieren in den Printmedien bringt erfahrungsgemäß wenig, kann aber nicht schaden, wenn sich der Kostenaufwand in Grenzen hält. Private Gratisanzeigen kann man im *El Aviso* und in der Mallorca-Zeitung aufgeben, ebenso auf den entsprechenden Websites. Anzeigen im Mallorca Magazin dagegen sind immer kostenpflichtig (pro Wort €0,76).

Zeitarbeit

Als weitere Möglichkeit bieten sich die **empresas de trabajo temporal** an, deren Adressen Sie in den Gelben Seiten des Telefonbuchs von Palma finden. Die Zeitarbeitsfirmen (*Adecco*, *Manpower* oder *Randstad*) achten von sich aus darauf, dass bei den Arbeitsverträgen alles in Übereinstimmung mit den spanischen Gesetzen läuft, so etwa die Anmeldung bei der Sozialversicherung. Beziehen Sie diese Firmen also durchaus auch in Ihre Suche ein. Vielleicht engagiert Sie ein »temporärer Arbeitgeber« am Ende fest.

Zeitarbeitsfirmen in Spanien sind

www.adecco.es

www.manpower.es

www.randstad.es

Den Dachverband der spanischen Zeitarbeitsfirmen findet man unter www.aett.es. Von dort aus kann man sich zu den Einzelfirmen durchklicken.

Menschliche Statuen an Brennpunkten des Tourismus haben mitunter ganz ordentliche Tageseinnahmen, sind aber sicher kein Job für jeden

Bezahlung

Gute Chancen, etwas zu finden, haben Sie aber nur, wenn sich Ihre Gehaltsansprüche in Grenzen halten. Der finanzielle Rahmen ist deutlich enger als bei uns.

Das höchste Jahresgehalt etwa im öffentlichen Dienst Mallorcas bezieht der neue Bürgermeister der reichsten Gemeinde der Insel und zugleich Spaniens, Calvia (mit den Touristenorten des Südwestens von Palma Nova über Peguera und Port d'Andratx bis Sant Elm). Er kassiert seit 2011 €73.000 pro Jahr. Der Ministerpräsident der Balearen bringt es auf nur rund €65.000 brutto, und der Bürgermeister der Großstadt Palma verdient ca. €61.000/Jahr.

In der Gastronomie kommt Servicepersonal ohne Überstunden und Trinkgeld selten über ca. €1.500 brutto monatlich. Bürokräfte mit mittlerer Qualifikation (Bürokaufmann, Sekretärin etc.) und Facharbeiter werden in der Größenordnung von €1.500 bis maximal €2.500 brutto entlohnt; Ingenieure erhalten ab €3.000.

Das **Durchschnittsbruttoeinkommen** der Arbeitnehmer beträgt auf Mallorca pro Jahr nur **etwa €22.000**. Löhne und Gehälter in Spanien fallen also deutlich niedriger aus als in Deutschland, wo das durchschnittliche Bruttojahreseinkommen aller Vollzeitbeschäftigten in 2010 ca. €42.000 betrug (mit sehr starken branchenabhängigen und regionalen Schwankungen). Dabei ist indessen anzumerken, dass die Abzüge für Steuern und Sozialversicherung im Schnitt in Spanien geringer sind als in Deutschland (schon bei Jahreseinkommen von z.B. €30.000 betragen die ca. 33%).

In Spanien gibt es seit langem einen gesetzlich festgelegten Mindestlohn, dessen Höhe je nach Branche jährlich an die Gehalts- und Inflationsentwicklung im Lande angepasst wird. In 2010 lag die Untergrenze für Vollzeitbeschäftigte über 18 Jahre im Durchschnitt aller Arbeitsbereiche bei ganzen €624/Monat (= €8.736/Jahr bei 14 Gehältern, siehe unten). Der minimale Stundenlohn beträgt €4,89.

Neben zwölf Gehaltszahlungen jeweils am Monatsende sind für die verschiedenen Branchen oft zwei zusätzliche Gehaltszahlungen pro Jahr vereinbart (enthalten in den Jahresangaben oben), eine zu Ostern oder im Juli und eine zu Weihnachten. Nicht jeder Arbeitgeber allerdings hält sich an diese 14xGehalt-Regelung und verlangt von seinen Mitarbeitern, dass sie den Ausfall der Sondergehälter stillschweigend akzeptieren.

Netto-Monatsgehälter auf Mallorca

Einige Beispiele

Rezeptionist im Hotel	€1200
Kellner (ungelernt)	€1000-€1600
Kellner (gelernt)	€1600-€1900 (nur Einzelfälle mehr)
Tellerwäscher	ab €600 (plus ggf. Logis/Verpflegung)
Polizist	€1300 (unterste Besoldungsstufe)
Sekretärin	€1400
Facharbeiter	€1400
Ingenieur	€2500
Geschäftsführer	€9000 (mittlere Unternehmensgröße)
Tagelöhner (illegal)	€500-€800 (bei €3-€5/Stunde)

Quellen: www.ba-auslandsvermittlung.de; mallorcazeitung.es

Ganz allgemein kann man sagen, dass in Deutschland – in Abhängigkeit von Branche und Qualifikation – die Monatsgehälter um 60% bis 100% über denen auf Mallorca liegen. Das bedeutet: wenn Sie dort eine Joboferte erhalten, wird Sie hinsichtlich der Bezüge erst einmal der Schlag treffen. Wenn Sie brutto ca. 66% Ihres gewohnten deutschen Einkommens erzielen können, ist das viel. Ein sehr gutes Gehalt für eine mehrsprachige, erfahrene Chefsekretärin beträgt z.B. €25.000 brutto im Jahr. Auch deutsche Firmen auf Mallorca orientieren sich bei ihren Ortskräften (auch den deutschen) an dem auf Mallorca üblichen Tarifniveau. Mehr erhalten nur eigens aus Deutschland entsandte Mitarbeiter.

Einen sehr differenzierten »Gehaltsspiegel« für ganz Spanien gibt es unter www.tusalario.es. Dort kann man sich (nach Anmeldung) auf Basis der eigenen Qualifikation auch sein mögliches Gehalt in Spanien ausrechnen lassen. Dafür werden verschiedene Daten wie Branche, Qualifikation, Alter, Berufsjahre, Betriebsgröße etc. abgefragt, bevor ein Durchschnittswert ausgegeben wird. Der allerdings ist in vielen Fällen erstaunlich hoch – jedenfalls für mallorquinische Verhältnisse. In Metropolen wie etwa Madrid oder Barcelona wird eben mehr verdient als auf den Balearen, obwohl die Inselgruppe ebenfalls zu den reicheren Regionen Spaniens gehört. Hier drückt jedoch die Konkurrenz der vielen Jobsuchenden das Lohnniveau offenbar noch stärker als in Spanien ohnehin schon.

Nicht zuletzt Arbeitslosenquoten von 20% und bis zu 50% Jugendarbeitslosigkeit bremsen das allgemeine Lohnniveau. Außerdem gilt: Das **Lohn- und Gehaltsniveau bei den Frauen** liegt in Spanien im Durchschnitt ca. 30% unter dem der Männer!

Arbeitsgesetze

In manchen Dingen ist die spanische Arbeitsgesetzgebung arbeitnehmerfreundlicher als bei uns, in anderen Bereichen restriktiver. Dafür einige Beispiele:

- Die maximale Arbeitszeit für Arbeitnehmer beträgt 40 Stunden pro Woche. Dies ist ein Mittelwert, der sich aus der Arbeitsbelastung übers gesamte Jahr ergibt. Die Höchstarbeitszeit pro Tag liegt bei 9 Stunden im Schnitt mit jeweils mindestens 12 Stunden zusammenhängender Ruhezeit.
- Eine Beschäftigung als Teilzeit-Aushilfe (etwa wie beim deutschen €400-Job) ist nicht möglich, wohl aber Teilzeitarbeit mit fester Anstellung.
- Überstunden sind auf 80/Jahr limitiert.
- Der Urlaubsanspruch beträgt mindestens 20 Arbeits- bzw. 30 Kalendertage und kann nicht (!) finanziell abgegolten werden. Nicht genommener Urlaub verfällt somit!

- Sonderurlaub wird großzügig gewährt: Bei Heirat gibt es stolze 15 Tage, beim Tod eines nahen Angehörigen 4 Tage, bei der Geburt eines Kindes 2 Tage und bei Umzug 1 Tag.
- Arbeit an einem oder mehreren der ca. 13-15 Feiertage muss (theoretisch!) mit 75% Aufschlag abgegolten werden.
- Bei Krankheit gibt es Lohnfortzahlung erst ab dem vierten Tag bis maximal 12 Monate. Bei berufsbedingter Arbeitsunfähigkeit wird vom ersten Tag an gezahlt.
- Mutterschutz wird maximal insgesamt sechzehn Wochen vor und nach der Geburt des Kindes gewährt; Erziehungsurlaub *(período de excedencia)* bis zu drei Jahren.
- Die personen- bzw. betriebsbedingte Kündigungsfrist beträgt allgemein nur 30 Tage; bei nicht rechtmäßiger Kündigung durch den Arbeitgeber (was vor allem bei einem leicht vorkommenden Formfehler der Fall sein kann) steht dem gekündigten Arbeitnehmer eine (ansehnliche) Entschädigung zu.

Babyprämie und Kindergeld

Um die Geburtenrate in Spanien zu erhöhen, die 2006 bei unter 1,2 Geburten je Frau lag (und damit unter der deutschen Vergleichszahl), führte man 2007 für alle Neugeborenen einmalig €2.500 »Babyprämie« ein, bei Behinderung und Kinderreichen sogar €3.500, was den Staat rund €1,2 Mrd. jährlich kostete. Immerhin stiegen die Geburten je Frau damit bis 2010 auf 1,4. Trotz des Erfolges wurde die Prämie unter dem Sparzwang der Finanzkrise 2011 wieder abgeschafft. Das Kindergeld blieb mickrig, siehe Seite 209.

Arbeitsverträge

Die Regelungen im Arbeitsgesetz haben dazu geführt, dass sich die Arbeitgeber, soweit es eben geht, vor Ansprüchen schützen, die ins Geld gehen können. Deshalb schließen sie selten feste Anstellungsverträge ab, da diese im Prinzip unkündbar sind. Sie bevorzugen Verträge als ***fijo discontinuo*** (»fest unterbrochen«). Bei dieser Vertragsform wird der Mitarbeiter z.B. für neun Monate »fest« eingestellt und hat auch im Folgejahr das Recht, wieder neun Monate im Betrieb tätig zu werden. In den übrigen drei Monaten des Jahres bezieht er Arbeitslosengeld (und/oder geht schwarzarbeiten).

Daneben werden **temporales** geschlossen, Zeitarbeitsverträge für 3-9 Monate. Auch wenn die nach Ablauf erneuert werden, erhält der Mitarbeiter damit nicht den Status des sog. »fijo«.

Das Arbeitsministerium geht davon aus, dass ca. 80% dieser Verträge illegal sind. Servicepersonal, das immer wieder z.B. von den gleichen Hotels angestellt wird, hat Anspruch auf einen festen Zeitvertrag (fijo discontinuo). Mit Subventionen für Firmen, die ihre Mitarbeiter langfristig anstellen, aber auch mit schärferen Kontrollen sollen die Inspektoren des Arbeitsministeriums gegen diese illegale Praxis vorgehen. Aber auf Mallorca müssen Übeltäter – wie so oft – nicht sonderlich bangen: Allein schon wegen der großen Zahl von Firmen, die nur für eine Saison existieren, kommt der Staat mit den Überprüfungen nicht nach.

Ärger mit dem Arbeitgeber

Bleibt der wohlverdiente Lohn aus oder erweist sich der Arbeitgeber als echter Sklaventreiber, der penetrant gegen das Arbeitsrecht verstößt, dann sollte man, bevor der teure und oft langwierige Gang zum Arbeitsgericht eingeschlagen wird, eine Schlichtungsstelle anrufen.

Zuständig bei den o.a. und ähnlichen Fällen ist der SMAC (Servicio de Mediación, Arbitraje y Conciliación). Näheres erfährt man über das Arbeitsministerium:

Conselleria de Treball i Formació,
Gremi de Teixidors 38 (Polígon Son Castelló)
07009 PALMA

© 971 176300, Fax 971 176319

Als Arbeitsloser nach Mallorca?

Als Arbeitsloser in Deutschland könnte man durchaus auf den Gedanken kommen, sich auf Mallorca nach einer Anstellung umzuschauen. Wer länger als einen Monat arbeitslos gemeldet ist, erhält beim heimischen Arbeitsamt den E-303-Schein, der dazu berechtigt, drei Monate in Spanien nach Arbeit zu suchen. In dieser Zeit zahlt das spanische Arbeitsamt INEM dem Jobsuchenden seine ihm nach deutschem Recht zustehenden Arbeitslosenbezüge.

Wer dann mehr als ein Jahr in Spanien gearbeitet hat, erwirbt einen Anspruch auf spanisches Arbeitslosengeld, das jedoch deutlich niedriger liegt als das deutsche.

Sozialversicherung

Arbeitgeber müssen ihre Angestellten bei der **Seguridad Social** (dem INSS = *Instituto Nacional de la Seguridad Social*) anmelden und sind wie bei uns verpflichtet, den Arbeitnehmer- und Arbeitgeberanteil als eine Summe an die Sozialversicherung abzuführen.

Die Anmeldung muss in Spanien erfolgen, bevor ein Mitarbeiter seine Tätigkeit aufnimmt.

Alle Bezüge werden für Mitarbeiter bis zur mittleren Ebene in Spanien oft netto vereinbart, weil der Arbeitgeber höhere zusätzliche Kosten als bei uns hat. Die Beiträge zur Sozialversicherung werden nämlich zu 75%-80% vom Arbeitgeber getragen, nicht wie bei uns zu früher 50% und heute sogar darunter. Um diese Nebenkosten zu reduzieren, meldet man Mitarbeiter bei der Sozialversicherung gerne mit wesentlich niedrigeren als den in Wahrheit intern vereinbarten Bezügen an.

Die Sozialversicherungspflicht gilt nebenbei auch für Selbständige, nur nahe Verwandte eines Arbeitgebers, die mit ihm in einem Haushalt leben, sind von der Beitragszahlung befreit.

Arbeitszeiten

In einem Arbeitsvertrag, der – nebenbei – immer vom Arbeitsamt genehmigt sein muss, ist stets genau anzugeben zu welchen Zeiten der Arbeitnehmer tätig sein soll. Das bringt insbesondere in der Gastronomie so manches Problem mit sich.

Da Arbeitnehmer nur maximal 40 Wochenstunden arbeiten dürfen, eine Begrenzung, die im Tourismusgewerbe und anderen Bereichen häufig überschritten werden muss, gibt es die bereits oben unter »Arbeitsgesetze« erwähnte Modifizierung. Demnach kommt es auf den Jahresdurchschnitt an, der nicht mehr als 40 Stunden pro Woche und 9 Stunden pro Arbeitstag betragen darf. Das bietet Betrieben einen erheblichen Manövrierspielraum.

Von Zeit zu Zeit, aber kaum flächendeckend, wird die Einhaltung der Arbeitszeiten in den Betrieben kontrolliert.

Freie Mitarbeiter

Sollten Sie mit einer Firma eine freie Mitarbeit vereinbaren, ist Ihr Status der eines **autónomo**. Es gelten dieselben Vorschriften wie für Selbständige. Gleich, wie viel Sie als *autónomo* verdienen, sind die Beiträge für die (staatliche) Kranken- und Rentenversicherung obligatorisch und betragen ca. €250 pro Monat. Sie können sich nicht befreien lassen, auch wenn Sie bereits eine private Krankenversicherung besitzen.

Um auf Mallorca als *autónomo* zu arbeiten, brauchen Sie auf jeden Fall eine Identifikationsnummer als Ausländer, die *N.I.E.* samt einer Steuernummer, sowie die Anmeldung bei der Sozialversicherung. Alle drei Monate müssen Sie dann ggf. *IVA* (Mehrwertsteuer) abführen und Einkommensteuervorauszahlungen leisten, jeweils 20% der letzten Jahressteuer bzw. einen Schätzwert zu Beginn der Tätigkeit als *autónomo*.

Bei den Betriebskosten können Sie alles absetzen, was zur Erzielung der Einkünfte erforderlich ist. Telefon und PKW aber nur, wenn sie ausschließlich beruflichen Zwecken dienen. Wenn Sie Ihr Büro im Haus haben, dürfen Sie die Kosten nicht in private und geschäftliche Nutzung aufteilen. Sie müssten also z.B. zwei Autos in der Familie besitzen, um eines davon als Geschäftsfahrzeug geltend machen zu können.

Per Handy und Laptop ein paar lukrative Geschäfte abwickeln und ansonsten Klima und Inselleben genießen – das wär's doch, oder? Aber selbst dann sind Regeln und Vorschriften der spanischen Bürokratie nicht weit, siehe oben.

Der Sonnenschein trügt

Wie deutsche Obdachlose auf Mallorca ums Überleben kämpfen

Wer kennt ihn nicht, den Traum von einem leichteren Leben unter der Sonne des Südens? Doch wer nach Mallorca kommt, um zu bleiben, lernt gerade in Krisenzeiten die Schattenseiten der Sonneninsel kennen, denn Mallorca ist zwar ein Urlaubs-, aber keine Sozialparadies.

Eine bescheidene Erfolgsstory

Zwei Schlüssel hängen an Antjes Bund. »Die sind das wichtigste, was ich habe«, sagt die 36-Jährige Zwickauerin. »Der eine öffnet das Gartentor und der andere den Wohnwagen«, den Antje und ihr Freund Bernd seit einem halben Jahr für €240 im Monat gemietet haben. Endlich lebt das Paar nicht mehr auf den Straßen Palmas und muss im Winter frieren, sondern verfügt über Stromanschluss und sauberes Wasser samt einer Dusche und kann auf dem Gaskocher warme Mahlzeiten zubereiten. Mit dieser Basis könnte es langfristig bergauf gehen.

Diese »Erfolgsgeschichte« würde es jetzt, da die Wirtschaft schwächelt und auf Mallorca die Arbeitsplätze noch rarer sind als in anderen Wintern, nicht geben, wären Antje und Bernd nicht bereit, unter ziemlich haarsträubenden Bedingungen zu arbeiten: Sie finden ihre Jobs über Mittelsmänner, die bis zur Hälfte des für Gelegenheitsarbeiten üblichen €10-Stundenlohns kassieren. »Man muss auf Mallorca selbst dazu bereit sein, will man weg von der Straße«, lautet Antjes Kommentar. Es versteht sich von selbst, dass sich das Paar von seinen geringen Einnahmen keine Krankenversicherung leisten kann.

Antjes Freund Bernd war vor nicht einmal langer Zeit noch eine gefragte Arbeitskraft. Als Maurermeister hatte der Berliner auf Mallorca eine feste Anstellung gefunden. Aber dann ging seine damalige Beziehung in die Brüche und gleich darauf die Firma pleite. »Jetzt mache ich alles Mögliche, malern, dann mach ich auch mal *Fontanero*, zu deutsch Klempner, oder ich bin Elektriker. Wenn es hart kommt, geb' ich auch den Babysitter oder ich führe Hunde aus.«, erzählt Bernd.

Eine typische Situation in Krisenzeiten

Anders als für Antje und Bernd brechen für den obdachlosen Klaus im Winter harte Zeiten an, denn auch auf Mallorca kann es empfindlich kalt werden. In Höhenlagen fällt auch schon mal Schnee. Der rundliche 30-jährige Klaus war erst im letzten Frühjahr von einer deutschen Elektrofirma in Cala Rajada angeworben worden. Doch nur ein halbes Jahr später machte die Firma dicht, wie viele andere Betriebe auf der Insel auch. Klaus bezog kein Gehalt mehr, geriet in Rückstand mit der Miete und landete auf der Straße. Warum der gelernte Elektriker daraufhin nicht wieder nach Deutschland ging? Statt einer Antwort greift Bernd lieber wieder zum Bierglas.

Soziale Hilfeleistungen auf Mallorca

Wer nach Alkohol riecht, bekommt in der Regel keinen Schlafplatz in den staatlich finanzierten Obdachlosenheimen in Palma. Dann gibt es nur ein paar Decken und heißen Kakao mit Keksen vom *Cruz Roja*, dem spanischen Roten Kreuz. Auch die Kirchen helfen mit drei Mahlzeiten pro Tag und warmen Duschen. Die deutschsprachige katholische Gemeinde, nahe des ehemaligen »Ballermann«, ist ebenfalls eine stark frequentierte Anlaufstelle für Deutsche in Notsituationen. »Hauptsächlich kommen Strandstreicher zu uns und bitten um Essen oder Kleiderspenden. Die meisten sind alte Bekannte«, erklärt die Gemeindereferentin Beate Schmidt.

Beim deutschen Konsul in Palma rufen zurzeit nicht mehr Leute an als schon vor Jahren, es seien sogar weniger geworden, heißt es. Dafür habe die Schwere der Fälle zugenommen. Denn es sei deutlich schwieriger geworden, sich mit Gelegenheitsjobs durchzuschla-

gen. Bei spanischen Behörden würden zur Zeit mehr Deutsche um Hilfeleistung bitten als in den Vorjahren, ergänzt der Konsul.

Obdachlosigkeit ist auch auf Mallorca ein wachsendes Problem. Viele Obdachlose sind gescheiterte Ausländer.

Mallorquiner helfen eher

Womit Menschen in Notsituation immer rechnen könnten, sei die Hilfsbereitschaft der Mallorquiner, erzählt Bernd, der Maurer aus Berlin:»Der Deutsche kümmert sich nur um sich selbst. Der Spanier guckt eher auf seine Nachbarn oder auf den, der irgendwo im Zelt schläft oder in einer Unterführung. Hat der etwas zu essen? Hat der etwas zu trinken?«

Als Antje und Bernd noch ohne ein festes Dach über dem Kopf lebten, haben sie viel geschenkt bekommen, Nahrungsmittel, Geld und vor allen Dingen Kleidung, erinnert sich Antje:»Schuhe, Hosen, Jacken, Pullover, man kriegt alles. Oder man muss nur mal mit offenen Augen durch die Straßen laufen, die Leute stellen das nicht in die Mülltonnen, sondern daneben. Wenn man dran riecht: Das ist alles frisch gewaschen! Man sucht sich raus, was man braucht, was man nicht braucht, lässt man stehen für den nächsten.«

Lieber obdachlos auf Mallorca als Hartz IV in Deutschland?

In Deutschland bekämen Klaus oder Antje und Bernd Hartz IV. Für 2 Personen wären das etwa €700 im Monat. Darüber hinaus würde ihnen eine Wohnung bezahlt und sie wären krankenversichert. Insgesamt hätte das Paar deutlich mehr Geld, als es jetzt auf Mallorca verdient bei Preisen ähnlich denen in Deutschland.

Doch Antje und Bernd wollen auf der Insel bleiben. Es mag verwundern, doch wer einmal auf Mallorca lebt, will oft nicht mehr zurück nach Deutschland, auch wenn die Schwierigkeiten noch so groß sind, berichtet der deutsche Konsul:»Den meisten Hilfesuchenden raten wir: Kehren Sie zurück nach Deutschland, da haben Sie gesetzliche Ansprüche auf Hilfeleistungen. Und die meisten sagen:`Nein, wir wollen nicht zurück.` Da gibt es zum Beispiel eine obdachlose Frau, die sich schon mehrfach an uns wandte. Wir wiederholen gebetsmühlenartig, dass sie doch zurückgehen soll. Aber sie lebt lieber in ihrer Steilküstenhöhe irgendwo am Strand.«

Und hoffentlich hält sie dort durch, bis sich die Wirtschaft wieder erholt und sie vielleicht wieder einmal einen kleinen Job bekommt, oder wenigstens bis zum Frühling, denn dann wird das Leben gerade auch für Obdachlose wieder leichter.

Selbständig auf Mallorca

Was Unternehmensgründer beachten müssen

Wenn Sie sich auf Mallorca selbständig machen möchten, ohne ein bereits bestehendes Geschäft zu übernehmen, müssen Sie einen bürokratischen Hürdenlauf absolvieren, der die viel geschmähten deutschen Prozeduren bei weitem in den Schatten stellt. Der Vorteil in Spanien ist jedoch, dass nach Einreichung aller notwendigen Unterlagen und Papiere in vielen Fällen ein *permiso provisionál* (vorläufige Genehmigung) erteilt wird, womit Sie dann schon mal starten können. Ob das in Ihrem Fall möglich ist, müssen Sie prüfen lassen. Die Erteilung der endgültigen Genehmigung kann dauern.

Bevor Sie unternehmerisch tätig werden, sollten Sie unbedingt im Rathaus der jeweiligen Gemeinde nachfragen, ob Standort und Art des Geschäfts oder Lokals im Einklang mit dem **Plan de Ordinación Urbana** steht, auf Deutsch »Flächennutzungsplan«. Gibt es damit keine Schwierigkeiten, steht dem Abschluss eines entsprechenden Miet- oder Kaufvertrag nichts entgegen.

Danach sollten Sie einen Ingenieur, Baumeister oder Architekten in Ihre Räumlichkeiten bestellen, der feststellen muss, ob die Räume und deren vorgesehene Nutzung den Bestimmungen entsprechen und/oder ob Änderungen durchzuführen sind. Solche Änderungen werden in einem **proyecto técnico** (Plan zur technischen Durchführung) zusammengefasst und eingereicht. Er dient zur Erteilung der **licencia de actividad** und der **licencia de apertura** (Geschäftslizenz und -eröffnung). Natürlich sind diese Lizenzen alle kostenpflichtig, abhängig von der Art und Größe des Geschäfts bzw. Unternehmens.

Einzelunternehmer

Als Selbständiger (Autónomo) müssen Sie folgende Hürden nehmen:

- Beim **Ausländeramt** (*Jefatura Superior de Policia*) die *N.I.E.* (Identifikationsnummer für Ausländer) beantragen,
- sich mit der *N.I.E.* beim **Finanzamt** anmelden (Formblatt E36!)
- und sich spätestens nach einem Monat auch bei der **Sozialversicherung** (*Seguridad Social*) anmelden. (Infos unter www.segsocial.es)

Wenn Ihre Tätigkeit umsatzsteuerpflichtig ist, müssen Sie nach Abschluss jedes Quartals – ganz wie bei uns – eine entsprechende Zahlung leisten, ebenso wie einen Abschlag auf die Einkommensteuer. Spätestens zum 30. Juni des Folgejahres ist die Jahressteuererklärung fällig.

Zur Erledigung aller bürokratischen Formalitäten und zur Vermeidung z. B. einer falschen steuerlichen Einordnung sollten Sie unbedingt auf die Hilfe einer **Gestoria** zurückgreifen. Würden Sie die nämlich selbst erledigen wollen, wären Sie schon bei der Geschäftseröffnung mit den Nerven (und vielleicht sogar mit den Finanzen) am Ende, sofern es dazu überhaupt käme; mehr zu den Gestorias ab Seite 189.

Der spanische Rentenanspruch

Aus der staatlichen Sozialversicherung in Spanien ergeben sich nur minimale Rentenansprüche, die nach unseren Maßstäben kaum ausreichen, um den Lebensunterhalt im Alter oder bei Arbeitsunfähigkeit zu bestreiten. Dafür sind die monatlichen Durchschnittskosten von ca. €600/Arbeitnehmer (inkl. Arbeitgeberanteil) für Kranken-, Arbeitslosen-, Berufsunfall- und Rentenversicherung im Vergleich zu Deutschland (im statistischen Mittel €1400-€1500 im Monat) wesentlich niedriger.

Dramatisch kann die Situation in Spanien für Selbständige sein, da sie besonders geringe Leistungen erhalten. Während die spanische Rente für Arbeitnehmer zumindest einer knappen Grundsicherung entspricht, erreichen Selbständige nicht einmal die und müssen privat vorsorgen. In der Regel zahlen sie aber dafür auch nur wenig über €250/Monat für das oben genannte Versicherungspaket – das allerdings komplett aus eigener Tasche.

Die Steuernummern N.I.E., N.I.F., C.I.F.

In Spanien gibt es drei Arten von Steuernummern, eine für Ausländer, eine für Einheimische und eine für Gesellschaften.

Wer eine Immobilie kaufen, einen festen Wohnsitz nehmen oder einer gewerblichen Tätigkeit nachgehen will, benötigt – wie schon teilweise ausgeführt – immer eine Steuernummer.

Für Nicht-Spanier ist das die **N.I.E.**, die *Número de Identificación de Extranjeros*, die »Identifizierungsnummer für Ausländer« bzw. die Steuernummer für Ausländer.

Sie ist anzugeben bei allen Steuerzahlungen und muss bei der Ausländerbehörde unter Vorlage des Personalausweises beantragt werden. In der Regel dauert die Erteilung der Steuernummer mindestens vier Wochen ab Einreichung der Unterlagen.

Die N.I.F., die *Número de Identificación Fiscal,* ist die **Steuernummer für Spanier**. Sie stimmt mit der Personalausweisnummer überein und dient den gleichen steuerlichen Zwecken wie die N.I.E.

Die C.I.F., der *Código de Identificación Fiscal,* ist die **Steuernummer für juristische Personen**, also für Gesellschaften wie z. B. die spanische SL (vergleichbar mit der deutschen GmbH).

Dubiose Versprechen

Auf Mallorca gibt es eine Menge Leute, die es auf Täuschung angelegt haben. Da werden Grundstücke verkauft, die nicht bebaut, und Häuser, die nicht erweitert werden dürfen, Landhotels, die keine Lizenz besitzen und Geschäfte, auf denen Lasten ruhen. Dabei werden gern Genehmigungen präsentiert, die einen amtlichen Eindruck machen, aber nicht die Sache betreffen. Doch die sind auf Mallorquinisch verfasst, daher erkennen Ausländer das oft nicht.

»Berater« kassieren auch gern Vorschüsse für angebliches Schmiergeld – etwa wegen Beschaffung von Genehmigungen. Das leuchtet manchem ein, wenn es argumentativ gut verpackt ist, und so wird vertrauensvoll gezahlt. Das funktioniert nicht nur aus Gutgläubigkeit, sondern auch, weil sich dergleichen oft mit Bargeld (ggf. also »Schwarzgeld«) abwickeln lässt.

Eine Klage schließt sich so meist von vornherein aus. Im Übrigen vertrauen die schwarzen Schafe auf die Langsamkeit und Ineffizienz der spanischen Gerichtsbarkeit. Es gibt nur eine Methode, um sich gegen solche Elemente zu schützen: Nichts glauben, was man nicht schwarz auf weiß in Dokumenten eingesehen und zweifelsfrei verstanden hat.

Traspaso

Den Traum von der eigenen Boutique, der gemütlichen kleinen, aber immer gut besuchten Kneipe oder dem Spezialitätenrestaurant auf Mallorca möchten nicht wenige angehende Residenten mit Hilfe des vermeintlich bequemen *Traspaso* realisieren.

Dabei bezeichnet das Wort »*Traspaso*« zunächst die Ablösesumme für den Vorpächter, in dessen Vertrag man eintreten möchte. Doch Vorsicht! Im Vergleich zu Deutschland sind derartige Abstandszahlungen auf Mallorca oft unangemessen hoch und bewegen sich teilweise auf Kaufpreisniveau.

Der gesamte *Traspaso*-Vorgang ist so voller Tücken und Fallstricke, dass man ein derartiges Geschäft nie ohne einen Anwalt (am besten einen deutsch sprechenden und auf Mallorca zugelassenen) unternehmen sollte.

Es geht dabei u.a. um die genauen Konditionen des Mietvertrages, um mögliche finanzielle Altlasten, um notwendige Lizenzen (bis zu 40% der Lokale haben angeblich keine), um Steuerzahlungen und um (oft überhöhte) Maklerprovisionen. In der Regel muss man beim *Traspaso* zwei Verträge abschließen, die es beide »in sich haben« können: Den ersten mit dem Vormieter über die Rechtsnachfolge im Geschäft und natürlich darüber hinaus einen neuen Mietvertrag mit dem Besitzer der Immobilie, in dem sich die Geschäftsräume befinden.

Wichtig für eine Geschäftsübernahme ist darüber hinaus, dass dem neuen Pächter nach der *Traspaso*-Zahlung noch genügend Kapital verbleibt, um ein eigenes, hoffentlich innovatives und damit Erfolg versprechendes Konzept umzusetzen.

Es macht keinen Sinn, darauf zu vertrauen, dass man den Kundenstamm des Vormieters übernehmen kann und so schon über die Runden kommen müsste.

Als Gründe für *Traspaso*-Offerten werden häufig Krankheit oder Alter des aktuellen Betreibers genannt; oft verbirgt sich hinter diesen einleuchtenden Erklärungen aber schlicht und einfach die nüchterne Tatsache eines geschäftlichen Misserfolgs. Den zu verschleiern, mühen sich Anbieter oft nach Kräften.

Bei Restaurants erweisen sich bis zu 70% aller Übernahmen als Flop; die neuen Pächter sind dann nicht selten schon nach wenigen Monaten pleite, haben aber die Miete meist für ein ganzes Jahr oder länger im Voraus bezahlt.

Beurteilen Sie unter den genannten Aspekten bitte einmal selbst folgendes konkrete Beispiel (Name geändert, die Daten sind ansonsten authentisch):

Problemfall Geschäftsübernahme

Die meisten Gutgläubigen werden nicht im Zusammenhang mit (privaten) Immobiliengeschäften, sondern bei der Übertragung von Bars, Restaurants und Läden über den Tisch gezogen. Schon das immer (vor allem ab Herbst) große Angebot von Gastronomiebetrieben, die auf einen neuen Besitzer warten, sollte Kaufinteressenten aufmerken lassen. Warum stehen denn das »idyllische Restaurant« oder die »individuelle Bar« zum Verkauf?

Die Antwort ist überwiegend: weil die Einnahmen mit den Belastungen nicht Schritt hielten. Die große Mehrheit der zur Übernahme angebotenen Objekte hat mindestens einen »Pferdefuß«.

Sehen wir uns einmal drei ganz typische Angebote an (fast wörtlich aus der Presse übernommene reale Anzeigen):

Beispiele für Geschäftübernahmen

Fall 1

EXISTENZ! *Individuelle Bar in Peguera wegen Familienzuwachs zu verkaufen: 1a Lage am Boulevard, ganzjährig Saison, 40 Sitzplätze, €90.000 Traspaso, Ratenzahlung möglich.*

Kommentar: Die geforderten €90.000 erscheinen auf den ersten Blick günstig. Das ist ein Betrag, den viele für eine neue Existenz aufbringen könnten. Wie schön, dass zusätzlich noch Ratenzahlung angeboten wird. Wenn Sie ein Objekt wie dieses nach einer ersten Besichtigung interessiert, sollten Sie es sich auf jeden Fall noch mehrmals ansehen, um die Gäste zu zählen. Um Ihnen einen konkreten Anhaltspunkt zu geben: wenn €90.000 gefordert werden, dürfte das Objekt kaum mehr als diesen Jahresumsatz machen. Denn das geforderte *traspaso* – eine Art Abstandszahlung für die geleistete Vorarbeit – können Sie immer mit einem Jahresumsatz gleichsetzen. Nach Abzug der Kosten bleiben in diesem Fall unter Annahme einer üblichen, nicht überhöhten Miete und ohne Ausgaben für zusätzliches Personal höchstens 50% vom Umsatz als Ausgleich für Ihren Arbeitseinsatz und Verzinsung des eingesetzten *Traspaso*-Kapitals, also maximal €45.000 zum Leben (inkl. entgangenem Zins für Ihre €90.000), und zwar v o r Steuern!

Kann man Ihnen den Jahresumsatz nicht belegen oder erzählt man Ihnen, die Hälfte des Umsatzes würde natürlich »schwarz« gemacht, so lassen Sie lieber die Hände davon. Oder Sie machen eine *contra-oferta*, ein Gegenangebot, von z.B. 60% der Forderung, sofern die Lage des Objekts stimmt, die Ausstattung in Ordnung und die Miete angemessen sind und der Mietvertrag mindestens 7-10 Jahre läuft!

Fall 2

PENSION/HOSTAL ARENAL, *Existenzmöglichkeit, 3 Gastronomie-bereiche, 15 Doppelzimmer mit Bad, Dachterrasse, komplett renoviert, sofortige Übernahme, alle Lizenzen vorhanden, €600.000.*

Kommentar: Auch diese Pension scheint auf den ersten Blick preiswert. Unklar ist jedoch, was mit den geforderten €600.000 erworben wird; die Immobilie oder nur das Geschäft? Es muss für diesen Preis eigentlich die gesamte Immobilie mit Inventar sein, aber so etwas sollte immer als erstes geklärt werden.

Dennoch: wenn Sie den Kaufpreis einmal durch die Anzahl der Zimmer teilen (600.000€:15), kommen Sie auf einen Zimmerpreis von €40.000. Das ist absolut zu teuer; diese Investition lässt sich über den zu erzielenden Tarif/Tag für ein einfaches *Hostal* ausgerechnet im sanierungsreifen Billigurlaubsort Arenal kaum erwirtschaften, es sei denn bei sehr hoher Auslastung übers Jahr. Aber wo sollte die herkommen? Bei einer solchen Pension darf das Zimmer höchstens €20.000 kosten. Nur dann können Sie (vielleicht) von der Bewirtschaftung des angebotenen Hauses leben. Lassen Sie sich nichts Gegenteiliges erzählen: Die Veräußerer spekulieren gerne auf die Unerfahrenheit von Interessenten.

Bei einfachen Hotels besteht obendrein die Gefahr von staatlichen Renovierungsauflagen, die der alte Eigentümer bereits auf sich zukommen sieht, Sie davon aber, weil noch nicht offiziell, weder in Kenntnis setzen muss noch wird. Erhebliche »unvorhersehbare« Investitionen können ein Haus massiv verteuern, ohne dass die Einnahmen sich entsprechend erhöhen lassen.

Fall 3

DISCOTHEK PLAYA DE PALMA, *1. Linie mit Hauskomplex, €60.000, kein Traspaso, nur Jahresmiete im Voraus.*

Kommentar: Dieses Angebot ist schon in sich widersprüchlich. Es werden zwar €60.000 verlangt und zwar ohne *traspaso*, dafür aber eine Jahresmiete im Voraus. Wofür sind denn die €60.000, wenn gleichzeitig noch Miete anfällt? Oder handelt es sich bei den €60.000 bereits um die Jahresmiete? Das wäre reichlich, es sei denn der »Hauskomplex« (was immer das heißen mag) ließe sich teilweise anderweitig vermieten und brächte Einnahmen. Wahrscheinlich handelt es sich hier doch um einen *traspaso*. Derartige Unklarheiten bereits in einer Anzeige sind verdächtig und lassen vermuten, dass es sich bei diesem Objekt um ein »Windei« handelt.

Selbstständig als Sprühkünstler

Fazit

Als Faustregel für den Aufbau einer Existenz auf Mallorca gilt, dass man sich vorher mit einem finanziellen Polster ausstatten sollte, das inklusive Mietzahlung plus Nebenkosten (oder Zinsen für ein erworbenes Wohnobjekt)mindestens für ein Jahr ohne Einnahmen reicht. Bei Betrieben, die vom Tourismus leben, muss man die Kalkulation vorsichtshalber so erstellen, dass – wegen der Saison-abhängigkeit – der Umsatz eines halben Jahres das Unternehmen volle zwölf Monate tragen kann. Ist das nicht möglich, Finger weg! Wenn die Saison letztlich länger laufen sollte, umso besser.

Und vor allem zum wiederholten Mal: Nur Neu-Unternehmer, die Spanisch (oder besser noch Mallorquinisch) sprechen, haben eine reelle Chance, mehr als die erste Saison zu erleben.

Die spanische Mehrwertsteuer

Zur Schließung der wachsenden Haushaltslücke hat Spanien den allgemeinen Mehrwertsteuersatz 2010 um zwei Prozentpunkte von 16 auf **18 Prozent** heraufgesetzt. Die ermäßigte Mehrwert-steuer für Lebensmittel, Verkehrsmittel, Wohnungen oder Freizeit-angebote wurde um einen Prozentpunkt auf **8 Prozent** angeho-ben. Die »superermäßigte« Mehrwertsteuerrate für Grundnah-rungsmittel und Bücher blieb unverändert bei **4 Prozent**.

Mein Mallorca (III)

Projekt »atemrausch*« – eine erfolgreiche Unternehmensgründung

»atemrausch*«- das sind wir: Zwei Diplomsportwissenschaftler aus Köln, Caroline Guldner und Stephan Conradi, siehe Foto rechts.

Schon während des Studiums hatten wir mit dem Gedanken gespielt, im Ausland unser Glück zu suchen.

Mallorca wählten wir als Standort, weil dort unsere »Traumbedingungen« für das Leben und Arbeiten herrschen. Vor allem die Tatsache, dass Mallorca eine riesige Spielwiese für Sportliebhaber ist, hat uns die Entscheidung relativ einfach gemacht. Zudem ist die Insel leicht von Deutschland aus zu erreichen, um den Kontakt zu Familie und Freunden zu halten.

Im Herbst 2008 begann unsere Planung mit Präferenz für den Norden Mallorcas. Gedanklich war für uns lange klar, dass wir betreute Sportaktivitäten in Kleingruppen anbieten möchten, doch wo, wie genau und für wen stand noch in den Sternen.

Nach intensiver Recherche fiel die Wahl auf den kleinen, verträumten Badeort Cala Sant Vicenç (bei Pollença). In der Vergangenheit hatte es dort bereits Anbieter gegeben, die Räder vermieteten oder Tauchkurse anboten. Doch da sich ihre Aktivitäten lediglich auf einzelne Sportarten begrenzt hatten, konnten sie in einem Ort wie Cala Sant Vicenç mit nur 260 Einwohnern nicht überleben. Rentabel zu arbeiten ist in mallorquinischen Orten dieser Größenordnung trotz der im Sommer vielfach zahlreicheren Feriengäste und Besucher nur dann aussichtsreich, wenn man ein möglichst umfangreiches und differenziertes Angebot vorhält. Wir mussten also ein Programm anbieten, so unsere Überlegung, das möglichst viele Aktivitäten umfasst. Zunächst entschieden wir uns für einen Radverleih, Tauchen für Anfänger, Schnorchel- & Kajaktouren und ein morgendliches Fitnesstraining im Freien.

Innerhalb von 6 Monaten hatten wir alle Formalien bezüglich der Unternehmensgründung in Spanien geklärt, ein Ladenlokal gemietet, die ins Auge gefassten Sportprogramme entwickelt, Ausrüstung eingekauft und eine Webseite erstellt. Dazu sei gesagt, dass alle formellen Schritte, die zu einer Unternehmensgründung gehören, gründlich durchdacht werden sollten. In Spanien ist es üblich, sich an »Gestorias« zu wenden, die im Kundenauftrag die verschiedenen formalen bzw. bürokratischen Belange erledigen, siehe das folgende Kapitel. Einige Angelegenheiten wie die Kfz-Ummeldung haben wir selbst in Angriff genommen. Dabei hatten wir häufig mit dem – wie uns schien – willkürlichen Umgang spanischer Behörden mit den Antragstellern zu tun. Bei Einschaltung einer Gestoria auch dafür hätten wir Zeit und Mühe sparen können. Wobei es ratsam ist, sich von Bekannten oder ortsansässigen Mallorquinern eine geeignete Gestoria empfehlen zu lassen.

Am 1. Mai 2009 eröffneten wir endlich unseren »atemrausch*-store«. Bereits Wochen zuvor wurde im Ort gemunkelt, dass die Hotelauslastung so schlecht sei wie schon lange nicht mehr. Das Konjunkturtief hatte auch Mallorca erwischt. Wir ließen uns da-

durch jedoch nicht beunruhigen und verfolgten voller Elan unser Ziel. Für uns war die erste Saison schwierig, aber dennoch erfolgreich und vor allem sehr lehrreich. Im Mai 2010 starteten wir in unsere zweite Saison mit mehr Erfahrungen, einem veränderten Sportprogramm und verbesserten Strategien.

Caroline und Stephan vor ihrem »Laden« im Zentrum von Cala Sant Vicenç.

U.a. verabredeten wir eine Zusammenarbeit mit einem Hotel in Cala Sant Vicenç, um im Mai und Oktober (Vor- bzw. Nachsaison) geführte Wanderungen anbieten zu können. Den Radverleih konnten wir durch eine Kooperation mit einem mallorquinischen Anbieter um hochwertige Rennräder erweitern. Das morgendliche Fitnessprogramm wurde gestrichen und die Öffnungszeiten des atemrausch-Ladens verkürzt.

Außerdem machten wir gezielte Werbung im Ort. Die Platzierung von großen Aufstellern in Apartments und Hotels zu Beginn der Saison trug sicherlich zu einer Steigerung unserer Gästezahlen bei. Dazu benötigten wir die Zustimmung der Verantwortlichen in den Hotels und Apartmentanlagen und hatten dabei manche Detailfrage zu klären. Gewöhnlich muss man für Werbung dieser Art bezahlen oder Möglichkeiten einer Kooperation auf Gegenseitigkeit finden.

Rückblickend kann man sagen, dass wir 2010 (also in unserer zweiten Saison) und erst recht 2011 deutlich effizienter gearbeitet haben als zu Anfang. Wir konnten wegen der verkürzten Öffnungszeiten mehr Aktivitäten anbieten; und wegen höherer Gästezahlen im Ort waren die verschiedenen Sportgruppen durchweg besser gebucht. Für die kommende Saison arbeiten wir an der Erweiterung von geführten Radtouren und an neuen Wassersportangeboten.

Für uns ist klar, dass der Erfolg eines Unternehmens in einem fremden Land entscheidend davon abhängt, wie sehr man sich um die Integration in seiner neuen Heimat bemüht. Ganz besonders in kleinen Orten, in denen viele Mallorquiner vom Tourismus leben, muss man Kooperationsbereitschaft zeigen und vor allem die Landessprache sprechen. In vielen Orten Mallorcas werden kostenfreie Sprachkurse angeboten. Dabei wird nicht nur Katalán, sondern auch Castellano (Hochspanisch) unterrichtet. Diese Kurse sind nach unserer Erfahrung im allgemeinen gut, aber natürlich von der Qualität der Lehrkraft abhängig. Die Lehrgänge gibt es sowohl für Anfänger als auch für Fortgeschrittene.

http://atemrausch.com

Cala Molins, die bevorzugte Bade- und Schnorchelbucht von Cala Sant Vicenç

Hilfreiche Gestorias

In Spanien gehen die Uhren anders – darauf wurde bereits mehrfach hingewiesen. Das muss man hinnehmen und sich darauf einstellen. Diese »Andersartigkeit« werden Sie erleben, wenn Sie z. B. auf eigene Faust versuchen, eine N.I.E. zu beantragen, Ihr Auto umzumelden oder ein Restaurant zu eröffnen.

Der Gestor als Mittler

Behördendschungel

Wenn Sie sich in Deutschland eine Geburtsurkunde besorgen wollen, ist das eine relativ einfache Angelegenheit. Vielleicht müssen Sie beim Einwohnermeldeamt etwas warten, aber das hält sich in Grenzen. In Spanien sind damit gleich mehrere Verwaltungsakte verbunden. Auch Spanier wissen oft nicht, an welche Verwaltungsinstanz sie sich wofür richten müssen. Das liegt weniger an Gesetzen, die zu kompliziert wären, als an organisatorischen Abläufen, die hochkomplex, aber wenig effizient sind. Sich in diesem System zurechtzufinden ist eine tatsächliche »Wissenschaft« für sich (siehe den übernächsten Abschnitt), wobei es im Wesentlichen darauf ankommt, die verschlungenen Pfade zu kennen, die im Einzelfall verfolgt werden müssen.

Licht im Dunkel

Unter diesen Umständen ist es nur logisch, dass sich ein Berufsstand entwickelt hat, der die Problemlösung bietet. Das ist der sog. *Gestor* (sprich: *Chestor*), was wörtlich übersetzt »Geschäftsführer« oder »Vermittler« heißt. Die von ihm geführte Firma ist eine *Gestoria*. Ohne *Gestoria*s würde Spaniens Bürokratie nicht mehr funktionieren. Sie bringen Licht ins Dunkel des Chaos' und sind eine nicht mehr wegzudenkende notwendige Nabelschnur zwischen Staat und Bürger.

Fast 100 *Gestorias* sind allein in den Gelben Seiten des Telefonbuchs von Palma aufgeführt. Daran lässt sich ermessen, wie groß der Bedarf an Hilfestellung gegenüber Ämtern und Institutionen ist. Da die Berufsbezeichnung geschützt ist, gibt es noch eine ganze Reihe weiterer »Gestoren«, die ihre Leistung unter abweichenden Bezeichnungen, z. B. als *asesoria* oder *servicio fiscal* (Steuerberatung) anbieten. Wie Sie **die richtige Gestoria** finden, erfahren Sie in diesem Kapitel.

189

Spezieller Studiengang

Da dem Staat durchaus bewusst ist, dass der Bürger mit ihm nicht mehr ohne sachkundige Vermittlung zurechtkommt, hat er schon vor längerer Zeit eine Ausbildungsverordnung erlassen, welche die Anforderungen an einen *Gestor* und dessen Werdegang festlegt. Als erste Voraussetzung gehört dazu ein abgeschlossenes Studium der Rechts- oder Wirtschaftswissenschaften. Danach entscheiden die Akademiker über ihren weiteren Berufsweg. Wenn sie eine Tätigkeit als *Gestor* anstreben, müssen sie ein spezielles Aufbaustudium in Madrid absolvieren. Mit dessen erfolgreichem Abschluss erhalten sie die Lizenz, als *Gestor* arbeiten zu dürfen und werden in die offizielle Standesrolle eingetragen. Damit sind sie »amtlich bestellt« und werden gleichzeitig gegen Fehler und schuldhaftes Handeln versichert.

Arbeitsbereiche einer Gestoria

Eine *Gestoria* ist in der Praxis eine Art Arbeitsgemeinschaft aus Anwälten, Steuerberatern (den es als eigenen Beruf so nicht gibt) und Wirtschaftsberatern. Als Anwälte beschäftigen sich Gestoren ausschließlich mit zivilrechtlichen Fragen, speziell arbeitsrechtlichen Problemen. Das reicht von der Vertragsgestaltung mit Mitarbeitern über deren Anmeldung und Abrechnung bis zu arbeitsgerichtlichen Auseinandersetzungen.

Als **Steuerberater** ist ein *Gestor* mit allem befasst, was der Gesetzgeber und die Finanzbehörden an Erklärungen vom einzelnen Bürger und von Firmen verlangen; von der Anmeldung beim Finanzamt über die Buchführung, die Überwachung von Steuerterminen und Berechnung von Steuern bis zu Jahresabschlüssen und Veranlagungen.

Als **Wirtschaftsberater** schließlich hat es ein *Gestor* in erster Linie mit der Beschaffung von Genehmigungen zu tun; von der Beantragung der *tarjeta de residencia* (Anmeldebescheinigung, siehe Seite 51) über Autoummeldungen und Lizenzen zur Eröffnung eines Geschäfts bis zur Baugenehmigung.

Spezialistengemeinschaften

Bei der Vielfalt dieser Aufgaben ist offensichtlich, dass eine Person allein nicht alles wissen kann. Deshalb spezialisieren sich die *Gestor*en auf eines der Gebiete und bilden als **Bufete** (Sozietät) eine Spezialistengemeinschaft. Die Spezialisierung ist auch deshalb notwendig, weil im Bereich des Arbeits- und Steuerrechts in Spanien eine noch größere Bewegung herrscht als in Deutschland. Die Kenntnisnahme und Berücksichtigung der laufenden Änderungen geben den Gestoren reichlich zu tun. Für den Klienten hat die Bündelung der Arbeitsgebiete den großen Vorteil, dass er eine Komplettleistung erhält und nicht mehrere Stellen bemühen muss, »Service aus einer Hand« also.

Wenn ein *Gestor* gut ist, so zeichnen ihn Kreativität und Findigkeit aus, d. h., er lässt sich für Sie etwas einfallen, um den schwerfälligen Staat zu überlisten, indem er alle Möglichkeiten ausschöpft – auf legale Weise natürlich.

Gestorias und Ämter

Auch den *Gestoria*s wird bei Ämtern nichts geschenkt. Denken Sie nicht, deren Mitarbeiter könnten den Beamten alle Vorgänge ihrer Klienten durch die Hintertür hineinreichen oder würden bevorzugt behandelt werden. Nein, auch die Angestellten von *Gestoria*s müssen sich brav in die Reihe stellen und warten, bis sie dran sind.

Doch im Unterschied zu Außenstehenden, die nicht wissen, wie der Apparat funktioniert, kennen die Spezialisten die Arbeitsabläufe. Und sie nutzen einen weiteren Vorteil: Sie bündeln die Arbeit; d.h., wenn sie zum Finanzamt gehen, haben sie eine ganze

Mappe mit Vorgängen diverser Klienten dabei und erledigen alles auf einmal. Wenn Sie bei einem Amt selbst einmal anstehen sollten, sehen Sie sich um, ob in der Schlange jemand mit einer besonders dicken Mappe steht. Das ist dann mit einiger Sicherheit ein Angestellter einer *Gestoria*, und wenn der dran ist, beschäftigt er den Beamten eine Stunde und länger.

Der »richtige« Gestor

*) Eingangs wurde bereits darauf hingewiesen, dass es eine große Anzahl von *Gestorias* gibt. Nicht alle arbeiten gleich gut und effizient. Die für die eigene Angelegenheit am besten geeignete, die »richtige« *Gestoria* herauszufinden, ist mitunter nicht ganz leicht. Gute *Gestoria*s inserieren nämlich nicht in der Zeitung, sondern ihre Adressen werden durch Mundpropaganda weitergereicht. Die erste Empfehlung lautet daher: Hören Sie sich bei der Suche nach »Ihrer« *Gestoria* um, und fragen Sie ggf. bei Ihrer Bank nach einer guten Adresse, da man dort oft Einblick in die Arbeit dieser Büros hat.

Grundsätzlich sollte ein »guter« *Gestor* einige Bedingungen erfüllen: Wenn Sie zu ihm ins Büro kommen und er Ihnen nicht gleich zu Beginn des Gesprächs seinen Zulassungsausweis zeigt, so besitzt er ihn nicht oder ist vergesslich. Dieser Ausweis, mit Lichtbild und Registriernummer, weist seine Firma als **Gestoria Administrativa** aus und beweist, dass er eine Spezialausbildung absolviert hat und für seine Tätigkeit haftet. Jeder *Gestor* ist verpflichtet, seinen Klienten diesen Ausweis beim ersten Gespräch vorzulegen. Des Weiteren sollte in Ihrer *Gestoria* zumindest einer der Fachleute gut Deutsch sprechen. Denn Sie werden im seltensten Falle Spanisch so gut beherrschen, dass Sie dem *Gestor* Ihre Angelegenheiten, speziell Probleme in allen Einzelheiten exakt in spanischer Sprache erklären können.

Auf Mallorca empfiehlt es sich zudem, einem geborenen Mallorquiner als *Gestor* den Vorzug zu geben, weil die oft die besseren »Drähte« haben als Festlandsspanier, die auf Mallorca auch als eine Art von *extranjero* (Ausländer) gelten. Das hängt nicht zuletzt mit den *amistades* zusammen, über die oben im Kapitel »Mentalität und Lebensstil« berichtet wurde (siehe Seite 37).

---

*) Dieses Logo findet sich bei allen registrierten Gestorias

Gestorias auf Mallorca

Die folgenden Gestorias erheben den Anspruch, die erläuterten Voraussetzungen zu erfüllen (ohne Gewähr):

Perfil Asesor SL
Carrer Gremi Fusters 33, oficina 319,
E 07009 Palma (Edificio VIP Asima)
✆ 971 103101 · Fax 971 795992
E-Mail: info@perfilasesor.com
www.perfilasesor.com

Susanne Cerdá
Carrer San Miguel 36 - 5°
E 07002 Palma
✆ 971 727229 · Fax 971 72130
oder:
Avinguda de Peguera 18
E 07160 Peguera
✆ 971 685566 · Fax 971 685654
E-Mail: info@cerda-consult.com
www.cerda-consult.com

Ramon Darder Gabinete Asesor
Asesoria Juridico Laboral y Fiscal
Carrer San Miguel 52 - 1°
E 07002 Palma
✆ 971 712100 Fax 971 718065
E-Mail: info@darder.com
www.darder.com

Bufete Frau
Carrer San Miguel 36 - 4°
E 07002 Palma
✆ 971 228036 · Fax 971 228232
E-Mail: info@bufetefrau.com
www.bufetefrau.com

Gestoria Portol
administrativa y asesoría fiscal,
Carrer Gremi de Sabaters 30 - 1°
E-07009 Palma (Son Castelló)
✆ 971 908095 · Fax 971 908094
E-Mail: myma@gestoriaportol.com
www.gestoriaportol.com

Disayo Mallorca SL
Ronda de Migjorn 93 - 2°
E-07620 Llucmajor
✆ 971 669928 · Fax 971 661640
E-Mail: info@disayomallorca.com
lwww.grupopastor.com

Gabinete Lleonart
Carrer Rentadors,
E-707300 Inca
✆ 971 500962 · Fax 971 502853
www.gabinete-lleonart.com

Gestoría Tomás
Passeig Santa Catalina Siena 4
E-07002 Palma, ✆ 971 722432

Gestoria Gelabert
Carrer Curt 1,
E-07420 Sa Pobla, ✆ 971 540265

Gestoría Lliteras
Carrer Juan de Austria 25
E-07300 Inca, ✆ 971 501528

Gestoría Viver
Carrer Moll 27
E-07400 Alcudia, ✆ 971 545103

Gestoria Canaves
Carre Jonquet 48
E-07460 Pollença, ✆ 971 531528

Quelle: www.comprendes-mallorca.de

Und wenn der *Gestor* genügend Zeit für Sie hat und Sie nicht ein Klient unter hunderten sind, wäre auch das nicht schlecht. Beim ersten Gespräch, das bei einem seriösen *Gestor* immer kostenlos ist, sollten Sie nicht nur den Ausweis seiner Qualifikation sehen, sondern auch ungeniert fragen, ob er Mallorquiner ist, genügend Zeit für Sie hat und wie viele Mitarbeiter in der Kanzlei Deutsch verstehen bzw. sprechen.

In welchen Fällen Sie Hilfe brauchen

Man kann davon ausgehen, dass ca. 70-80% der angehenden deutschen Residenten nicht genügend Spanischkenntnisse besitzen, um die behördlichen Angelegenheiten selbständig regeln zu können. Viele wenden sich daher zunächst Hilfe suchend an das deutsche Konsulat, doch wird man Sie von dort in den meisten Fällen an eine *Gestoria* weiterverweisen.

Welche Vorteile hat nun konkret eine *Gestoria* für Sie, und was nützt sie Ihnen?

N.I.E. Identifikationsnummer

Die Beantragung der vor einigen Jahren abgeschafften so genannten *residencia* entfällt zwar. Aber dafür ist die Eintragung in das Melderegister der Ausländerbehörde ratsam. Persönliche Anwesenheit ist dabei Vorschrift. Was die Gestoria für Sie übernehmen kann, ist die Zuteilung einer N.I.E. Identifikations- und Steuernummer. Das kostet etwa €100 und spart – ggf. viel – Zeit.

Autoan-/ummeldung

Vielleicht haben Sie auch Ihr Auto auf die Insel gebracht, das nun umgemeldet werden soll bzw. muss (siehe Seite 54). Die bereits auf den Seiten 55ff erläuterte Umschreibeprozedur sollten Sie einer *Gestoria* überlassen. Nur einen Weg müssen Sie dabei selbst machen: die Fahrt mit Ihrem Fahrzeug zur *Inspeccion Técnica de Vehiculos* (*ITV*), wo Ihr Wagen auf seinen technisch einwandfreien Zustand untersucht wird. Wenn diese spanische »TÜV«-Untersuchung geschafft ist, erledigt die *Gestoria* alles Weitere innerhalb eines Monats. Fragen Sie Bekannte, was die erlebt haben, als sie das Fahrzeug selbst ummeldeten, und Sie werden sich auf jeden Fall für die *Gestoria* entscheiden.

Immobilienkauf

Wenn Ihnen Mallorca so gut gefällt, dass Sie sich auch in finanzieller Hinsicht realistisch überlegen können, ein Apartment oder eine Finca zu kaufen, dann sollten Sie den Kauf nie ohne fachmännischen Rat tätigen. Lesen Sie dazu die Hinweise im Kapitel »Alles über Immobilien« ab Seite 141.

Eine *Gestoria* prüft den Kaufvertrag, die Lastenfreiheit des Objekts und ob alles mit rechten Dingen zugeht. Das kostet natürlich eine

Kleinigkeit (bis zu 1% der Kaufsumme), zahlt sich aber aus.

Wenn das Objekt dann endgültig Ihnen gehört, werden Steuern darauf fällig. Das nehmen viele Hauseigner nur ungern zur Kenntnis. Wenn Sie aber persönlich im Grundbuch stehen – was der Normalfall ist – und nicht irgendeine Firma aus einer Steueroase, werden Sie unweigerlich vom Fiskus erfasst. Die *Gestoria* erstellt die zur Zahlung der Grundsteuern erforderliche Steuererklärung. Sie bereitet sogar die Überweisungsträger vor, so dass Sie sich bei Ihrer Bank lediglich einen Stempel geben lassen müssen als Nachweis der Begleichung.

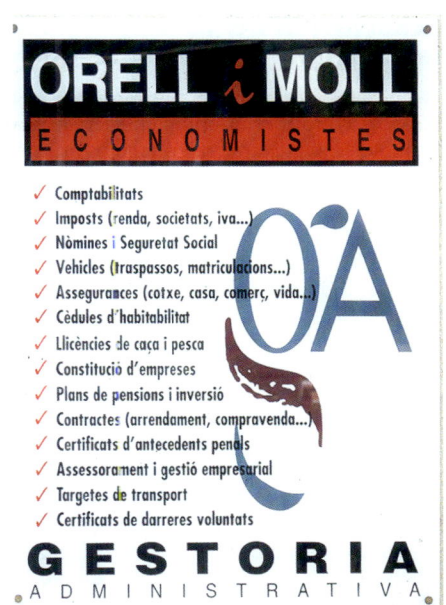

Typischer Gestoria-Leistungskatalog

Arbeitsvertrag

Sofern Sie auf Mallorca nicht Ihren Ruhestand genießen wollen, sondern ein Arbeitsverhältnis eingehen, wäre die Prüfung des Arbeitsvertrages eine weitere Angelegenheit für die *Gestoria*. Sie wollen doch eine Bestätigung dafür, dass im spanischsprachigen Vertrag auch wirklich enthalten ist, was Sie mit dem Arbeitgeber vereinbart haben. Eine derartige Prüfung und Beratung kostet nicht viel und kann Sie vor erheblichem Schaden bewahren.

Und sollte man Ihnen eines Tages kündigen, berät Sie ein *Gestor* über Ihre Rechte, etwa: Haben Sie Anspruch auf eine Abschlusszahlung oder Abfindung, wie bemisst man diese, und wie hoch ist diese überhaupt?

Nicht ohne *Gestoria*:
Geschäftsgründungen oder -übernahmen

Nehmen wir einmal an, Sie möchten in gemieteten Räumen ein Geschäft eröffnen. Dann schaffen Sie auch das nicht ohne sachkundige Hilfe. Noch vor Abschluss des Mietvertrages sollten Sie sich von der *Gestoria* sagen lassen, was auf Sie zukommt, also welche Genehmigungen Sie brauchen, welche Auflagen zu erfüllen sind, welche Ämter beteiligt sind – und ob Sie überhaupt eine Genehmigung für Ihr individuelles Vorhaben erhalten können.

Ein Geschäft schwarz zu eröffnen, ist nicht möglich. Vertrauen Sie keinesfalls Versprechungen eines Vermieters, der Ihnen auf Ihre diesbezüglichen Fragen erklärt: »*Ningún problema*«, denn er habe viele *amigos*, die alles schon richten würden.

Traspasos

Die Empfehlung, sich beraten zu lassen, bevor Sie Geld investieren, gilt für alle Arten von Geschäften, von der Boutique in Palma bis zum deutschen Restaurant in der »Schinkenstraße« an der Playa de Palma. Selbst dort, wo man nach Lage der Dinge keine Probleme erwarten sollte, tauchen eben doch oft welche auf. Das gilt speziell für die sog. *traspasos*, bei denen Sie für die Geschäftsübernahme eine Ablösesumme zahlen (siehe Seite 181f). Dabei gibt es eine Reihe von Fußangeln. So wissen z.B. nur wenige, dass man mit dem Geschäft auch die Mitarbeiter »kauft«, die weiterbeschäftigt werden müssen.

Wenn Sie ohne Wissen um diese Regelung Kündigungen aussprechen, kann das richtig ins Geld gehen. Lassen Sie vor jeder Vertragsunterzeichnung von der *Gestoria* anhand der Personalliste also genau prüfen, welche Rechte die Mitarbeiter haben, und was die eventuelle Ablösung der bisherigen Mannschaft kosten würde. Viele haben schon nach einer solchen Beratung von einem Vertragsabschluss Abstand genommen und damit viel Geld gespart.

Mitarbeiter

Sollten Sie mit Hilfe der *Gestoria* alle Schwierigkeiten gemeistert und eine Firma/einen Laden übernommen oder gegründet haben, werden Sie Mitarbeiter engagieren müssen, vor allem, wenn sich die Geschäfte gut entwickeln. Auch dabei ist Ihnen die Mitwirkung einer *Gestoria* zu empfehlen, die Ihnen Tips gibt, auf welcher Vertragsbasis Sie Mitarbeiter beschäftigen sollten. Das ist deshalb besonders wichtig, weil die Arbeitsgesetzgebung in Spanien sehr arbeitnehmer-freundlich ist; z.B. gibt es nach dem Gesetz nur sehr wenige Überstunden. Offiziell arbeiten alle Angestellten maximal 40 Stunden in der Woche. Alle Mehrstunden erhalten Sie netto ausbezahlt. Hier ist Ihr Einfallsreichtum gefragt, wie Sie das regeln.

Zwei weitere Besonderheiten:

- das Gehalt wird in 14 Monatsbeträgen gezahlt. Damit man nicht auf »echte« 14 Monatsgehälter kommt, werden in Spanien nur Jahresbezüge vereinbart, die durch 14 geteilt den Monatslohn ergeben.

- bei Krankheit zahlt der Arbeitgeber (ab dem 4. Tag) solange das Gehalt, bis der Mitarbeiter wieder gesund ist. Da bleibt ihm bei längerer Krankheit gar nichts anderes übrig, als dem Mitarbeiter (immer schriftlich!) zu kündigen. Das geht mit einer Frist von 30 Tagen, kann aber eine größere Abfindung mit sich bringen, wenn der Mitarbeiter länger fest beschäftigt war.

Es geht aber nicht nur um die Einstellung oder Entlassung von Mitarbeitern, sondern auch um deren Anmeldung bei der Sozialversicherung, die Beschaffung von Arbeitsgenehmigungen und die Abrechnung der monatlichen Bezüge. Auch solche Arbeiten erledigt die *Gestoria* für Sie, ohne dass Sie sich um etwas zu kümmern brauchen. Aber natürlich kostet das auch.

Ein schäbiger Eingang sagt in Palma wenig – drinnen kann es hochmodern sein

Staatliche Kontrollen

Im betrieblichen Geschehen werden Sie es ab und zu auch mit Inspektionen zu tun haben. Mal wird kontrolliert, wann und wie lange die einzelnen Angestellten arbeiten, und ob sie alle Verträge und Arbeitsgenehmigungen haben. Eine andere Kontrollinstanz kümmert sich um die hygienischen Verhältnisse, wieder eine andere um die Einhaltung der Sicherheitsbestimmungen usw. Dabei kann es durchaus vorkommen, dass es etwas zu bemängeln gibt, dass ein Protokoll erstellt oder dass eine *multa* (Strafe) angedroht oder verhängt wird. Da Sie nicht alle Vorschriften kennen können (zumal die sich im Zeitablauf ändern), hätten Sie große Schwierigkeiten bei der Regulierung derartiger Vorkommnisse. Wenn Sie sich der Hilfe einer *Gestoria* bedienen, geben Sie im Eventualfall das Protokoll oder die *multa* einfach an diese weiter, und die wird die Sache schon schaukeln.

Geschäftsideen

Ein typischer Fall für *Gestoria*s sind Leute, die mit grandiosen Geschäftsideen auf die Insel kommen und mit deren Realisierung beginnen, ohne sich um bestehende Gesetze und Vorschriften zu kümmern. Das kann danebengehen, sehr viel Geld kosten und damit den ganzen Geschäftserfolg in Frage stellen.

Solche Leute schimpfen dann fürchterlich auf Mallorca und die spanische Bürokratie. Dabei hätte ein guter *Gestor* Voraussetzungen und Bedingungen für die geplante unternehmerische Tätigkeit klären, auf mögliche Klippen hinweisen und eventuell Lösungsvorschläge haben können, die der Sache zum Erfolg verhelfen.

Fazit

Zusammengefasst lässt sich sagen: Wer nach Mallorca kommt, ohne die örtlichen bzw. spanischen Verhältnisse zu kennen, keine Erfahrung im Umgang mit der hiesigen Bürokratie hat, ohne Verbindungen dasteht und auch weder Zeit noch Lust hat, tagelang Schlange zu stehen oder monatelang zu warten, sollte bei wichtigen finanziellen Transaktionen und geschäftlichen Angelegenheiten, erst recht bei Problemen unbedingt eine *Gestoria* einschalten.

All das hört sich fast schon wie interessengesteuerte Werbung für diesen Berufszweig an. Die Autoren versichern indessen, dass die Betonung des Gestors für Mallorca der reinen Einsicht folgt.

Kosten und Gebühren des Gestors

Gebührenordnung und freie Vereinbarung

Bis 1997 gab es eine Gebührenordnung für die Leistungen von *Gestorias*. Seit 1998 sind die Honorare freigegeben, und jeder *Gestor* kann seine Preise selbst bestimmen bzw. aushandeln. Dennoch orientieren sich die meisten auch weiter an der alten Gebührenordnung.

Grundsätzlich richten sich die Kosten nach dem Aufwand, der mit der Durchführung und Erledigung eines Auftrages verbunden ist. Da das von Fall zu Fall verschieden ist, lassen sich konkrete Preisangaben nur schwer machen.

Zwei Hinweise trotzdem: die Beantragung einer *N.I.E.* kostet ca. €100, die Umschreibung eines fünf Jahre alten VW Golf etwas über €1.000 (!). Der größte Teil der letztgenannten Summe entfällt auf Steuern, die bei der Umschreibung fällig werden. Sie richten sich nach der Größe des Autos sowie nach dessen Alter. Die *Gestorias* können Ihnen anhand von Tabellen genau sagen, was eine Anmeldung auf Mallorca bei Ihrem Wagen kostet.

Kostenvoranschlag

Wenn Sie mit einem Problem zur *Gestoria* gehen, lassen Sie sich einen genauen Kostenvoranschlag machen, damit Sie hinterher nicht überrascht sind. Die *Gestorics* sind an ihre Voranschläge gebunden. Sollte der *Gestor* auf Ihre Frage nach seinen Kosten die alte Gebührenordnung aus der Schublade ziehen, umso besser.

Und noch ein Tip: Bei größeren Aktionen können Sie mit der *Gestoria* durchaus über die Höhe des Honorars verhandeln und einen Pauschalpreis vereinbaren. Firmen, die die gesamte Buchhaltung und Personalverwaltung über eine *Gestoria* abwickeln möchten, lassen sich von verschiedenen *Gestorias* ein Angebot machen, um die Kosten zu minimieren.

Ein guter *Gestor* zeichnet sich auch dadurch aus, dass er nicht gleich große Vorschüsse kassiert.

Wenn man Ihnen einen Vorschuss abverlangt, lassen Sie sich sagen, wofür das Geld benötigt wird und weshalb Sie es im Voraus zahlen sollen.

Mallorcas Gesundheitswesen

Wer nach Mallorca kommt und dort erkrankt oder einen Unfall erleidet, muss nicht befürchten, schlecht versorgt zu sein. Das spanische Gesundheitswesen arbeitet auf einem hohen Niveau, die Leistungen der Ärzte und Kliniken sind anerkannt. Außerdem gibt es immer mehr auf Mallorca niedergelassene deutsche Mediziner und Zahnärzte.

Das spanische Gesundheitssystem

Insalud

Wer offiziell auf Mallorca arbeitet, ist in das System der *Insalud* eingebunden und kann – ähnlich wie bei uns – per elektronisch lesbarer Versicherungskarte alle vertraglich zugesagten Leistungen in Anspruch nehmen. Die sind jedoch vergleichsweise gering und im Wesentlichen auf die medizinische Grundversorgung beschränkt. Immerhin fällt keine Praxisgebühr an! Zahnärztliche Behandlung und Zahnersatz sind grundsätzlich privat zu tragen.

Wenn sich ein Spanier ernstlich krank fühlt, geht er als erstes in ein sog. **Centre de Salut** (Gesundheitszentrum), von den Mallorquinern auch **Ambulatorio** genannt. Diese Zentren haben Hausarztfunktion und dienen als Ausgabestelle für bestimmte gängige Arzneimittel. Die Behandlungskosten werden zwar von der *Insalud* getragen, aber viele Medikamente muss der Versicherte in der **Farmacia** (Apotheke) selbst bezahlen; teilweise gibt's darauf aber *Insalud*-Rabatte bis zu 50%.

Falls der Patient einen **Facharzt** konsultieren muss, erfolgt die Überweisung des Patienten durch Ärzte im *Centro*. Bei Notfällen, nachts und am Wochenende dürfen sich *Insalud* Versicherte auch direkt an die Notaufnahmen der Kliniken in Palma, Manacor und Inca wenden.

Gesundheitszentrum

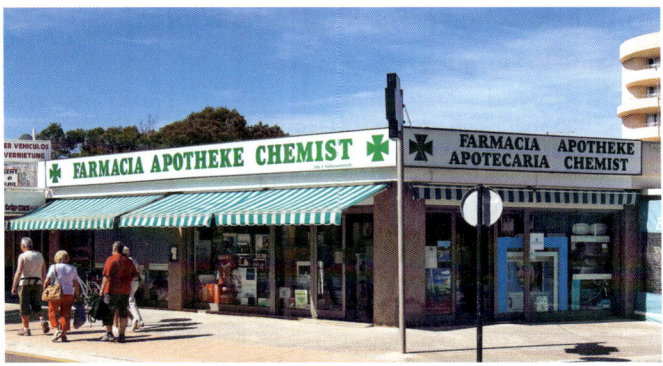

Nicht zu verfehlen: Apotheken erkennt man in Spanien am Grün von Schrift und Kreuz

Wartezeiten

Das zentralisierte System bringt Wartezeiten mit sich. Auf den Termin für eine Operation muss man oft über einen Monat, nicht selten bis zu einem halben Jahr warten: Hunderte Mallorquiner stehen ständig auf der Warteliste. Auch für Untersuchungen, die nicht ambulant in den sog. *Ambulatorios* oder bei niedergelassenen Ärzten vorgenommen werden können, beträgt die Wartezeit in vielen Fällen über einen Monat. Privatversicherte indessen betrifft das nicht, sie können sich auch in einer Privatklinik untersuchen oder behandeln lassen. Aber nur ein geringer Prozentsatz der mallorquinischen Bevölkerung leistet sich eine private Voll- oder Zusatzversicherung, obwohl diese vergleichsweise günstig sind.

Zahnbehandlung

Die gesetzliche Krankenversicherung erstattet, wie gesagt, keine Kosten für Zahnbehandlungen mit sichtbaren Folgen für die Gebisse der Mallorquiner. Nach einer Untersuchung der balearischen Gesellschaft für Zahnheilkunde haben 80% der Bevölkerung Probleme mit den Zähnen, aber nur 30% gehen damit zum Zahnarzt. Einige Mallorquiner haben eine Zahnarztpraxis noch nie von innen gesehen. Wichtig ist, dass man sich bei Barzahlung – gerade als unerfahrener Ausländer – eine Rechnung für die Behandlung ausstellen lässt, sonst bleibt man auch mit Zusatzversicherung auf den Kosten sitzen und der Arzt freut sich über »Schwarzeinkünfte«.

Die medizinische Versorgung auf Mallorca

Ambulante Versorgung

Nach Auskunft der Ärztekammer der Balearen praktizieren weit über 2.000 spanische Ärzte auf Mallorca, die meisten davon privat oder sowohl privat als auch öffentlich. Die ambulante ärztliche Grundversorgung erfolgt in den genannten – mehr als 100 über die ganze Insel verteilten – *Ambulatorios* bzw. *Centros de Salud*. Die dort praktizierenden Allgemeinmediziner arbeiten eng mit Fachärzten zusammen, die Einzelpraxen betreiben oder sich in Gemeinschaftspraxen zusammengetan haben. Seit 2008 gibt es ein umstrittenes Gesetz, welches festlegt, dass alle Ärzte und Therapeuten des öffentlichen Gesundheitssystems Katalanisch bzw. Mallorquinisch sprechen müssen. Dies trägt naturgemäß nicht gerade dazu bei, dass sich mehr qualifizierte medizinische Fachkräfte von außerhalb Kataloniens auf Mallorca niederlassen, und sei die Insel noch so schön.

Staatliche Krankenhäuser

Zentren der medizinischen Versorgung im **Großraum Palma** sind die Krankenhäuser ***Son Espases*** (Carretera de Valldemossa 79 gleich nördlich des Autobahnrings *Via Cintura* um Palma unweit der Universität, Anfahrt mit Buslinie #20) und ***Son Llatzer*** an der Straße nach Manacor (östlich der *Via Cintura*, nur wenige Kilometer außerhalb der Stadt, Buslinie #14). Deren Ambulanz- und Unfallstationen sind rund um die Uhr besetzt.

Das hochmoderne Großklinikum *Son Espases* wurde erst Ende 2010 fertiggestellt und ersetzt seitdem die stadtnähere nun stillgelegte Klinik *Son Dureta*.

Neben neuester High-tech-Ausstattung und komfortablen Zimmern (die Hälfte davon Einzelzimmer) gibt es dort eine bislang auf Mallorca nicht vorhandene psychiatrische Abteilung.

Govern
de les Illes Balears
Hospital Son Llatzer

Hospital
Son
Llàtzer

Neues Klinikum Son Espases

Neben *Son Espases* und *Son Llatzer* in Palma gibt es noch Kliniken in **Manacor**, wo erst 1997 eine Lücke in der stationären Versorgung des mittleren und östlichen Teils der Insel geschlossen wurde, und seit Anfang 2007 ein modernes Krankenhaus bei **Inca** hinzu.

Alle vier sind Vertragskrankenhäuser für Patienten, die der staatlichen spanischen Krankenversicherung *Insalud* angehören.

Probleme gibt es nicht selten mit der Verständigung. Entgegen der Erwartung, dass in Mallorcas Krankenhäusern, analog zum touristischen Bereich, eigentlich auch mehrsprachiges Personal zu finden sein müsste, ist das selten der Fall. Eigene Spanischkenntnisse bzw. bei betreuenden Angehörigen oder Freunden sind wichtig. Die Kliniken ziehen bei Sprachproblemen aber Dolmetscher hinzu.

Die vier großen staatlichen Kliniken im Internet:

www.hospitalsonespases.es (Son Espases, Palma Nord)

www.hsll.es (Son Llatzer, Palma Ost)

www.hcin.es/webHospitalInca/ca (Inca)

http://fundacion.hospitalmanacor.org (Manacor)

Privatkliniken

Neben den staatlichen Kliniken, *Centres de Salut* und Fachärzten, die (auch) für die *Insalud* arbeiten, gibt es mehrere private Krankenhäuser, teilweise unter deutscher Leitung. Diese Kliniken besitzen ein gutes Renommee. Sowohl die Ausbildung des Personals als auch die technische Ausstattung entsprechen internationalem Standard. Dort anfallende Rechnungen müssen aber privat bezahlt werden, siehe auch Seite 205.

Zahnmedizin in Spanien

An spanischen Universitäten wurde erst 1991 eine spezielle Fachrichtung für Zahnmedizin eingeführt. Bis dahin qualifizierten sich Studenten nach dem allgemeinen Medizinstudium durch eine kurze Zusatzausbildung zum Facharzt für Zahnmedizin. Nur jüngere Zahnärzte, die heute nicht viel älter als 40 Jahre sind, können bereits im eigenen Land ein Vollstudium der Zahnmedizin absol-

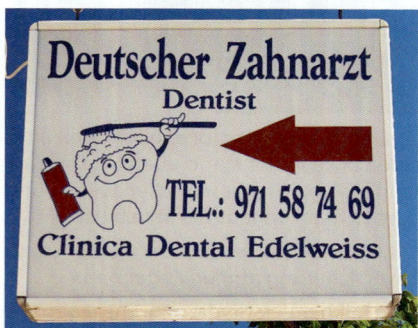

viert haben. Wer will, kann aber als deutscher Resident oder »Dental-Tourist« mittlerweile aus einer ganzen Reihe von deutschen oder deutschsprachigen Zahnärzten auf Mallorca wählen, die mit einem oder mehreren der deutschen Zahnlabors auf der Insel kooperieren.

Die können u.a. wegen der niedrigeren Gehälter in Spanien um 20%-30% günstiger produzieren als bei uns. Deutsche Kassen ersetzen Zahnbehandlungskosten ihrer Versicherten auf Mallorca im Rahmen der auch in Deutschland geltenden Beschränkungen. Da bei niedrigeren Gesamtkosten auch der Eigenanteil der gesetzlich (oder privat) Versicherten geringer ausfällt, macht eine Zahnbehandlung auf Mallorca – für alle Beteiligten – durchaus Sinn. Mehr zum Thema Kostentragung rechts.

Deutsche Ärzte

Situation

Neben den spanischen Medizinern praktizierten 2011 weit über 100 deutsche Ärzte auf Mallorca, die fast alle Fachgebiete vom Augenarzt bis zum Urologen abdecken und im wesentlichen von Touristen und den über 50.000 deutschen Residenten in Anspruch genommen werden. Diese dürfen sich über – im Vergleich zu Praxen spanischer Ärzte, die mit der *Insalud* abrechnen – meist recht modern ausgestattete Praxen freuen.

Auch für die erstaunlich hohe Zahl an Unglücklichen unter den Residenten, die auf Mallorca ihr privates Paradies nicht finden konnten und sich dem Alkohol- bzw. Drogenmissbrauch hingeben, die unter Depressionen, Neurosen oder Psychosen leiden, ist dank mehrerer Praxen auch für Psychotherapie gesorgt.

Nach Fachrichtungen und regionaler Verteilung gegliederte aktuelle Listen der auf Mallorca praktizierenden deutschen· bzw. deutschsprachigen Ärzte (und Zahnärzte) findet man in den beiden Wochenzeitungen *Mallorca Magazin* und *Mallorca Zeitung*.

Von vielen deutschen Ärzten hört man, dass sie in erster Linie Frust über die heimische Gesundheitspolitik veranlasste, nach Mallorca zu gehen. Manche haben nicht nur auf hohe Einkommen verzichtet, sondern auch auf Ansehen, waren Sie doch häufig Inhaber großer Praxen oder Chefärzte. Den Frust haben sie gegen marktwirtschaftliche Freiheit eingetauscht, wohl wissend, dass sie sich möglicherweise finanziell verschlechtern würden.

Konkurrenz

Keiner der deutschen Ärzte auf Mal orca ist bei der staatlichen spanischen Krankenversicherung *Insalud* Vertragsarzt.

Privat zahlende Patienten sind daher in Anbetracht der hohen Dichte ärztlicher Versorgung stark umworben. Und so schalten privat praktizierende, speziell deutsche Ärzte auffällige Anzeigen und listen darin ihr Leistungsangebot (was Ärzten und Zahnärzten in Deutschland untersagt ist).

Kosten und Erstattung

Anders als in Deutschland gibt es in Spanien keine feste Gebührenordnung für Ärzte; die Preisgestaltung der medizinischen Leistung ist weitgehend frei. Eine allgemeinmedizinische Behandlung kostet ab €50, Spezialisten verlangen mindestens €75. Apparative und operative Sonderleistungen werden extra berechnet.

Patienten müssen Privatrechnungen zunächst aus eigener Tasche begleichen. Die Privatversicherung erstattet die verauslagten Beträge gemäß den jeweiligen Tarifbedingungen ganz oder teilweise. Von den gesetzlichen deutschen Krankenkassen werden privat beglichene Arztkosten nur im Rahmen der deutschen Vorgaben erstattet. Dazu gibt es ein eigenes Merkblatt. Oft bleibt ein hoher Eigenanteil beim Versicherten.

Gemeinschaftspraxen

Auffällig sind die Gemeinschaftspraxen deutscher Mediziner, die sich mit großen Anzeigen in der *Mallorca Zeitung* und im *Mallorca Magazin* und mit eigenen werbewirksamen Websites im Internet präsentieren.

Jedes dieser Häuser bietet ein breites Spektrum an medizinischen Behandlungen mit jeweils eigenen Akzenten.

Die Vorteile dieser Zentren liegen nicht nur in einer Kostenreduzierung dank gemeinschaftlich genutzter technischer Geräte und der Vermeidung von Doppeluntersuchungen, sondern vor allem in einer Bündelung der Kräfte und des Wissens. Hier findet der Patient die Fachleute Tür an Tür, die er sonst häufig an unterschiedlichen Orten separat aufsuchen müsste.

Große Gemeinschaftspraxen in Palma

Ärztehaus Palma
✆ 971 228067,
Notfälle: ✆ 660 556640,
www.aerztehaus-palma.com

Deutsches Fachärztezentrum Clinica Picasso
✆ 971 220666
www.clinica-picasso.com

Internationales Facharztzentrum
in Palma-Porto Pi (»Vodafone-Gebäude«, in dem auch das Deutsche Konsulat residiert); ✆ 971 707055 und ✆ 971 707035
www.centromedicoportopi.es

Es sei an dieser Stelle darauf hingewiesen, dass ein »gezielter Behandlungsbesuch« (im Gegensatz zur Behandlung akut auftretender Krankheiten oder Verletzungen) auf Mallorca nur in Absprache mit der Kasse erfolgen darf, will man vermeiden, als Patient ggf. auf den Kosten sitzenzubleiben.

Rundum gut betreut:
Schwangerschaft und Geburt auf Mallorca

Wer auf Mallorca entbindet, findet einen ebenso hohen medizinischen Standard vor wie in Deutschland. Das öffentliche Gesundheitssystem bietet aber weniger Leistungen, und wer eine ähnlich gründliche Vor- und vor allen Dingen Nachsorge wünscht, muss selbst zahlen oder privat versichert sein.

Öffentliches Gesundheitssystem

Für gesetzlich Versicherte besteht weder freie Arzt- noch Hebammenwahl. Auch das Krankenhaus, in dem entbunden werden soll, wird je nach Wohnort zugeteilt. In Frage kommen die Krankenhäuser Son Espases, Son Llàtzer, Inca und Manacor. Wohin sich die schwangere Frau wenden kann, erfährt sie im örtlichen Gesundheitszentrum (*Centre de Salud*).

Dort finden in der Regel vier bis fünf Vorsorgeuntersuchungen durch die Hebamme statt. Auch Geburtsvorbereitungskurse mit Gymnastik und Atemübungen gehören zum Standardprogramm. Drei zusätzliche Ultraschalluntersuchungen führt ein Arzt im Krankenhaus durch. Des Weiteren erfolgen ein Test auf Schwangerschaftsdiabetes und andere Routine-Untersuchungen.

Während der Geburt im Krankenhaus leisten Hebammen Hilfestellung. Ärzte greifen nur ein, wenn es zu Komplikationen kommt und beispielsweise ein Kaiserschnitt durchgeführt werden muss.

Meist bleiben Mutter und Kind zwei bis drei Tage auf der Wochenbettstation, nach einem Kaiserschnitt bis zu fünf Tagen. Das Kind wird täglich gebadet und danach üblicherweise mit Colonia (Kölnisch Wasser) eingerieben, was zu einer größeren Aufnahme von Alkohol über die Haut führen kann. Wer darauf verzichten möchte, sollte ausdrücklich darum bitten.

Nach der Entlassung aus dem Krankenhaus beschränkt sich die Nachsorge auf einen einzigen Termin bei der Hebamme.

Falls Sie(noch) nicht bei der *Insalud* (spanische gesetzliche Krankenkasse) versichert sind, sondern Mitglied einer gesetzlichen Kasse in Deutschland, haben Sie Anspruch auf die gleichen Leistungen wie ein Versicherungsnehmer der *Insalud*.

Dass auf Mallorca entbunden wird, sollte in solchen Fällen unbedingt mit der deutschen Kasse abgesprochen sein (siehe Kapitel »In Deutschland gesetzlich versicherte Residenten«).

Deutschsprachige Frauenärzte

Wer auf eine deutschsprachige Betreuung Wert legt und während Schwangerschaft und Geburt von ein und demselben Arzt betreut werden möchte, muss sich rechtzeitig privat versichert haben (vor der Schwangerschaft!). Allerdings sind Sie bei der Entbindung dann auch auf eine der Privatkliniken angewiesen (zum Beispiel *Clínica Rotger*, *Clínica Planas* oder *Femenías*), was nicht in jedem Fall die bessere Lösung sein muss. Denn anders als die Hebammen in den öffentlichen Krankenhäusern, sind die privaten Gynäkologen unter Umständen schneller bereit, die Geburt einzuleiten oder das Kind per Kaiserschnitt zur Welt zu bringen. Auch ist es in manchen Privatkliniken üblich, Mutter und Kind nach der Geburt erst einmal zu trennen. Die Mutter soll sich so besser erholen können. Das Kind lässt man schreien. Weitere Routinemassnahmen auf der Wochenbettstation sind auch bei den Privaten das Einreiben mit Colonia und – bei Mädchen – gleich das Ohrlöcherstechen.

Welche Kosten die jeweilige private Krankenkasse übernimmt, muss vorab geklärt, will man Überraschungen vermeiden. Z.B. Geburtsvorbereitungskurse werden nicht immer abgedeckt.

Hebammen und Geburtshelfer

Während die gesetzlichen Kassen in Deutschland bis zu drei Wochen nach der Geburt tägliche Hausbesuche einer Hebamme finanzieren, wird auf Mallorca davon ausgegangen, dass die älteren Frauen der Familie den jungen Müttern zur Seite stehen. Müssen Mutter und Kind auf diese Hilfe verzichten, finden Sie bei der Beratungsstelle ABAM (*Associació Balear d'Alletament Matern*) Unterstützung, www.abamlactancia.org.

Wer eine Nachsorge zu Hause wünscht, muss diese selbst finanzieren bzw. über die deutsche Krankenkasse abrechnen lassenso das möglich ist. Auch eine Hausgeburt muss mit Kosten von ungefähr €2000 selbst getragen werden. Zuständige Hebammen und Geburtshelfer finden Sie bei der Organisation »*Grup Neixer*«, ✆ 971 796292, www.grupneixer.com.

Hilfen für Familien

Auf Mallorca finden Familien eine ganz andere Gesetzeslage vor als in Deutschland. Von einem Jahr Elterngeld und drei Jahren Elternzeit kann man in Spanien nur träumen, ebenso wie von €184/Monat für die ersten beiden Kinder bis zu 25 Jahre lang.

Babyprämie

Seit 2007 erhielten die Eltern jedes Neugeborenen eine einmalige Zahlung von €2.500 vom Staat. Das Geld gab es auch für Eltern mit EU-Staatsbürgerschaft, sofern sie seit mindestens zwei Jahren in Spanien gemeldet waren. Anfang 2011 wurden die Zahlungen im Rahmen der allgemeinen Sparmaßnahmen wegen der Finanzkrise der EU und auch Spaniens gestrichen.

Kindergeld

Nun erhalten nur noch berufstätige Mütter ein Kindergeld von €100 monatlich (oder €1.200 Steuerermäßigung jährlich) während der ersten drei Jahre.

Familien, in denen die Mutter nicht berufstätig ist, können beim ersten Kind €1.863 vom zu versteuernden Jahreseinkommen abziehen, €2.040 beim zweiten Kind und mehr in Abhängigkeit von der Kinderzahl. Daraus ergeben sich selten mehr als €600 an Steuerersparnis pro Jahr.

Höhere Unterstützungszahlungen gibt es aus Sozialkassen nur für bedürftige Familien mit sehr niedrigen Einkommen und allein erziehende Mütter nach komplizierten Regularien.

Mutter- und Vaterschutz

In der Regel arbeiten schwangere Frauen auf Mallorca bis kurz vor der Entbindung, um danach 16 Wochen Mutterschutz in Anspruch zu nehmen. Es ist ebenfalls möglich, schon ein paar Wochen vor der Entbindung zu pausieren, insgesamt darf die Mutter aber nur in Ausnahmefällen länger als 16 Wochen zu Hause sein. Wer ein ganzes Jahr oder mehr dem Nachwuchs widmen will, hat keinen Anspruch mehr auf seinen Arbeitsplatz.

Zu den Vätern: Sie haben nur Anrecht auf ein paar wenige freie Tage. Seit März 2008 gibt es 15 Tage Vaterschutz-Urlaub.

Betreuung in der Kinderkrippe

Für Kinder bis zu drei Jahren lassen sich noch vergleichsweise leicht Plätze in einer *Escoleta* (Kinderkrippe) finden, besonders in den kleineren Städten. Aber auch in den Ballungszentren Palma und Manacor gibt es keine endlosen Wartelisten wie in Deutschland. Trotzdem empfiehlt es sich bei der Suche nach einem geeigneten Platz ein paar Monate Vorlauf einzuplanen, denn Kinderkrippen die dem meist hohen Anspruch deutscher Eltern gerecht werden, sind auch bei den Mallorquinern mehr und mehr beliebt.

Es beginnt bei der Eingewöhnung: Ganz anders als in Deutschland ist es auf Mallorca üblich, die Kinder schon am ersten Tag an der Pforte abzugeben. Nur nach Absprache ermöglichen einige wenige Kindergärtnerinnen den Kleinen einen sanfteren Einstieg, indem die Eltern erst einmal ein paar Tage mit dabei sein dürfen.

Da Kinderkrippen weder staatlich noch von der Kirche bezuschusst werden, ist die Ausstattung meist bescheiden. Deshalb finden zumindest für Kinder ab zwei Jahren Aktivitäten auch außerhalb der Krippe statt. Sehr verbreitet ist beispielsweise die psychomotorische Förderung (*psycomotricidad*) in der Turnhalle. In der Regel werden die Kinder dabei zwei Mal pro Woche zu Bewegungs- und Wahrnehmungsspielen angeleitet.

Die Kosten für die Unterbringung entsprechen in etwa denen in Deutschland. Ein halber Tag kostet monatlich um die €110, die ganztägige Unterbringung rund €160. Das Essen und die Besuche der Turnhalle müssen extra bezahlt werden.

Eine Übersicht der Kindergärten auf Mallorca findet sich im Internet: www.guarderias.org/guia-guarderias-en-baleares.html

Richtig versichert auf Mallorca

Leistungen für Pflichtversicherte in Spanien

Was die Frage des Krankenversicherungsschutzes auf der Insel angeht, existieren nach wie vor Unklarheiten und »Fußangeln«. Generell wichtig zu wissen ist, dass Leistungen für pflichtversicherte Patienten – gleich, ob noch im eigenen (Aus-)Land oder in Spanien versichert – bei weitem nicht so umfassend wie in Deutschland sind.

Vorübergehender Aufenthalt gesetzlich Versicherter

Pflicht- und freiwillig Versicherte in den gesetzlichen deutschen Krankenkassen genießen während eines Urlaubs im europäischen Ausland theoretisch den gleichen Versicherungsschutz wie zu Hause, wenn sie im Besitz der Europäischen Gesundheitskarte sind, der *European Health Insurance Card*, auf spanisch **Tarjeta Sanitaria Europea**. Bei Auslandsaufenthalten ersetzt sie die einigen Lesern noch bekannten früheren Auslandskrankenscheine.

Wo die Karte nicht akzeptiert wird, also in privaten Praxen oder in privaten Krankenhäusern, müssen Rechnungen unmittelbar vom Patienten bezahlt werden. Die Kassen in Deutschland ersetzen die Kosten nur wie oben erläutert (Seite 205).

Mehr Informationen zur Europäischen Versicherungskarte unter

www.eu-info.de/sozialversicherung-eu/5873/7355

www.krankenkassen.de/ausland/
Europaeische-Krankenversicherungskarte

Reisekrankenversicherung

Bevor Sie sich auf die Reise nach Mallorca begeben (auch als Resident/in in spe), verlassen Sie sich also besser nicht allein auf die Basisversorgung der gesetzlichen Kasse, sondern schließen Sie unbedingt zusätzlich eine private Reisekrankenversicherung fürs Ausland ab. Für einen verhältnismäßig geringen Beitrag ist man damit (weitgehend alters- und geschlechtsunabhängig) zunächst »aus dem Schneider«, soweit eventuelle Behandlungen sich nicht auf bereits vor der Reise bestehende Erkrankungen beziehen.

Im Falle eines Falles deckt sie sogar die Kosten für einen Rücktransport nach Deutschland ab. Besonders günstige Tarife bietet u.a. die HUK-Coburg (www.huk24.de).

Inhaber bestimmter »Edel- Kreditkarten« (Gold, Platin) brauchen sich selbst darüber keine Gedanken zu machen, denn sie verfügen vielfach über automatischen Krankenversicherungsschutz im Ausland, solange der Aufenthalt sechs Wochen nicht übersteigt; unabhängig davon, ob die Reise mit der Karte bezahlt wurde.

Privat Versicherte

Privat versichert Reisende haben gar keine Probleme. Das Leistungsversprechen der Privaten Krankenversicherung bezieht sich üblicherweise auch auf medizinische Behandlungen und Maßnahmen, die im europäischen Ausland, teilweise weltweit, notwendig werden. Innerhalb Europas gibt es im Allgemeinen nicht einmal zeitliche Beschränkungen. Einziger Nachteil: Man muss bei Begleichung der Rechnung durchweg in Vorleistung treten.

Zur Sicherheit sollte man sich bei der eigenen Gesellschaft über die genauen Regelungen für den Ersatz von im Ausland ausgelegten Kosten vergewissern.

Langzeitaufenthalte

Für Urlaubszeiten, die über sechs Wochen hinausgehen, gilt im Prinzip dasselbe, wie oben gesagt mit dem Unterschied, dass man sich hier auf eine Kreditkarten-Absicherung nicht mehr verlassen darf. Der Abschluss einer privaten Auslandskrankenversicherung ist also allen zu empfehlen, die nicht bereits privat versichert sind.

Aber über 6 Wochen hinausgehende Verträge werden nicht von allen Versicherern angeboten. Darüber hinaus sind die Bedingungen und Kosten für längerfristige Verträge sehr unterschiedlich; der Kostenvergleich zwischen mehreren Versicherungen lohnt.

Mehr Infos z.B. unter:

http://www.reiseversicherung.com/
vergleich-auslandskrankenversicherung.html

In Deutschland gesetzlich versicherte Residenten

Wer seinen Lebensmittelpunkt nach Mallorca verlegt und – z.B. als Rentner – weiter Beiträge zur gesetzlichen Krankenkasse in Deutschland entrichtet, kann die entsprechenden Leistungen in Deutschland in Anspruch nehmen und ist gleichzeitig für auf der Insel entstandene Krankheitskosten »basisversichert«. Es besteht aber die Gefahr, dass die deutsche Krankenkasse die Bezahlung von Behandlungen verweigert, die nicht notwendigerweise auf Mallorca vorgenommen werden mussten, wenn diese nicht mit ihr abgesprochen wurden.

Wollen Sie im Krankheitsfall nicht auf den Kosten sitzen bleiben, benötigen Sie entweder eine vorsorglich in Deutschland abgeschlossene private Krankenversicherung, oder Sie schließen auf Mallorca einen auf die dortigen Verhältnisse zugeschnittenen Vertrag ab.

Sofern Sie das nicht im Vorwege geregelt haben, könnten Sie über eine private Auslandsreise-Krankenversicherung das Krankheitskostenrisiko auf Mallorca für eine gewisse Zeit absichern, sofern Sie einen Wohnsitz in Deutschland beibehalten und die beabsichtigte Wohnsitzverlegung erst einmal als vorübergehende Auslandsreise betrachten. Das ist auch für ältere Menschen zu erträglichen Kosten möglich. Auf Mallorca sieht man dann weiter, um eine lückenlose Versicherung sicherzustellen.

Ein spezielles **20-seitiges Merkblatt für gesetzlich krankenversicherte Rentner** gibt es bei der »Deutschen Verbindungsstelle Krankenversicherung-Ausland« im Internet zum Ansehen und Ausdrucken:

Meine Krankenversicherung
bei Wohnort im Ausland

www.dvka.de

Man kann sich den Text dieser Broschüre als PDF-Datei auch auf seinen Computer laden.

Bei Insalud auf Mallorca versichern

Streng genommen besteht bei einer echten Wohnsitzverlegung von Anfang an die gesetzliche Pflicht, sich als Resident auf Mallorca zu versichern. Der Eintritt in die spanische staatliche Krankenversicherung *Insalud* steht – wie bereits erwähnt – auch ausländischen Residenten offen und spart dank geringerer Beiträge als in Deutschland (bei ebenfalls geringeren Leistungen) nebenbei auch Geld. Das gilt oft selbst dann noch, wenn eine Zusatzversicherung abgeschlossen wird für Leistungen, die *Insalud* nicht abdeckt.

Da dann die Beitragspflicht in Deutschland entfällt, muss im Bedarfsfall bei Reisen in die Heimat der auf Mallorca pflichtversicherte Resident seine spanische Versicherungskarte beim deutschen Arzt vorlegen. Residenten erhalten ihre *Tarjeta Sanitaria Europea* bei den Info- und Beratungszentren der *Seguridad Social*.

Sollte man später ganz nach Deutschland zurückkehren, treten krankenversicherungspflichtige Rentner oder Arbeitnehmer wieder einer gesetzlichen Kasse bei.

AOK in Palma

Die AOK unterhält bereits seit 1995 ein Büro in Palma als Anlaufstelle für Mitglieder, die Probleme bei der Arztsuche, mit Abrechnungen oder andere medizinischen Fragen haben.

Das AOK-Büro in Palma befindet sich in der Pasaje Juan XXIII-3-bajos und ist Montag bis Freitag 9.00-17.00 Uhr geöffnet.

℡ 971 710436 · Fax 971 711135

Die AOK-Mitarbeiter beraten in Notfällen auch Mitglieder anderer deutscher gesetzlicher Kassen.

In Deutschland privat versichert bleiben

Wer seit Jahren in Deutschland privat versichert ist, wird seinen Vertrag bei einem Wechsel nach Mallorca nicht einfach beenden wollen und sollte das auch zunächst auf keinen Fall tun. Andererseits kommen die deutschen Tarife teuer zu stehen, denn sie sind an Kosten und Leistungen in Deutschland orientiert. Es ist in vielen Fällen preiswerter, in Spanien versichert zu sein, wobei man jedoch den gebotenen Leistungen, Bedingungen und Restriktionen der verschiedenen Möglichkeiten erhebliche Aufmerksamkeit schenken sollte. Einer scheinbar größeren Ersparnis können beachtliche nicht abgedeckte Risiken gegenüberstehen, wie nicht ausreichende maximale Deckungssummen, eingeschränkte Arztwahl, keine Kostendeckung bei Reisen nach Deutschland und/oder in andere Länder. Auch die Zahlungsunfähigkeit von Versicherungsgesellschaften ist bereits vorgekommen. Gibt man den deutschen Schutz auf, so wird man bei einer eventuellen Rückkehr nach Deutschland und Neuversicherung in nicht mehr ganz jungen Jahren tariflich deutlich höher eingestuft, da die bereits verflossenen Versicherungsjahre wegen der Unterbrechung in aller Regel »unter den Tisch« fallen. Es kann dabei schwierig werden, überhaupt wieder eine bezahlbare Versicherung zu finden.

Private Neuversicherung auf Mallorca?

Eine Möglichkeit wäre auch hier wiederum der Abschluss einer rein spanischen privaten Krankenversicherung, die oft deutlich preiswerter ist als eine deutsche, aber auch in ihren Leistungen mehr Einschränkungen aufweist. Zu beachten ist dabei zudem für Mallorca-Residenten, dass dann Behandlungskosten in Deutschland finanziell vorgestreckt werden müssen. Und spanische Privatversicherungen erstatten nicht automatisch in anderen Ländern angefallene Auslagen in voller Höhe! Die Behandlung psychischer Erkrankungen ist immer privat zu bezahlen.

Vor der Entscheidung für eine bestimmte spanische Gesellschaft ist es daher wichtig, die Informationen und Erfahrungen anderer Residenten auf Mallorca in ähnlicher Situation zu sammeln und möglichst bei mehreren Agenturen Angebote einzuholen. In *Mallorca Magazin* und *Mallorca Zeitung* finden Sie Anzeigen verschiedener Versicherungsagenten.

Die größte deutsche private Krankenversicherungsgesellschaft, die DKV AG, ist mit einer Tochterunternehmung bereits seit über zehn Jahren in Spanien vertreten, hat aber mit der deutschen Muttergesellschaft ansonsten wenig gemein.

Die **DKV Geschäftsstelle** in Palma
befindet sich in der Carrer Ramon y Cajál 21,
© 971 758180, Fax 758143

Mehr Infos unter www.dkvseguros.com

Mallorcas Gesundheitswesen

Anwartschaft

Falls Sie – hinsichtlich späterer Veränderungen und Reisen nach Deutschland – Bedenken haben, den deutschen Schutz ganz über Bord zu werfen, besteht die Möglichkeit, den alten Vertrag auf Anwartschaft zu setzen und bei einer eventuellen Rückkehr zu gleichen Bedingungen wieder aufleben zu lassen. Dafür zahlen Sie einen fixen Prozentsatz des Normaltarifs, der von Gesellschaft zu Gesellschaft und auch vertragsabhängig unterschiedlich ist. Ebenso schwankt die maximale Zeitdauer für Anwartschaften. Das alles macht natürlich nur dann ggf. Sinn, wenn der »neue« Beitrag in Spanien plus Anwartschaftsbeitrag in Deutschland um einiges unter den bisherigen Versicherungskosten liegt.

Die letztendlich beste Strategie hängt nicht nur vom Tarifvergleich ab, sondern – wie ausgeführt – auch von der individuellen Lebenssituation und Zukunftsplänen.

Individuell optimal versichern

Die richtige Strategie, um zur optimalen persönlichen Lösung des Versicherungsproblems zu kommen, ist folgende: Behalten Sie zunächst Ihren Vertrag und bleiben Sie damit einschließlich Ihrer Zahntarife erst einmal abgesichert wie gehabt. Auf Mallorca erkunden Sie nach und nach die Details der für Sie individuell in Frage kommenden alternativen Krankenversicherungen (ggf. einschließlich *Insalud*) – unter Berücksichtigung Ihrer Vorerkrankungen!

Erst wenn Sie sicher sind, dass der auf Mallorca angebotene Gesamttarif nach Abwägung all Ihrer persönlichen Umstände und aller Aspekte deutlich günstiger ist, sollten Sie nach Abschluss der neuen Versicherung und eventuellen Wartezeiten den alten Vertrag kündigen. Eine übersichtliche, teilweise kritische Darstellung zum komplexen Thema einer Krankenversicherung für Spanien mit weiteren Details, Aspekten, Warnungen und Empfehlungen findet sich im Internet unter

www.auswandern.com/Krankenversicherung.136.0.html

Pflegeversicherung

Deutsche Rentner mit Anspruch auf Leistungen aus der Pflegeversicherung können diese nach einem Urteil des Europäischen Gerichtshofs aus dem Jahr 1998 auch auf Mallorca beziehen.

Es empfiehlt sich daher für deutsche Residenten, die auf Mallorca sozialversichert sind, jedoch Rentenansprüche in Deutschland haben, freiwillig weiter in die deutsche Pflegeversicherung einzuzahlen. Damit wahren Sie sich eventuell später wichtig werdende Ansprüche, die sonst verfallen würden.

Mehr Infos dazu findet man im Internet bei der Deutschen Verbindungsstelle Krankenversicherung-Ausland: www.dvka.de

Die erwähnte Broschüre für gesetzlich krankenversicherte Rentner (siehe Seite 213) enthält auch ein Kapitel zur Pflegeversicherung.

Pflichtversichert als Arbeitnehmer in Spanien

Insalud

Sollten Sie auf der Insel eine sozialversicherungspflichtige Tätigkeit aufnehmen, werden Sie automatisch Mitglied bei der staatlichen Krankenversicherung *Insalud*. Diese garantiert alle Leistungen des spanischen Gesundheitssystems, das gegenüber Deutschland einige Nachteile besitzt, worauf bereits mehrfach hingewiesen wurde. So müssen Sie mit Einschränkungen bei der Arztwahl und ggf. mit Wartezeiten in den Krankenhäusern rechnen.

Zahnersatzkosten, Akupunkturbehandlungen, Kosten für Hörgeräte, Sehhilfen u.a.m. werden z. B. gar nicht erstattet.

Zusatzversicherungen

Wer den Leistungsumfang verbessern möchte, kann eine private Zusatzversicherung abschließen. Spanische Versicherer bieten sie ab ca. €60/Monat an. Vor Vertragsabschluss sollten Sie prüfen, ob

• Sie freie Arztwahl haben oder nur Vertragsärzte aufsuchen dürfen

• Sie in Vorleistung treten müssen

• eine Selbstbeteiligung vorgesehen und wie hoch diese ist

• jährliche Höchstgrenzen für Leistungen festgelegt sind

• Sie freie Klinikwahl haben oder nur bestimmte Vertragskliniken in Frage kommen,

• Ersatz für die Kosten von Zahnbehandlung bzw. Zahnersatz geleistet wird,

• ggf. weitere Sie interessierende Extras, z. B. Akupunktur oder Psychotherapie eingeschlossen sind

Senioren auf Mallorca

Situation

An die 20.000 Senioren überwintern angeblich jährlich auf Mallorca in einem »lustvollen Langzeiturlaub ohne Graupel und Griesgram«, wie es die Süddeutsche Zeitung in einer detaillierten Betrachtung zu diesem Thema nannte. Neben verträglichem Klima und heimatlichem Ambiente in den deutschen Hochburgen wie Platja de Palma und Peguera lockt die Senioren auch die außergewöhnlich gute Versorgung mit deutschen Medizinern.

Nur billig ist das nicht. Die Kosten für eine Behandlung tragen die Patienten zum Teil selbst, denn die deutschen Kassen übernehmen nicht alles, was zur Gesundung nötig ist, siehe Seite 205.

Das gilt erst recht für Pflegedienste, obwohl nach einem Urteil des Europäischen Gerichtshofes Pflegegeld auch den im EU-Ausland lebenden Deutschen zusteht. Wie bei uns, kann man davon aber auch in Spanien nur einen Teil der anfallenden Kosten begleichen.

Seniorenresidenz

Bei **Santa Ponça** wurde Mitte der 1990er-Jahre ein strandnah gelegenes altes Herrenhaus samt Nebengebäuden zu einer attraktiven Altersresidenz umgebaut. *Es Castellot*, ein Unternehmen der Norddeutschen Diakonie, bietet den (durchweg deutschen) Bewohnern in der Anlage ab €1.100 im Monat (Einzelapartment) Leistungen, die man so in Deutschland nicht leicht findet, vom Klima mal ganz abgesehen. Details entnimmt man der Website www.es-castellot.de. Auch Pflegeleistungen lassen sich dort in Anspruch nehmen. Interessenten können sogar »probewohnen«.

Beratung zum Thema »Als Rentner nach Mallorca« erhält man auch bei der **Bundesarbeitsgemeinschaft der Seniorenorganisationen** (BAGSO e.V.) in Bonn, ☏ 0228 249993-0; www.bagso.de

Teilansicht der Anlage Es Castellot bei Santa Ponça

Mein Mallorca (IV)

Das erste Jahr

von E. St.

In meinem ersten Jahr auf Mallorca war häufig schlechtes Wetter: Von Januar bis März Wind und Regen. Stromausfälle waren an der Tagesordnung und eines stürmischen Tages brach auch das Telefonnetz zusammen. Wir riefen bei der Störungsstelle an und man versicherte uns, das Problem bereits im Griff zu haben. Jetzt müsse nur noch ein Techniker vorbeikommen und unser Telefon freischalten. Aber niemand kam. In den kommenden zwei Wochen riefen wir fast täglich bei der Telefongesellschaft »Telefonica« an, aber nichts geschah. Warum auch? Zu den ersten Lektionen, die ich auf Mallorca lernen musste, gehörte, dass ich – anders als in Deutschland, wo der Kunde auch bei privaten Anbietern seinen Direktanschluss haben kann – auf Mallorca einer einzigen Telefongesellschaft völlig ausgeliefert war. Anschlüsse gibt es nur über Telefonica, den berechnenden und obendrein noch unkooperativen Monopolisten!

Es geschah also nichts, was einer Katastrophe gleichkam, da wir für unsere Arbeit auf Internet und Telefon angewiesen waren. Was für ein Start!

Bis mir eines Morgens die Hutschnur riss.

Mir tat zwar die Frau von der Störungsstelle, die meinen Wutanfall abbekam, allein schon wegen meines schlechten Spanisch' leid, aber ich fühlte mich danach erleichtert.

Ich hatte gedroht, sämtliche Kabel der Telefongesellschaft herunterzureißen und zudem öffentliche Telefonapparate zu zerstören, wenn nicht noch heute ein Techniker vorbeikäme. Mir schien, man hatte verstanden ... Und zwei Stunden später stand ein freundlicher Mitarbeiter von »Telefonica« vor der Tür und schaltete das Telefon frei. Wir wurden obendrein stolze Besitzer seiner persönlichen Handynummer. Schon zweimal haben wir Miguel angerufen und er kam prompt. Miguel hatte uns wieder mit Mallorca versöhnt!

Im April regnete es immer noch und in unserer Freizeit bestückten wir lieber unseren Ofen mit Holz, als ans Meer zu fahren.

Wir wohnen zur Miete, in der oberen Etage eines Einfamilienhauses in einem 340-Seelen-Dorf im Osten der Insel. Für 90m² Wohnfläche plus Garage, kleinem Garten und großer Terrasse mit herrlichem Blick bezahlen wir monatlich €500. Der Vermieter hat die Wohnung beinahe komplett mit Möbeln ausgestattet, alles neu, alles IKEA. Wir fühlen uns wohl und nach einem Jahr Aufenthalt immer noch ein bisschen wie in einer Ferienwohnung. Und wenn es sehr windig ist, was öfter vorkommt, haben wir den Eindruck, auf einem Campingplatz im Zelt zu leben. Denn die Außenwände sind nicht isoliert, die Fenster nur einfach verglast und schließen schlecht, genau wie die Türen. »Das ist Mallorca«, pflegt unser Vermieter zu kommentieren und legt die Hände in den Schoss, wenn wir ihn z.B. auf Schimmel, der sich nach längeren Regenperioden an den Wänden bildet, aufmerksam machen.

Weil ich gelegentlich in Deutschland zu tun haben, kenne ich den Weg zum und vom Flughafen in- und auswendig. Und jedes Mal, wenn wir eine dreiviertel Stunde mit dem Auto über die Insel fuhren, fiel mir auf, wie schön und grün sie ist, wie ein gepflegter Garten. Der Regen hat durchaus etwas Gutes.

Trotzdem ist mir Sonne lieber. Im Mai war es endlich so weit. Der Frühling ließ sich nicht mehr verleugnen und ich spazierte mit dem Nachwuchs gerne durch unser Dorf. »Mi pueblo«, das Paradies auf Erden! Vom ersten Tag an war es genau das Richtige. Es finden hier viele Beerdigungen statt, mehr, als Geburten zu feiern wären, trotzdem ist das Dorf – im Gegensatz zu deutschen Dörfern dieser Größe – alles andere als tot. In den Straßen und auf dem Dorfplatz spielen Kinder und überall stehen Menschen zusammen. Ich habe mir sagen lassen, dass diese Offenheit für Mallorquiner nicht typisch sei, bestätigen kann ich das nicht.

In unserem Dorf funktionieren die Buschtrommeln gut. Auf Mallorca, so lernte ich, kann das auch ein Vorteil sein: Der Nachbarstochter hatte ich einmal bei den Englischhausaufgaben geholfen. Ein paar Tage darauf rief eine Mitarbeiterin vom zuständigen Rathaus, Sektion Erwachsenenbildung, an und fragte, ob ich nicht einen Englischkurs geben wolle. Sie habe viele Anfragen aus unserem Dorf vorliegen. Seitdem unterrichte ich einige Stunden Englisch und sogar zwei Stunden Deutsch pro Woche. Mein jüngster Schüler ist acht Jahre alt. Der älteste fünfundsechzig.

Die Bezahlung ist miserabel, dachte ich anfangs: €15 die Stunde. »Aber sie versteuern das bitte nicht!«, riet mir die Sachbearbeiterin im Rathaus höchst offiziell. Ich dachte zuerst, sie wolle mich testen und herausfinden, ob ich auch ja meine Steuern bezahle, aber bald sollte ich bemerken, dass Mallorquiner häufig schwarz arbeiten und dass bei größeren Einkäufen oftdie Mehrwertsteuer unter den Tisch fällt. Daher muss der der Staat auf andere Weise zu seinem Geld kommen. So werden zum Beispiel auf Umbauten am Haus haarsträubend hohe Gebühren erhoben.

Aber ich mache den Sprachunterricht auch gar nicht des Geldes wegen, jedenfalls nicht hauptsächlich. Der Job bringt mir viel mehr. Er hat uns geholfen, uns schnell zu integrieren. So durfte die ganze Familie bei den »Matanzas«, dem traditionellen jährlich stattfindenden Schlachttag dabei sein und mitessen. Außerdem waren wir, worüber wir uns besonders gefreut haben, auch schon bei mallorquinischen Bekannten aus dem Dorf zum Abendessen eingeladen! Und ich habe gelernt, das €15 pro Stunde auf Mallorca nicht schlecht bezahlt ist. Besonders jetzt, in Krisenzeiten. Unser Nachbar hat seinen Job bei einer Immobilienfirma verloren und jetzt einen Knochenjob als Hilfskraft auf dem Bau, für €8/ Stunde.

Im Juni schien weiter fast ununterbrochen die Sonne zur Freude von uns Wahl-Mallorquinern. Aber im Juli wurde sie uns zu heiß, ließ uns schwitzen und die Insel austrocknen. Vorbei waren die mittäglichen Spaziergänge durchs Dorf, erst nach 17 Uhr und manchmal erst nach 18 Uhr trauten wir uns samt Nachwuchs vor die Tür.

Ich hätte es mir nicht träumen lassen, dass Spaziergänge durch ein kleines Dorf einmal zu den Höhepunkten meines Lebens gehören sollten, aber die Mallorquiner, die wir unterwegs treffen, sind einfach so kinderfreundlich, dass es für jede Mutter eine wahre Freude ist! Und für die Kinder erst recht: Bonbons, Kekse, Lollis, Eis und Chips bekommen sie beinahe täglich zugesteckt, leider manchmal ohne die Zustimmung von uns Eltern. Zum Glück gibt's auch Gesundes, manchmal sogar sackweise:

Orangen, Mispeln, Tomaten, Auberginen, selbst gemachte Marmelade, Fleisch vom frisch geschlachteten Schwein, Sobrassada und ein Suppenhuhn zur Kräftigung für die frisch gebackene Mutter im Wochenbett.

Mein Mallorca

Als die Hitze endlich nachließ, war es Oktober, und wir trauten uns tagsüber wieder an die nun nicht mehr vollen Strände. Es waren nur noch wenige Touristen auf der Insel und wir vier hatten viel Platz. Ein paar Wochen genossen wir den Herbst, dann regnete es, das kannten wir schon: Winter auf Mallorca. An Weihnachten lag im Gebirge sogar Schnee. Und als am Heiligen Abend der Weihnachtsmann durch unser Dorf ritt und Geschenke für die Kinder dabei hatte, fühlte ich mich wie zu Hause, nur besser.

Resümee: Klagen über das Wetter finden hier auf hohem Niveau statt. Auch im Winter scheint vergleichsweise häufig die Sonne. So verspürt man auch im November oder Januar einen viel größeren Tatendrang als in Deutschland. Allerdings braucht man den auch, denn für seinen relativen Wohlstand muss man hart arbeiten. Der hiesige deutsche Konsul erzählte mir, dass im Schnitt täglich zwei Deutsche im Konsulat um Hilfe bitten, die es nicht geschafft haben und faktisch »gestrandet« sind.

Private Kontakte sind auf Mallorca das A und O. Auch, weil sich die interessantesten Jobs darüber ergeben. Hauptsache, man kommt ins Gespräch, egal ob auf Spanisch oder Mallorquin. Auf der anderen Seite sind Behördengänge oder das Verhandeln mit Institutionen für mich noch »grausiger« als in Deutschland und langwierig.

Zusammenfassend möchte ich noch hinzufügen:

Obwohl ich Berlinerin bin - insgesamt habe ich dort 26 Jahre verbracht – kann ich mir, seit ich zwei kleine Kinder habe, nur noch ein Leben auf dem Dorf vorstellen. Auf dem Dorf in Mallorca. Es ist

Dorfansicht im Frühling

überschaubar und trotzdem nicht zu eng, weil die Menschen großherzig sind. Zumindest habe ich diesen Eindruck jetzt, mal sehen, wie ich in fünf Jahren denke.

Noch einmal zum Wetter: Die Winter auf der Insel sind kälter als man denkt, zumindest in geschlossenen Räumen! Das liegt an der hohen Luftfeuchtigkeit. Hinzu kommt, die überwiegend schlechte Isolierung der Häuser und dass es in älteren Häusern selten Zentralheizung gibt. Wer es warm haben möchte, besorgt sich preiswerte Butangasöfen. Allerdings erhöht sich durch das Gas die Feuchtigkeit der Luft. Mit elektrischen Heizsystemen ist das kein Problem, dafür muss man aber tief in die Tasche greifen.

Letztlich haben wir uns einen Holzofen besorgt, obwohl auch die Holzpreise relativ hoch sind (€15 für 100 kg).

Und noch ein Tipp: Wer auf der Insel eine Wohnung, einen Babysitter oder einen guten Zahnarzt sucht oder selbst etwas anbieten möchte, kann seine Wünsche guten Gewissens beim örtlichen Supermarkt oder beim Kneipenwirt publik machen. Auf die baldige Erfüllung der Wünsche darf man so eher hoffen – die Buschtrommeln funktionieren gut!

Die Autorin ist freie Journalistin und lebt seit einigen Jahren in einem kleinen Dorf auf Mallorca.

Schulen und Bildungswege

Das spanische Schulsystem

Educación Primaria und Secundaria

In Spanien besteht Schulpflicht vom 6. bis zum 16. Lebensjahr. Die Schulform für 6-12jährige Schüler nennt sich *Educación Primaria* (Primarstufe), diejenige ab dem 13. bis zum 16. Lebensjahr *Educación Secundaria Obligatoria* (obligatorische Sekundarstufe) abgekürzt **ESO**. Die *ESO* gliedert sich wieder in zwei Zyklen von jeweils zwei Jahren und lässt im letzten Jahr Wahlfächer zur Spezialisierung zu. Nach dem erfolgreichen Abschluss der ESO sind die Schüler ***Graduado en educación secundaria obligatoria***, Graduierte(r) der Sekundarausbildung. Dieser Schulabschluss entspricht etwa unserer Mittleren Reife. Anfangen kann man damit (im Gegensatz zu Deutschland) indessen recht wenig. Deshalb bemühen sich die meisten Absolventen bzw. ihre Eltern auch um eine weiterführende Ausbildung.

Bachillerato – Abitur

An die Sekundarstufe schließt die ***Educación postobligatoria*** für 16-18-jährige Schüler an, eine freiwillige Weiterbildung (nach der obligatorischen). Sie lässt die Wahl zwischen einer gymnasialen und einer fachlich-praktischen Ausbildung. Ersteres ist in etwa vergleichbar mit der Oberstufe an deutschen Gymnasien führt in zwei Jahren zum *Bachillerato*, einem dem Abitur ähnlichen Abschluss (insgesamt also dort schon seit eh und je nach 12 Schuljahren). Der Schüler erlangt den Grad **Bachiller** ohne Extra-Abschlussprüfung. (Die »Abiturnote« wird aus den Ergebnissen der Kurse von Klasse 11 und 12 errechnet).

Technische Fachausbildung

Den berufsbezogenen praktischen Zweig kann man bereits nach einem Jahr – nach kombiniertem Schulbesuch und Praktikum in einer Firma – mit einem »mittleren Grad« abschließen, man ist dann ein Fachgehilfe (***Técnico Auxiliar***). Strebt man einen höheren Grad an, den *grado superior*, kann man in zwei Jahren – ebenfalls nach kombiniertem Schulbesuch und praktischer Ausbildung in Unternehmen – einen Fachschulabschluss erlangen mit der Bezeichnung ***Técnico Especialista***.

Universitätszulassung

Nur das *Bachillerato* berechtigt zum Studium an einer Universität. Es gibt aber die Möglichkeit, sich auch nach dem Fachschulabschluss noch für die Universität zu qualifizieren. Dabei entscheidet in Spanien nicht der Notendurchschnitt über einen Studienplatz, sondern die *Selectividad*, eine landesweit einheitliche Auswahlprüfung. Alle Studienbewerber müssen diese unabhängig von ihrer Vorbildung ablegen. Zusätzlich gibt es für einige Studienfächer auch noch einen Numerus Clausus, der sich nach der in der *Selectividad* erreichten Endnote richtet, die sich zu 60% aus der Bachiller- und zu 40% aus der in der *Selectividad*-Prüfung erzielten Note zusammensetzt. Nur wer die *Selectividad* besteht, wird zum Studium zugelassen. Studenten aus EU-Ländern, die im Heimatland schon mindestens zwei Semester studiert haben, brauchen nicht mehr durch die *Selectividad*.

Spanien hat sich (wie Deutschalnd) verpflichtet, im Rahmen des europaweiten Bologna-Prozesses bis Ende 2010 standardisierte Bachelor- und Master-Studienabschlüsse anzubieten.

Mehr Infos zum Studium in Spanien unter:
http://www.studieren-in-spanien.de

Schulen und Bildungswege

Wechsel zwischen Schulsystemen

Der Hauptunterschied zum deutschen Schulsystem besteht darin, dass es keine spezielle, der traditionellen deutschen Gymnasialausbildung entsprechende Schule von acht oder neun Jahren gibt, was für deutsche Schüler (abgesehen vom Sprachenproblem) Eingliederungsprobleme mit sich bringen kann. So z.B. für eine(n) 14-jährige(n) Schüler(in), der/die in Deutschland das Gymnasium besucht hat, bevor er/sie nach Spanien kommt, aber auch für Schüler, die auf Mallorca mit 14 Jahren noch mitten in der *ESO* stehen und dann auf ein deutsches Gymnasium wechseln möchten.

Vorschule

Es sei noch hervorgehoben, dass es in Spanien eine vorbildliche Vorschulerziehung gibt. Die so genannte ***educación infantil*** gliedert sich in »Kinderkrippe« (*guarderia*) bis zum vollendeten dritten Lebensjahr, die kostenpflichtig ist (€150-€400 im Monat), und in den »Kindergarten« (3 bis 6 Jahre), der aber schon als Teil der schulischen Grundausbildung angesehen wird.

Bereits in der Vorschule beginnt das Buchstaben-, Farben- und Zahlenlernen. Erst 1998 wurde diese Leistung nach und nach kostenfrei gestellt. Die meisten Eltern nehmen die *educación infantil* für ihre Kinder gerne in Anspruch, weil dort Fertigkeiten und Kenntnisse vermittelt werden, die – gesetzlich vorgeschriebene! – Voraussetzung für die Einschulung. Leider ist die sich anschließende schulische Ausbildung im Durchschnitt eher auf einem niedrigen Niveau, vor allem was die Fächer Mathematik und Englisch anbelangt. Da hilft es auch nichts, wenn man Englisch bereits in der Grundschule als Schulfach einführt, wenn es u.a. an der fachlichen Kompetenz des Lehrpersonals mangelt. Indessen sind ähnliche Probleme auch aus Deutschland bekannt …

Schulen auf Mallorca

Schultypen

Auf Mallorca existieren drei Schultypen nebeneinander, die in ihren Anforderungen und Standards sehr unterschiedlich sind: Es gibt die Regelschule, spanische Privatschulen und mehrere internationale Schulen. Die spanische Grundschule, das ***Colegio***, läuft vom Kindergarten (siehe oben) bis zur 6. Klasse. Ab der 7. Klasse, also ab Beginn der Sekundarstufe, spricht man vom **Instituto**, das die Jugendlichen bis zum 16. bzw. 18. Lebensjahr besuchen. Beide sind auch allen Residenten unabhängig von ihrer Nationalität zugänglich. Das staatliche *Colegio* ist zwar kostenlos, aber das dort zu erreichende Bildungsniveau gilt eher als niedrig. Deshalb schicken alle Spanier, die es sich leisten können, ihre Kinder auf eine Privatschule, auf ein konfessionelles **Colegio Concertado** oder ein konfessionsunabhängiges **Colegio Privado**. Privatschulen kosten Schulgeld, und zwar umso mehr, je höher ihr Ansehen ist.

Kirchliche Orden wie Jesuiten und Franziskaner gründeten einst die *Colegios concertados*. Sie genießen bis heute den besten Ruf, wie z. B. das *Colegio San Francisco* in Palma. Die Ausbildung dort folgt den Vorstellungen des Humanismus mit dem Ziel, den »ganzen Menschen« zu bilden und die Entfaltung der Persönlichkeit zu fördern. Mehr dazu unter: www.santfrancesc.net (nur Katalanisch).

Privat organisiert sind auch die **internationalen Schulen** auf Mallorca: fünf englische, eine schwedische, eine französische und zwei deutsche, von denen sich eine (»Viva«, siehe Seite 235) im Aufbau befindet und noch mit Problemen zu kämpfen hat. Eine offizielle staatliche deutsche Auslandsschule, wie etwa auf Gran Canaria und Teneriffa, existiert auf Mallorca leider nicht und wird es in absehbarer Zeit – wohl aus Kostengründen – auch nicht geben.

Angeblich bestehen große Unterschiede zwischen den Lehranstalten, was die Anforderungen und den Ruf anbelangt.

Das spanische Schulsystem im Überblick

Colegios publicos (öffentlich)	Colegios concertados (konfessionell)	Colegios privados (privatwirtschaftl.)
1. - 6. Klasse	1.- 12. Klasse	1. - 12. Klasse
Institutos		
7. - 10. Klasse		
11. - 12. Klasse		
	Einschreib- bzw. Aufnahme- & Verwaltungsgebühren	
frei	ab ca. € 150	bis über € 500/Jahr
frei	teilsubventioniert (moderates Schulgeld bis Klasse 10, dann teurer)	schulgeldpflichtig (hohes Schulgeld, siehe Seiten 230ff)

Schulen und Bildungswege

Die internationalen Schulen

Alle internationalen Schulen versuchen, sich auf mehrere Eventualitäten ihrer Schüler in der schulischen Laufbahn einzustellen und auf diese Weise einen größeren Adressatenkreis anzusprechen.

Die Vielfalt der Ausbildungsmöglichkeiten hängt auch damit zusammen, dass alle internationalen Schulen auf Mallorca um Schüler und um den Anspruch, die beste zu sein, konkurrieren. In ihren Unterlagen und auf ihren Portalen im Internet heben Sie das hohe Niveau und die Anforderungen hervor, die sie an ihre Schüler stellen. Ob der Schulbetrieb dem auch tatsächlich entspricht, ist eine zweite Frage, die nur »von innen« beurteilt werden kann. Auf den diversen Rating-Seiten und Foren zu diesem Thema im Internet ergibt sich – wie meist in solchen Fällen – kein einheitliches Bild. Dabei ist die Rangfolge der Schulen traditionell wie folgt:

Am besten beurteilt wird durchweg das englische *Queen's College*, dahinter rangieren das *King Richard III College*, dann das *Colegio Francés*, das *Bellver International College* und *Baleares Int'l School*.

Unklar ist, wie die beiden deutschen Initiativen, die Schule *»Viva«* mit einem angeblich wegen Sicherheitsmängeln 2011 geschlossenen Komplex in Santa Ponça (neuer Standort bis November 2011 noch nicht gefunden) und die deutsch-schwedische Kooperation, der sog. *»Eurocampus«*, einzuschätzen sind. Wenn das bisher gezeigte Engagement der Betreiber ein Maßstab dafür ist, stehen die Chancen für beide nicht schlecht. Im Fall *»Viva«* muss auch noch das aktuelle Standortproblem gelöst werden. Wichtig wird sein, welche qualifizierten Abschlüsse die Schüler hier auf welchem Niveau absolvieren können und ob und unter welchen Bedingungen diese Examina dann z. B. in Deutschland anerkannt werden.

Stundenpläne

Alle Schulen arbeiten nach einem vergleichbaren Rhythmus. Der Unterricht beginnt zwischen 8.30 Uhr und 9 Uhr morgens und endet – bei 60-90 min Mittagspause – nachmittags zwischen 15 Uhr und 16 Uhr (außer im Juni und September). Samstags ist kein Unterricht. Das Lernen findet überwiegend nicht in einem festen Klassenverband statt, sondern in so genannten oft jahrgangsübergreifenden »Unterrichtsgruppen«, die – wie in Spanien üblich – maximal 25 Schüler umfassen. Vielfach sind sie deutlich kleiner, was die individuelle Förderung einzelner Schüler begünstigt.

Schulgeld

Alle privaten Lehranstalten kosten unterschiedlich hohe Gebühren. Das Schulgeld ist nach Altersgruppen bzw. Klassenstufen gestaffelt und reicht von etwa €250 für den Kindergarten bis zu über €800 für Schüler in der Abiturklasse jeweils pro Monat und zahlbar für zwölf Monate, also auch in den Ferien (aktuelle Angaben auf den Websites der Institute, siehe die Einzelbeschreibungen unten).

Alle privaten Schulen erheben eine Aufnahmegebühr und ggf. eine Kaution (von einigen hundert Euros), die bei Abmeldung rückerstattet wird. Das Mittagessen wird extra berechnet, ist aber meist nicht teuer. Weitere Ausgaben, die bei allen Schulen durchaus ins Gewicht fallen (auch den »freien« staatlichen), fallen für Bücher und Lernmaterial sowie z.T. für Schuluniformen an.

Jährlich wiederkehrender schulischer Zeitplan

- Beantragung der Aufnahme auf eine weiterführende Schule ca. Ende März.
- Einreichen der Zulassungsanträge für Vor-, Grund- und Sekundarschule ca. Ende April bis Mitte Mai.
- Veröffentlichung der provisorischen Zulassung Ende Mai.
- Zeitraum für Einsprüche drei Tage Anfang Juni.
- Veröffentlichung der definitiven Zulassung ca. Mitte Juni.
- Einschreibung in Vor- und Grundschule gleich danach.
- Einschreibung in die Sekundarschule (ESO) während einer Woche Ende Juni/Anfang Juli.

(die exakten Daten variieren von Jahr zu Jahr)

Schulfreie Tage in Spanien außerhalb der Ferien
(Schulferien siehe Seite 233)

19. März:	*Dia de San José*
1. Mai:	*Dia del Trabajo* (Tag der Arbeit)
12. Oktober:	*Fiesta de la Hispanidad* (Tag des »Spaniertums«, zugleich Tag der Entdeckung Amerikas)
1. November:	*Festividad de todos los Santos* (Allerheiligen)
6. Dezember:	*Dia de la Constitución* (Tag der Verfassung)
8. Dezember:	*Dia de la inmaculada Concepción* (Mariä Empfängnis)

(weitere schulfreie Tage auf Mallorca auch ortsabhängig)

Schulen und Bildungswege

Die Schulen im Einzelnen

Queen`s College

Das *Queen's College* im Stadtteil Bonanova sieht sich wie eine britische *Public School* mit dem Anspruch, Ausbildungsstätte für eine Elite zu sein. Natürlich trägt hier jeder eine Schuluniform, und es gibt ein gemeinsames Schul-Credo, welches verbal zwar vom Drill-Tenor vergangener Jahre abweicht, die Schüler des Kollegs aber explizit in die Pflicht nimmt. Von dieser Schule kann ein Schüler nur zu einer »niedriger« eingestuften Ausbildungsstätte absteigen. Ein Wechsel von einer anderen Schule zum *Queen's College* ist so gut wie unmöglich.

Man unterrichtet hier momentan etwa 370 Schüler in 13 (!) Jahrgängen, und auf der Warteliste stehen ständig mehrere hundert weitere Namen. Eine solche Nachfrage bleibt nicht ohne Auswirkung auf die Höhe des Schulgelds. Monatlich zu entrichten war 2011 eine für alle Jahrgänge einheitliche »Flatrate« von €606 plus Anmeldegebühren in Höhe von €500 plus einer Kaution von €1000. Das Schul-Lunch kostet zusätzliche €10/Tag. In summa sind solche Beträge nicht für jeden erschwinglich.

Queen's College
Carrer Joan de Saridakis 64, 07015 Palma-Bonanova
✆ 971 401011 · Fax 971 400153
www.queenscollege.es

King Richard III College

Die frühere *American International School* in Bendinat/Portals Nous mit ihrem Wahlspruch *nihil sine labore* (man erreicht nichts ohne Arbeit) war sehr kosmopolitisch und autoritär ausgerichtet. Sie bestand 32 Jahre und beherbergte Schüler aus 24 Nationen, bevor sie 2001 aufgelöst und in King Richard III College umbenannt wurde.

Nach der Übernahme des *College* durch Lehrer der entspannteren *Baleares International School* ist hier ein anderer Geist eingezogen. Heute fühlt man sich in den modernisierten Gebäuden in bester Lage einer »ganzheitlichen Erziehung« des Individuums verpflichtet. Der internationale Charakter blieb erhalten. Aktuell unterrichtet man hier ca. 250 Schüler aus über 20 Nationen. Auskünfte zum Schulgeld gibt es nur auf individuelle Anfrage.

King Richard III College
Carrer Oratorio 4, 07181 Portals Nous
℗ 971 675850 · Fax 971 676820
www.kingrichardcollege.es

Bellver International College

Das **BIC** in Cala Mayor ist die älteste der internationalen Schulen auf Mallorca; sie wurde bereits 1950 gegründet. Die Schule hat heute ca. 350 Schüler aus vielen Nationen und eine lange Warteliste von Bewerbern, deren Eltern unbedingt wünschen, dass ihre Kinder auf dem *BIC* mit seinen besonderen Methoden unterrichtet und erzogen werden. Ein Großteil der Schüler ist spanischer Herkunft; aus Deutschland kommen traditionell nur relativ wenige Kinder und Jugendliche.

Das *BIC* hat einen Kindergarten ab dem 3. Lebensjahr und bietet Extrastunden in Englisch für Schüler, deren Muttersprache nicht Englisch ist. Die Schule ist vom spanischen und vom britischen Erziehungsministerium anerkannt. Der Unterricht folgt sowohl spanischen als auch englischen Lehrplänen, wobei den Schülern die Wahl gelassen wird.

Alle Prüfungen nach dem englischen System werden extern durch die Universitäten London oder Cambridge abgenommen. Die Schüler müssen aber nicht dorthin reisen, sondern erhalten Prüfungsunterlagen aus England. Dort werden sie auch benotet.

Am *BIC* ist ebenso wie am *Queen`s College* Uniform vorgeschrieben.

Schulen und Bildungswege

Die Schulordnung ist streng und rigide. Sie würde so vermutlich an keiner öffentlichen Schule in Deutschland von Schülern und Eltern akzeptiert werden. Zusätzlich gibt es 10 »Glaubenssätze«, in denen die Schule ihre weltanschauliche Ausrichtung definiert, u.a. wie folgt:

• Hohe Erwartungen begünstigen die Entwicklung.
• Jeder hat seinen eigenen Wert und verdient Respekt.
• Ordnung und Disziplin sind fundamentale Notwendigkeiten in der Gesellschaft (Anmerkung: also auch auf der Schule)
• Effektive Kommunikation fördert Verständnis und Toleranz.
• Jeder verdient ein sicheres und liebevolles Lernumfeld

Wer sein Kind an dieser oder an einer vergleichbaren anderen Schule mit britischer Public *School Tradition* anmeldet, sollte sich darüber im Klaren sein, dass dort aus Überzeugung keine liberalen deutschen Erziehungsgrundsätze gelten.

Aber der Erfolg scheint diesem antiquiert anmutenden Konzept Recht zu geben: Die Schule rühmt sich damit, dass mehr als 95% ihrer Abiturienten auf Anhieb einen Studienplatz finden.

Das Schulgeld wird pro Trimester erhoben und hat es in sich:

Die Spanne reicht von heftigen €445 für einen Kindergartenplatz bis zu €719 für einen Abiturienten pro Monat. Das Schul-Lunch kostet €8,50 täglich.

Die Aufnahmegebühr beträgt einmalig €1.200, wovon €400 beim Verlassen der Schule erstattet werden.

Bellver International College
Carrer Josep C. Ferrer 5,
07015 Palma-Cala Mayor
✆ 971 401679 und 404263
Fax 971 401762
www.bellvercollege.com/

Baleares International College

Die ehemalige *Baleares International School* (*BIS*) (gegründet 1957) zog vor einigen Jahren von San Agustin an Palmas westlicher Peripherie in einen eindrucksvollen Komplex westlich von Magaluf an der Straße nach Port Adriano und nennt sich seither *Baleares International College*. Im renovierten alten Schulgebäude der *BIS* fand der *British International Kindergarten* ein neues Zuhause.

Das College ist eine unabhängige Ganztagsschule und unterrichtet Schüler von 2 bis 18 Jahren nach britischen Lehrplänen. Der Unterricht für die knapp 300 Schüler aus 27 Ländern findet auf Englisch statt und wird überwiegend von erfahrenen britischen Lehrkräften gehalten. Dementsprechend können die Schüler hier die offiziell anerkannten britischen Abschlüsse *O-Level* (etwa »mittlere Reife«) und *A-Level* (etwa »Abitur«) erreichen. Spanisch, Deutsch und Französisch werden von Muttersprachern unterrichtet.

Das College verfügt seit dem Umzug über neueste Technik und bestens ausgestattete Sportanlagen inklusive Sporthalle und Schwimmbad. Besonders stolz ist man seitens der Schulleitung auf den »familiären Charakter« und die »warme, freundliche Atmosphäre« des Hauses, das seit 2006 der *Orbital Education Group* angehört, einem Zusammenschluss von momentan sechs internationalen britischen Privatschulen (www.orbitaled.com).

Das monatlich zu entrichtende Schulgeld beträgt – abhängig von der Jahrgangsstufe – €500 bis €950 (für10 Monate pro Jahr); hinzu kommt eine einmal jährliche Verwaltungsgebühr von €275-€375.

Auch am *Baleares International College* trägt man Schuluniformen.

Baleares International College
Carretera Cala Figuera 3A;
07182 Calvia- Magaluf
✆ 971133167; www.balearesint.net

Schulferien in Spanien

Osterferien:	Zehn Tage über die *Semana Santa* bis einschließlich Ostermontag (in Spanien kein Feiertag!)
Sommerferien:	Drei Monate Mitte Juni bis Mitte September
Weihnachtsferien:	zwei Wochen ab 23./24.12. bis ein/zwei Tage nach dem 6. Januar (*Dia de Reyes*)

Schulen und Bildungswege

The Academy

Bei Marratxi, etwa 10 km nördlich von Palma, liegt recht idyllisch zwischen Äckern und großen Gärten die *Academy* in einem 1985 für schulische Zwecke umgerüsteten Gutshaus. Der Name »*Academy*« klingt etwas streng und anspruchsvoll für die eher liberal und individuell ausgerichtete jüngste englische Privatschule der Insel. Liest man die offiziellen Ausführungen zur Schulphilosophie der *Academy*, so lässt sich unschwer erkennen, dass hier ein Gegenkonzept zur traditionellen englischen Privatschulerziehung im Stile des *Queen's College* oder des *Bellver International College* praktiziert wird. Das Kind werde »um seiner selbst willen geliebt und gefördert«, um es zu einem »glücklichen Menschen« zu machen – allerdings ebenfalls in Schuluniform!

Mittlerweile besuchen ca. 250 Schüler im Alter von 3 bis 16 Jahren dieses Institut. Wartelisten gibt es nur für die unteren Klassen. Unterricht wird in Englisch, Spanisch, Katalanisch und Deutsch erteilt. In einem umfangreichen Einstufungstest werden Leistungsfähigkeit bzw. Förderbedarf neuer Schüler für alle Fächer ermittelt. Die *Academy* steht unter Aufsicht des spanischen Erziehungsministeriums und wird von spanischen wie britischen Behörden kontrolliert.

The Academy
Camí de Son Ametler Vell,
07141 Marratxi
© 971 605008
www.theacademyschool.com

Colegio Francés

Das *Colegio Francés* liegt in Palmas Stadtteil Son Armadans unterhalb der Burg Bellver und residiert in vier Gebäuden mit Villencharakter.

Oberstes Prinzip französischer Privatschulen ist das Toleranzgebot. Das bedeutet an diesem Kolleg z. B., dass es keine festen Regeln und Gebote gibt. Disziplin und Ordnung werden als selbstverständlich vorausgesetzt. Schuluniformen wird man daher vergeblich suchen. Das pädagogische Grundkonzept haben die Initiatoren auf die Formel gebracht: »Das *Colegio Francés* strebt eine liberale, brüderliche Erziehung an, tolerant gegenüber jeder Rasse, Religion und Weltanschauung«.

Die Kinder und Jugendlichen können hier ihre gesamte Schulzeit – vom Kindergarten bis zum Abitur – absolvieren. Von den ca. 430 Schülern sind ca. die Hälfte französischer Abstammung, fast ebenso viele sind Spanier. Nur ganz wenige gehören anderen Nationen an. Grund für diese Schülerstruktur dürfte sein, dass die Unterrichtssprache an dieser Schule Französisch ist. Wer aufgenommen werden will, muss zunächst einen Französischtest absolvieren. Wer am *Colegio Frances* sein Abitur macht, hat aufgrund einer besonderen Absprache zwischen den Erziehungsministerien von Frankreich und Spanien, Zugang zu allen französischen Universitäten, ohne eine Zulassungsprüfung ablegen zu müssen. Die *Selectividad*, die Prüfung für die Zulassung an spanischen Universitäten kann ebenfalls am *Colegio Francés* abgenommen werden.

Colegio Francés
Carrer Salut 4
07014 Palma-Son Armadans
✆ 971 739260. Fax: 971 737942
http://www.cfpalma.net

Deutsch-Europäische Schule »Viva«

Die deutsch-europäische Privatschule Viva ist mit diesem neuen Namen seit 2010 organisatorischer Nachfolger der deutschen Schule Mallorca Südwest in Santa Ponça. Der Unterricht des Schuljahres 2011/12 konnte bis Redaktionsschluss dieses Buches nicht wiederaufgenommen werden, da die spanischen Behörden grundsätzliche Baumängel im früheren von der Schule genutzten kleinen Einkaufszentrum monierten. Versuche, kurzfristig in andere geeignet erscheinende Gebäude umzuziehen scheiterten bislang ebenfalls an den spanischen Behörden. Lehrkörper, organisatorische Struktur und genügend Schüler sind noch vorhanden, aber das Weiterbestehen von Viva ist unklar. Sie umfasste bis zum Schuljahr 2010/11 Vorschulklassen mit Kindern ab dem 3. Lebensjahr bis zur 10. Klasse (Gymnasium & Realschule ab Klasse 5). Die Klassengröße betrug 6-16 Schüler.

Unterrichtet wurde nach bayrischen Lehrplänen mit dem Anspruch, die Schüler adäquat auf den Realschulabschluss und ggf. später auf das deutsche Abitur vorzubereiten.

Unterrichtssprache ist Deutsch. Als Fremdsprachen werden Englisch, Spanisch und auch Französisch gelehrt. Das monatliche Schulgeld betrug 2010/11 €350 für die Vorschulklasse und €610 für die höchste Klasse. Darüber hinaus wurde bei Anmeldung eine Aufnahmegebühr sowie eine Kaution von je €500 erhoben.

Im Moment ist aber unklar, ob und wie es weiter geht. Die nächste von der deutschen *Zentralstelle für das Auslandsschulwesen* betreute und anerkannte deutsche Lehranstalt befindet sich in Barcelona. Dort sind alle deutschen Schulabschlüsse zu erwerben.

»Viva« – deutsch-europäische Schule
bisheriger Standort: Carrer Sil Local 5-7 in Santa Ponça
✆ 971 696 647
www.viva-schule.com

Eurocampus

Im Sommer 2003 zog der sog. »Eurocampus, Deutsche Schule Mallorca« vom damaligen Standort El Arenal nach Son Armadans/El Terreno in die Skandinavische (Schwedische) Schule. In der Nachbarschaft liegt das *Colegio Francés* (siehe oben), das aber mit dem *Eurocampus* nicht verbunden ist.

Neben ökonomischen Motiven soll auch die Idee einer »pädagogischen Teamarbeit« mit einer anderen europäischen Schule ausschlaggebend für den Umzug gewesen sein.

Der Unterricht für die deutschen Schüler folgt den Lehrplänen der deutschen Auslandsschulen und reicht momentan (2011) bis zur 10. Klasse. Der Spanisch-, Sport- und Katalanischunterricht wird zusammen mit den skandinavischen Schülern wahrgenommen, gemeinsame Schulsprache ist Spanisch. Haupt- und Realschulexamen werden unter Aufsicht der Deutschen Auslandsschule Barcelona abgenommen und sind damit offiziell anerkannt.

Insgesamt werden auf dem Gelände zurzeit 150 Kinder schulisch betreut. Das Schulgeld beträgt je nach Jahrgangsstufe €420-€580. Die Einschreibegebühr beläuft sich auf €550.

Eurocampus
Deutsche Schule Mallorca
Carrer de la Infanta 15
07014 Palma-Son Armadans
✆ 971 733730 · Fax 971 733730
www.dsmallorca.de

Beurteilung des Besuchs einer internationalen Schule

Vorteile internationaler Schulen

Alle internationalen Schulen besitzen typische Vorteile, die nicht zu verachten sind. Das beginnt schon bei den kleinen Klassen, die ein intensiveres Lernen ermöglichen.

Je nach Schultyp ist auch die Flexibilität der Ausbildung vorteilhaft. Der entscheidende Vorzug liegt aber in der multikulturellen Umgebung einer Gemeinschaft unterschiedlichster Nationalitäten. Das ist in einer Welt, die mehr und mehr zusammenwächst, von erheblicher Bedeutung. In einer international ausgerichteten Schule entstehen Verständnis für andere Verhaltensweisen und Toleranz gegenüber Eigenheiten, die im eigenen Kulturkreis unbekannt sind. Im Gegensatz zu deutschen Schulen, wo Kulturen aufeinanderprallen, weil z.B. deutsche und türkische Schüler oft keine Gemeinschaft bilden, sind die 20 oder mehr Nationalitäten an einer Schule auf Mallorca ein echter Schmelztiegel. Die dort geschlossenen Freundschaften haben oft ein Leben lang Bestand.

Hinzu kommt, dass Absolventen dieser Schulen neben ihrer Muttersprache noch zwei weitere Sprachen in der Regel besser beherrschen lernen als dies im eigenen Land normalerweise der Fall ist.

Nachteile internationaler Schulen

Natürlich gibt es auch Nachteile. Da es sich um Privatschulen handelt, die vom Schulgeld leben, müssen die Betreiber sich die Zahler erhalten. Das geht letztlich zu Lasten des Leistungsniveaus, das insgesamt unter dem deutscher Gymnasien liegt.

Weit schwerer wiegt indessen, dass bei den Schülern oft Defizite bei Verständnis und Anwendung der eigenen Muttersprache auftreten. Wenn überwiegend Englisch bzw. Spanisch gesprochen wird, bleibt das nicht aus. Deutsch ist dann eben nur ein Nebenfach. Die Beherrschung der Muttersprache leidet im spanischen Umfeld zwangsläufig. So verfügen viele deutsche Absolventen internationaler Schulen – obwohl sie fließend Deutsch sprechen – nur über einen begrenzten Wortschatz; die Bedeutung zahlreicher deutscher Wörter ist manchen unbekannt. Nicht zuletzt deshalb berechtigt der Abschluss an einer der internationalen Schulen auf Mallorca (*highschool diploma*, *bachillerato* etc.) nicht automatisch zum Studium an einer deutschen Universität.

Anerkennung eines Schulabschlusses auf Mallorca

Wer nach einem Schulabschluss auf der Insel in Deutschland studieren möchte, muss sein spanisches Zeugnis im jeweiligen Bundesland der »Bewertungsstelle für ausländische Schulzeugnisse« vorlegen. Für Deutsche, die keinen Wohnsitz mehr in der BRD haben, ist das Kultusministerium von Nordrhein-Westfalen in Düsseldorf zuständig. Bei der Bewertungsstelle werden die spanischen Noten auf das deutsche Zensurensystem »umgerechnet«.

Das ist aber nur die erste Hürde für einen Uni-Zugang:

Die Bewerber müssen außerdem laut Kultusministerkonferenz »in einer Prüfung im Fach Deutsch nachweisen, dass sie die sprachlichen Voraussetzungen für ein Studium an deutschen Hochschulen erfüllen«. Nach zehn Jahren auf Mallorca an einer internationalen Schule besteht man diese Prüfung in den seltensten Fällen auf Anhieb. Wer aber zusätzlich zum Abschluss auf Mallorca an einer entsprechenden Einrichtung (Goethe Institute u.a.) ein Sprachdiplom Deutsch (2. Stufe) erwirbt, benötigt diese Prüfung nicht mehr. Man kann auch nach dem Abschluss in Spanien das letzte Jahr in der Oberstufe eines deutschen Gymnasiums nachholen und dort das Abitur machen.

Gedanken zur Schulwahl

Folgende typische Beispiele sollen dazu beitragen, Ihnen die schwierige Entscheidung der Schulwahl etwas zu erleichtern:

Fall 1: Ihr Kind ist 3-5 Jahre alt:

Hier scheint die Entscheidung noch recht einfach zu sein. Wenn Sie nach Mallorca kommen, um dort zu bleiben, und Sie integrationswillig sind, wäre es durchaus überlegenswert, Ihr Kind in einem spanischen Kindergarten anzumelden und es dort die Vorschule machen zu lassen. Es gibt viele dieser Kindergärten, und einer befindet sich bestimmt in Ihrer Nähe. Ihr Kind lernt bis zur Einschulung Spanisch und/oder Mallorquinisch, und Sie haben Zeit, die Entwicklung zu beobachten.

Wenn Sie allerdings Weltenbummler sind oder aus anderen Gründen vielleicht nur eine begrenzte Zeit in Spanien bleiben werden, eventuell sogar mit dem Gedanken spielen, später in ein englischsprachiges Land zu ziehen, kommt nur der Kindergarten einer internationalen Schule in Frage. Dort lernt Ihr Kind bis zur Einschulung Englisch bzw. Französisch und mit großer Wahrscheinlichkeit auch in einem gewissen Umfang Spanisch.

Fall 2:
Ihr Kind ist 6 Jahre alt und die Einschulung steht bevor:

Verfügt Ihr Kind über keine Spanischkenntnisse, wäre eine spanisch/mallorquinische Schule eine etwas heikle Wahl.

Zumindest für eine Übergangszeit wäre das Kind sprachlich ausgegrenzt, außerdem müsste es zusätzlich Mallorquinisch lernen, eine ziemliche Belastung. Eine der internationalen Schulen wäre wohl die bessere Lösung. Dort hat Ihr Kind Mitschüler, die es versteht; Englisch lernt es nebenbei, weil diese Schulen auch Kinder aufnehmen, die (zunächst noch) über keine Englischkenntnisse verfügen.

Fall 3:

Ihr Kind ist 10 Jahre alt, hat in Deutschland 4 Jahre lang die Grundschule besucht, und jetzt stünde – auf Mallorca – der Wechsel zur nächst höheren Schulstufe an:

Auch in diesem Falle kommt wohl nur eine der internationalen Schulen in Frage. In Absprache mit der Schulleitung wird dann geprüft und entschieden, wo und wie sich Ihr Kind am besten eingliedern ließe.

Fall 4:

Ihr Kind ist 12 Jahre alt und hat in Deutschland bereits zwei Jahre das Gymnasium besucht:

Dann bringt es englische Sprachkenntnisse mit; die Eingliederung an einer internationalen Schule dürfte leicht fallen.

Fall 5:

Ihr Kind ist 14 Jahre alt und hat in Deutschland bereits vier Jahre das Gymnasium besucht:

In diesem Fall haben Sie mehrere Möglichkeiten. Sie hängen davon ab, wo Ihr zukünftiger Lebensmittelpunkt sein wird, ob Ihr Kind vielleicht schon Spanischkenntnisse besitzt und welchen Berufsweg es ggf. einschlagen möchte. Neben einer internationalen Schule käme dann auch ein privates spanisches *colegio* in Frage. Wobei dort das leidige Problem existiert, dass auf Mallorca ein großer Teil des Unterrichts auf Mallorquinisch stattfindet.

Mit 14 wird Ihr Nachwuchs bei der Entscheidung mitreden wollen.

Mit diesen Beispielen sind natürlich nicht alle denkbaren Konstellationen abgedeckt, die im Einzelfall vorkommen. Sie geben Ihnen aber eine gewisse Orientierungshilfe.

Einen anschaulichen Bericht aus der aktuellen Praxis gibt ein Artikel in der **Mallorca Zeitung** mit dem vielsagenden Titel: *Die Qual der Schulwahl*, im Internet nachzulesen unter:

www.mallorcazeitung.es/report/2009/04/23//14848.html

Auf Mallorca studieren?

Die Universität der Balearen befindet sich etwa 8 km außerhalb von Palma an der Straße nach Valldemossa und ist mit Palmas Zentrum über eine U-Bahnlinie verbunden.

Sie bietet ihren ca. 16.000 Studenten ca. 50 Studiengänge von Jura über die Naturwissenschaften bis zur Psychologie, Ingenieurwesen und Wirtschaft, um nur einige zu nennen. Besonders interessant ist sicher für manchen der Masterstudiengang im Fach Tourismus, der auf Mallorca mit seinen 10 Mio. Touristen pro Jahr – anders als an Fachhochschulen in Deutschland – äußerst praxisorientiert ist.

Für Schüler aus Mitgliedstaaten der Europäischen Union besteht die Möglichkeit des direkten Zugangs zu spanischen Universitäten. Kandidaten müssen die Bedingungen erfüllen, die für die Universitätszulassung in ihren eigenen Ländern gelten. Dazu gehören auch gute Spanischkenntnisse. Die Bewerbung erfolgt online über die Webseite der »*Universidad de Educación a Distancia (UNED)*«.

Alternativ kann man sich wie jeder angehende spanische Student der so genannten *Selectivivad*, der Aufnahmeprüfung stellen, in der u.a. spanische bzw. katalanische Sprachkenntnisse abgefragt werden. Man sollte sich aber vorher darüber informieren, in welcher Unterrichtssprache die Lehrveranstaltungen in dem gewünschten Fach abgehalten werden. Die allgemeine Aufnahmeprüfung entfällt, wenn man bereits mindestens zwei Semester ein Studium im selben Fach an einer Universität in der EU absolviert hat. Dies scheint generell der beste und leichteste Weg, sich einen Studienplatz in Palma zu ergattern. Ansonsten ist ein bürokratischer Hürdenlauf zu absolvieren, von der Anerkennung des Abiturs bis zur Zuweisung eines Studienplatzes nach bestandener *Selectividad*.

Für die Einschreibung muss man neben den üblichen Unterlagen eine Quittung über bezahlte Studiengebühren vorlegen, die zwischen €600 und €950 pro Jahr liegen. Darüber hinaus benötigt man inkl. Unterkunfskosten im Monat mindestens ca. €700, um auf Mallorca über die Runden zu kommen.

Alle Infos über die Universität der Balearen gibt's im Internet unter www.uib.es/en (englische Version), Informationen auf Deutsch unter www.studieren-auf-mallorca.de.

Anhang

Literaturempfehlungen

Hans- R. Grundmann
Mallorca,
Handbuch für den optimalen Urlaub
Reise Know-How Verlag, 21. Auflage 2011

siehe auch letzte Seite dieses Buches

Robert Graves
Geschichten aus dem anderen Mallorca
Reise Know-How Verlag, 3. Auflage 2012

Elke Menzel
Eine Finca auf Mallorca
Reise Know-How Verlag, 3. Auflage 2006

Marc Schichor, Kirsten Elsner
Wandern auf Mallorca
Reise Know-How Verlag, 4. Auflage 2012

Andreas Drouve
Kulturschock Spanien
Reise Know-How Verlag, 3. Auflage 2008

Hans-Ingo Raddatz
Mallorquinisch Wort für Wort
Reise Know-How Verlag, 4. Auflage 2006

Hartmut Ihnenfeldt
Mallorca aktiv genießen
ReiseWelt50plus,
1. Auflage 2012

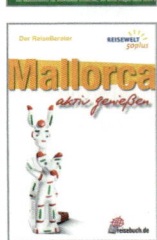

Anette Anthoni
Alltag auf Mallorca - Auswandern,
Leben und Arbeiten auf der Baleareninsel, 1. Auflage 2009

Gut recherchierte faktenreiche Bestandsaufnahme einer Mallorca-Residentin mit manchmal recht persönlich geprägten Erfahrungs-berichten und Kommentaren. Das Buch hätte eine attraktivere und professionellere Gestaltung verdient.

Martina Zender
Mein neues Leben - Spanien und Mallorca:
Der Ratgeber zum Auswandern, Einwandern,
Leben und Arbeiten in Spanien, 1. Auflage 2009

Der schmale Band versucht einen Rundumschlag, aber zu sehr un-terscheiden sich – trotz der gemeinsamen Rahmenbedingungen – die anderen teil-autonomen Regionen Spaniens von Mallorca.

Volker Saupe
Richtig mieten auf Mallorca von A-Z:
Ratgeber für Langzeitmieter in Spanien
Books on Demand GmbH; Auflage Mai 2009

Der auf Mallorca lebende Autor versucht (meist mit Erfolg), seinen Lesern das komplexe Thema der Langzeitmiete auf Mallorca Schritt für Schritt, fundiert und praxisnah verständlich zu machen.

4-Zimmerwohnungen unten und oben zur Vermietung in Port de Pollença

Fachvokabular Spanisch-Deutsch der wichtigsten Begriffe für den Bereich Immobilienkauf

(Die Zusammenstellung erfolgte – mit Dank für die Genehmigung – in Anlehnung an eine im *Mallorca Magazin* veröffentlichte Vokabularliste)

abogado	Rechtsanwalt
agente de la propiedad imobilaria (API)	Mitglied einer Immobilien maklerkammer)
agrupación de fincas	Zusammenlegung von Grundstücken
APIs	Immobilenmakler mit Kammerzugehörigkeit
arras	Handgeld, Draufgabe
asiento de presentación	Eintragsvermerk im Grundbuch
cédula de habitabilidad	Bewohnbarkeitsbescheinigung für eine Immobilie
certificado bancario	Bankbescheinigung/-zertifikat
certificación de ley	Bestätigung von 2 Rechtsanwälten oder eines Konsulats über ausländische Rechtsverhältnisse
certificado final de obra	Architektenbestätigung über die Baubeendigung
contrato de arrendamiento	Mietvertrag
contrado de opción	Optionsvertrag
contrado privado	Privatrechtlicher Kaufvertrag
cuerpo cierto	Übliche Vertragsklausel für einen Kauf nach Besichtigung
declaración de obra nueva	Neubauerklärung
derecho de retención	Zurückbehaltungsrecht eines Vertragspartners
derecho de tanteo/retracto	Vorkaufs- und Eintrittsrecht
embargo	Pfändung eines Grundstücks
entidad urbanística de conservación	Urbanisationsgemeinschaft

escritura pública de compraventa	Notarieller Kaufvertrag
expediente de dominio	Gerichtsverfahren zum Zweck der Erlangung der grundbuchlichen Eintragung
finca	offiziell: Liegenschaft, in deutschsprachigen Anzeigen heute benutzt für jede Art von freistehenden Häusern in ländlichen Gebieten
finca rustica	Ländliches Grundstück/Objekt
finca urbana	Grundstück in einer städtischen Zone
hipoteca	Hypothek bzw. Grundschuld (in Spanien nicht unterschieden)
IBI *(Impuesto sobre bienes inmuebles)*	Grundsteuer einer Gemeinde
impuesto de actos jurídicos documentados	Stempelsteuer
impuesto de transisiones patrimoniales	Grunderwerbssteuer
impuesto municipal sobre el incremento del valor de los terrenos **(plusvalia)**	Wertzuwachssteuer einer Gemeinde
impuesto sobre la renta de personas físicas (**IRPF**)	Einkommensteuer
impuesto sobre el patrimonio	Vermögensteuer
impuesto sobre el valor anadidos (**IVA**)	Mehrwertsteuer
información urbanística	Details zur Bebaubarkeit etc. eines Grundstücks
ley de arrendamientos urbanos (LAU)	Mietrechtsgesetz
ley del suelo y de ordenación urbanística	Bodengesetz und städtische Bauordnung
licencia de obras	Baugenehmigung
número de identificación- de extranjeros (**N.IE.**)	Ausländersteuernummer

número de identificación fiscal **(N.I.F)**	Steuernummer
no residente	Gebietsfremder mit Wohnsitz im Ausland
nota simple informativa	Unbeglaubigter Grundbuchauszug
notario	Notar
poder	Vollmacht
plusvalia	Wertzuwachssteuer
propiedad	Eigentum
registro de la propiedad	Grundbuchamt
representante fiscal	Steuerlicher Vertreter
saneamiento	Gewährleistungsanspruch bei Mängeln der Kaufsache
segregación de fincas	Abtrennung einer Parzelle von einem größeren Grundstück
solar	(kleines) Baugrundstück
suelo rústico	Agrarisch genutzter Boden
suelo urbanizable	Bauerwartungsland
tarjeta de residencia	Aufenthaltsbescheinigung
usufruto vitalicio	Lebenslänglicher Nießbrauch
valor catastral	Katasterwert

Wo deutsche Residenten leben, darf der Gartenzwerg nicht fehlen

Fachvokabular Spanisch-Deutsch
der wichtigsten Begriffe für Bankgeschäfte und
die Bereiche Finanzierung und Zahlungsverkehr

(Die Zusammenstellung erfolgte – mit Dank für die Genehmigung – in
Anlehnung an eine im *Mallorca Magazin* veröffentlichte Vokabularliste)

abonaré	Einzahlungsbeleg
abrir una cuenta bancaria	ein Bankkonto eröffnen
accreedores	Bankverbindlichkeiten, alle Kundeneinlagen bei einer Bank
activo tangible	Zur Beleihung heranzuziehender Wert eines Objektes
administración patrimonial	Vermögensverwaltung
agencia de cambio	Wechselstube
agio (prima)	Aufgeld beim Kauf von Wertpapieren, Devisen, Immoblilien
a medio/corto plazo	mittel-/kurzfristig
amortización	Laufende Schuldentilgung
anualidad	Annuität, periodisch konstante Zahlung für Darlehenszinsen und -tilgung
apelar al crédito	Kredit aufnehmen
apoderado general	Prokurist
asesoramiento de inversión	Anlageberatung
asesores de empresas	Unternehmensberatung
autofinanciación	Eigenfinanzierung, speziell von Unternehmen
aviso de transferencia	Beleg für Überweisungen
balance	Bilanz
balance de pérdidas y ganancias	Gewinn- und Verlustrechnung
Banco de España	Spanische Zentralbank
banco depositario	Depotbank
beneficio	Gewinn
billete (de banco)	Banknote, Geldschein
bolsa	Börse

Anhang: Fachvokabular Bankgeschäfte/Finanzierung

caja de ahorros	Sparkasse
caja de depósito	Wertpapierdepot, Schließfach
caja fuerte	Tresor
cajero automático	Geldautomat
cambio	Geldwechsel
capital en circulación	Umlaufvermögen
capital en explotación	Betriebsvermögen
capital propio	Eigenkapital
carga real	Grundlast
cartera	Portefeuille: alle Wertpapieranlagen einer Person/Unternehmung
catastro	Grundbuch
certificado	Zertifikat
comisión bancaria	Bankprovision
comisión cancelación anticipada	Vorfälligkeitsentschädigung
competencia	Konkurrenz
contrato de crédito	Kreditvertrag
convenio de doble imposición	Doppelbesteuerungsabkommen
corretaje	Courtage, Bankprovision
corriente	Leicht veräußerbare Vermögensteile
crédito en cuenta corriente	Kontokorrentkredit, Dispo-Kredit
crédito real	durch Vermögenswerte gesicherter Kredit
crédito transitorio	Überbrückungskredit
crédito	Kredit, Darlehen
cuenta bancaria	Bankkonto
cuenta corriente	Girokonto
cuenta de ahorros	Sparkonto
cuenta en moneda extranjera	Fremdwährungskonto
cheque (auch: *talón*)	Scheck
cheque al contado	Barscheck
cheque para bonar en cuenta	Verrechnungsscheck

depósitar dinero	Geld (aufs Konto) einzahlen
depositos	Kundeneinlage bei einer Bank
depósitos a la vista	Sichtgelder
descuento/Disagio	Preisabschlag/Zinsabschlag
dividendo	Dividende
divisas	Devisen
emprestio	Anleihe, festverzinsliche Wertpapiere
fondo	Fond (Aktien-, Renten- etc.)
garantía *(auch: seguridad)*	Deckung (Sicherheit) für einen Kredit
giro bancario	Banküberweisung
impuesto en origen	Quellensteuer
indice de acciones	Aktienindex
interés	Zins
intereses acreedores	Habenzinsen
intereses atrasados	rückständige Zinsen
intereses deudores	Sollzinsen
intereses vencidos	fällige Zinsen
legalización	Beglaubigung (z.B. von Unterschriften/Urkunden)
libreta de ahorro	Sparbuch
limitado	Limitiert (hier für Höchst-/Niedrigstkurses bei An- oder Verkauf von Wertpapieren)
límite	Kreditlimit
margen	Marge, Gewinnspanne
mercado monetario	Geldmarkt
MIBOR (Madrid inter bank offered rate)	Spanischer Referenzzinssatz für kurzfristige Geldanlagen
moneda	Geld, Währung
operaciones bancarias	Bankgeschäfte
operaciones de pagos	Zahlungsverkehr
orden permanente	Dauerauftrag
pequeno crédito	(»kleiner«) Privatkredit
pignoración	Verpfändung zur Kreditsicherung

Anhang: Fachvokabular Bankgeschäfte/Finanzierung

plan de inversión	Anlageplan, Investmentplan
plazo	Laufzeit
plazo de subscripción	Zeichnungsfrist
poliza de seguro de vida	Lebensversicherungspolice
por lo mejor	Anweisung, ein Wertpapier ohne Kurslimit zu kaufen
prescripción	Verjährung (Verschreibung)
prestador	Kreditgeber
préstamo	Festkredit
primera hipoteca	Erste Hypothek/Grundschuld
procuración	Vollmacht
producto	hier: Ertrag/Erfolg eines Geschäfts
prórroga	Prolongation, Verlängerung eines Geldgeschäftes
rango	Rang, Stelle einer Forderung
realizar operaciones bancarias	Bankgeschäfte tätigen
rebasar la cuenta	das Konto überziehen
recibo	Quittung
reconversión de la deuda	Umschuldung
rendimiento	Rendite
residente	Deviseninländer
***sacar** (auch retirar) dinero*	Geld abheben
seguridad	Deckung, Sicherheit für einen Kredit
segunda hipoteca	Zweite (nachrangige) Hypothek/Grundschuld
solvencia	Bonität, Kreditwürdigkeit
talón	Scheck, Zinsschein
talonario	Scheckheft
tarjeta de crédito	Kreditkarte
tarjeta cheque	Scheckkarte
tarjeta de firmas	Unterschriftskarte
tipo de cambio	Wechselkurs

tipo de descuento	Diskontzinssatz
tipo de interés	Zinssatz
títulos de renta fija	Festverzinsliche Wertpapiere
valor *nominal*	Nennwert
valor de retroventa	Rückkaufswert'
valor imponible	Steuerwert

Fotonachweis

atemrausch (Caroline Guldner und Stephan Conradi): Seite 187

Marco Bonkowski, Recklinghausen: Seiten 40, 45, 46, 66, 98, 146

Fotolia.com (www.fotolia.de - ©Urheber wie angegeben/Bildnummer): Seite 159 (juanjo tugores / #2507460), Seite 174 (Bergringfoto / #23625686), Seite 178 (Peter Atkins / #15735327), Seite 183 (Skowron / #17638306), Seite 199 (eyewave / #14695883), Seite 209 (jörn buchheim / #23237956), Seite 219 (Jürgen Fälchle / #23589651), Seite 222/23 (Netzer Johannes / #13091304), Seite 239 (Christian Schwier / #19774255)

Hartmut Ihnenfeldt: Seiten 16, 44, 48, 50, 58, 72, 79, 86, 87, 91, 92, 97, 127, 138, 149, 195, 200, 201, 202, 204

Edith Kölzer, Bielefeld:
Seiten 32, 47, 75, 76 unten, 89, 117, 113, 132, 142, 203, 206, 246

Ralph Lueger, Essen: Seiten 125, 147, 153, 232

Mallorca Magazin: Seite 133

Mallorca Zeitung: Seite 135

Hans-R. Grundmann, Westerstede: alle übrigen Fotos

Dank für Mitarbeit

Die Autoren danken Edith Kölzer, Elke Menzel, Stephanie Eichler und Peter V. Neumann für Ihre konstruktive Mitarbeit, viele Hinweise und speziell auch für ihre Beiträge zu diesem Buch.

Die Reiseführer von Reise

Reisehandbücher
Urlaubshandbücher
Reisesachbücher
Europa

Know-How auf einen Blick

Reisehandbücher
Urlaubshandbücher
Reisesachbücher
Fernziele

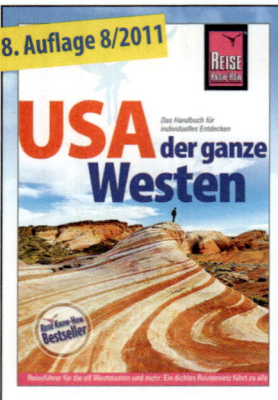

Hans-R. Grundmann

USA der ganze Westen

Seit Erscheinen hat sich dieses Buch zu einem Standardwerk für alle entwickelt, die den US-Westen auf eigene Faust kennenlernen wollen. Die Kapitel zu Reiseplanung und -vorbereitung und zum »touristischen Alltag« unterwegs lassen keine Frage offen.

Der Reiseteil führt über ein dichtes Routennetz zu allen populären Zielen und unzähligen, auch weniger bekannten Kleinoden in allen elf Weststaaten.

Reise Know-How Bestseller jährlich neu

**824 Seiten, 82 Karten, über 300 Farbfotos
Separate Straßenkarte** Weststaaten der USA
mit 18 Detailkarten der wichtigsten Nationalparks

18. Aufl. 2011 · ISBN 978-3-89662-259-4 · €25,00

P. Thomas, E. Berghahn, H.-R. Grundmann

Kanada Osten /
USA Nordosten

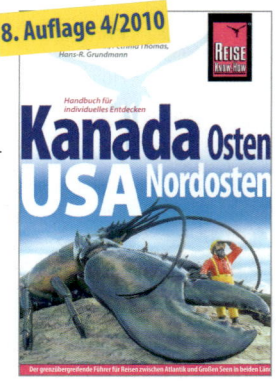

Dieser grenzüberschreitende Reiseführer behandelt über ein dichtes Routennetz auf kanadischer Seite Ontario, Québec, New Brunswick, Nova Scotia und Newfoundland, in den USA die Neu-England-Staaten mit Boston und New York City und State sowie Michigan mit Chicago und Detroit. Ideal für Reisen auf eigene Faust per Pkw mit Motel-/Hotel- oder Zeltübernachtung oder mit Campmobil. Zahlreiche Unterkunftsempfehlungen und Hunderte von Hinweisen auf die schönsten Campgrounds am Wege.

720 Seiten, 56 Karten, vierfarbig. Mit sep. Karte der Gesamtregion und New York City Extra (48 Seiten).

ISBN 978-3-89662-260-0 · €25,00

Hans-R. Grundmann

Florida Von Key West bis New Orleans

Nicht nur Strände, High-Life, Disney- und Amusementparks, sondern auch Natur satt mit exotischer Flora und Fauna in Mangrovensümpfen, an glasklaren Quellflüssen und am sagenumwobenen Suwanee River. Dazu alte Historie, Multikulti, Architektur- und Musentempel. Als Kontrapunkt Weltraum- und Militärtechnik hautnah.

Landeskunde und ausführlicher Serviceteil mit jeder Menge Unterkunfts-, Camping- und Restauranttipps; dazu Hunderte von Webadressen für weiterführende Informationen.

**440 Seiten, 38 Karten, über 240 Farbfotos;
mit separater Florida-Karte; 5. Auflage 1/2011,
ISBN 978-3-89662-262-4 €19,90**

Hans.-R. Grundmann

USA OSTEN der alte Süden

US-Staaten zwischen Ostküste und Mississippi von Philadelphia/Washington DC bis nach Florida

Die schönsten Routen durch Virginia, die Carolinas, Tennessee, Georgia, Mississippi, Louisiana, Alabama – und darüberhinaus durch Florida. Großes City-Kapitel Washington DC mit Abstechern nach in Maryland und Pennsylvania. Geschichte, Kultur, Landschaften.

In diesem Buch erfährt der Leser alles zu Planung und Vorbereitung einer Reise auf eigene Faust durch den ganzen US-Süden mit Mietwagen & Motel-/Hotelunterkunft, Mietauto & Zelt oder per Campmobil. Ausgewählte Übernachtungstipps und viele Campingempfehlungen.

696 Seiten, 70 Karten, über 300 Farbfotos, separate Karte USA-Südstaaten.

ISBN 978-3-89662-255-6 €25,00

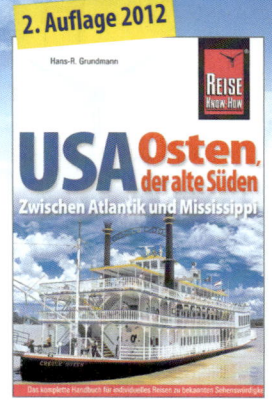

2. Auflage 2012

Bernd Wagner, Hans-R. Grundmann

Kanada, der ganze Westen
mit Alaska

Detaillierter und praxisnaher Reiseführer für Reisen im Campmobil oder Pkw (Übernachtung im Zelt oder Motel) durch den Westen Canadas und hohen Norden samt Alaska. Zusätzlich auf Trans Canada Highway durch Ontario, Manitoba, Saskatchewan und Alberta. Allg. Teil mit allen Aspekten und Informationen zu Reisevorbereitung, -planung und -durchführung.

620 Seiten, 59 Karten, 230 Farbfotos
Mit Unterkunfts- und Campingführer für Alberta & BC (96 Seiten, rund 1000 Einträge) und eine **Straßenkarte** für Kanadas Westprovinzen und Alaska.

ISBN 978-3-89662-261-7 €25,00

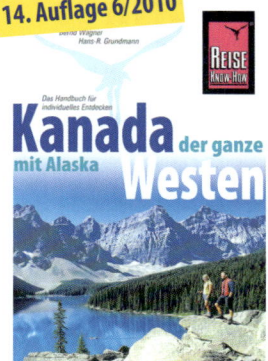

14. Auflage 6/2010

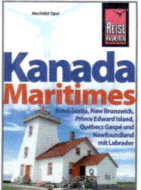

Reise Know-How-Verlag Dr. Hans-R. Grundmann GmbH,
Am Hamjebusch 29 26655 Westerstede; **www.reisebuch.de**

Robert Graves
Geschichten aus dem anderen Mallorca

Robert Graves, Schriftsteller von Weltgeltung, lebte über 50 Jahre in Palma und vor allem im berühmten Künstlerdorf Deià. Als intimer Kenner der Verhältnisse entwirft er mit wohlwollender Ironie in meisterlichen, zeitlosen Kurzgeschichten ein Bild der Insel und ihrer Bewohner abseits der Sphären des heutigen Massentourismus. Gemeinsam ist allen Erzählungen, dass sie den Leser auf hohem Niveau bestens unterhalten und erstaunliche Einblicke in Mentalität und Lebensart der Mallorquiner gewähren.

Edition Reise Know-How, 288 Seiten mit Illustrationen
3. Auflage 2012 · ISBN 978-3-89662-268-6 · €14,90

Marc Schichor, Kirsten Elsner

Wandern auf Mallorca
Tramuntana Gebirge – Gipfel, Schluchten und Täler

4. Auflage 2012

- 50 Tourenvorschläge in der Tramuntana
- die meisten Wege auch in Gegenrichtung
- Mehrtageswanderung »Ruta de Pedra en Sec«
- Genaue Karten von alle Orten in der Wanderregion
- Kleines Pflanzenlexikon mit zahlreichen Fotos
- Unterkunftsverzeichnis von der Berghütte bis ****Hotel

Der Clou des Buches ist die **speziell für diese Routen angefertigte separate Karte** mit Höhenlinien und -schichten im **Maßstab 1:35.000.**
360 Seiten, 35 Detailkarten, Pläne und Skizzen, über 400 Farbfotos
4. Auflage 2012 · ISBN 978-3-89662-273-0 · €22,50

3. Auflage 2012

Niklaus Schmid

Formentera
Insellesebuch & etwas anderer Reiseführer

- Alle Infos zu Ibizas kleiner Schwesterinsel
- Landschaft, Flora und Fauna, Geschichte und Kultur in unterhaltsamen, kurzweilig geschriebenen Essays
- Anekdoten und wundersame Geschichten über die Insel und ihre Bewohner; Klatsch und Tratsch
- Folklore und Formentera Sound
- Endlose Strände, urige Strandbars, karibische Wasserqualität
- Mobil ohne Auto: Wanderwege und Routen für Radfahrer
312 Seiten vierfarbig mit Formentera-Karte und Ortsplänen im Umschlag; **ISBN 978-3-89662-270-9 · €14,90**

Eyke Berghahn, Petrima Thomas, Hans-R. Grundmann

Teneriffa

Der richtige Begleiter für alle, die ihre Reise individuell gestalten und Teneriffa auf eigene Faust entdecken wollen:

- Ausführlichste Ortsbeschreibungen & Ausflugsrouten
- 80 Themenkästen und Essays zu allen Wissensbereichen
- Die schönsten Wanderungen, Picknick- und Zeltplätze
- Alles zu Vulkanismus und Vegetation mit Fachglossaren.
- Vokabular »Essen&Trinken« und »Kanarisches Spanisch«
- Die besten Unterkünfte für jeden Geldbeutel
- Zahlreiche Internetadressen

6. Auflage 2011; 620 Seiten 4-farbig, 320 Fotos, 47 Karten und Grafiken **+ Inselkarte + Wanderführer (48 Seiten)**
ISBN 978-3-89662-263-1 · €23,50

Daniel Krasa, Hans-R. Grundmann

Ibiza

Der richtige Begleiter für alle, die ihre Reise individuell gestalten und Ibiza auf eigene Faust erleben wollen:

- High Life und Altstadtnostalgie in Ibiza-Stadt
- Lange Sandstrände und verschwiegene Buchten
- Wanderwege durch romantische Berglandschaft
- Geschichte und Kultur, Mandelblüte und Rotwein
- Alles zu Aktivurlaub und Sport, zu Nightlife und Ibiza Sound
- Die besten Quartiere, Restaurants, Kneipen und Discos

2. Auflage 4/2009; ca. 336 Seiten 4-farbig, ca. 230 Fotos, 27 Regionen- und Ortskarten, davon 6 Wanderkarten.
ISBN 978-3-89662-264-8 · €17,50

F. Ostermair, S. Roters, P. Neumann, H.-R. Grundmann

Menorca,
die unentdeckte Baleareninsel

Mallorcas kleine Schwester Menorca führt als Reiseziel deutschsprachiger Urlauber ein erstaunliches Schattendasein. Dabei verfügt Menorca über viele wunderbare und selten volle Strände unterschiedlichster Charakteristik, über zwei veritable Hafenstädte, Fischerdörfer und Orte im Inselinneren mit eigenem Gepräge, landschaftliche und kulturelle Kleinode. Menorcas touristische Infrastruktur ist ausgezeichnet, ebenso die kulinarische Qualität wie Ambiente vieler Restaurants.
288 Seiten 4-farbig, ca. 180 Fotos, 31 Karten und Ortspläne.
2. Auflage 2012 · ISBN 3-89662-248-8 · €17,50

Index

Rauchen auf Mallorca

Auf den Balearen trat bereits im Sommer 2005 ein Antirauchergesetz in Kraft, das Rauchen in der Öffentlichkeit stark reglementierte.

Seit Januar 2011 gilt nun in ganz Spanien das schärfste Antiraucher-gesetz Europas. Zuvor erlaubte Raucherzonen in der Gastronomie wurden abgeschafft und auch das Rauchen in der Öffentlichkeit weiter eingeschränkt. So darf in unmittelbarer Nähe (was immer das im Einzelfall heißen mag) von Kindergärten und Spielplätzen, Schulen, Krankenhäusern etc. nicht mehr zum Glimmstengel gegriffen werden. Raucherecken oder -kabinen in Bahnhöfen und Flughäfen sind nicht mehr gestattet, nur Hotels dürfen noch Raucherzimmer ausweisen. Auch öffentliche Verkehrsmittel einschließlich Taxen sind Rauchverbotszonen, selbst offene Oberdecks von Doppeldeckerbussen.

In Gaststätten darf zwar noch auf der Terrasse draußen geraucht werden, aber es gelten detaillierte Auflagen für die Ausstattung.

Die Zeitschrift »**test**« der **STIFTUNG WARENTEST** nahm 21 Mallorca-Reiseführer unter die Lupe und urteilte:

> »*Stabiler Führer mit einer immensen Informationsfülle*«.
> »*... hier wird Mallorca umfassend und detailreich beschrieben. Der Reise Know-How kann auch noch mit dem ... besten Serviceteil aufwarten*«.

Das war 1999; seither wurde das Buch weiter verbessert, erweitert und im Jahresrhythmus aktualisiert.

Abbildung 21. Auflage 8/2011
ISBN 978-3-89662-265-5 €19,90

Das Buch (488 Seiten) kommt **mit einer separaten Straßenkarte** samt Stadtplan Palma und kulinarischem Lexikon auf der Rückseite sowie 2 Beilegern in Heftform:

* **Natur und Wandern auf Mallorca** (60 Seiten)
* **Optimal unterkommen auf Mallorca** (60 Seiten)

Hans-R. Grundmann
MALLORCA Das Handbuch für den optimalen Urlaub

> *Über 100 detaillierte Ortsbeschreibungen*
> *Über 200 Restauranthinweise*
> *Über 150 Unterkunftsempfehlungen mit Veranstalterangabe für 36 Urlaubsorte*
> *Zahlreiche ausgewählte besondere Quartiere von der Jugendherberge über Berghütten und Klosterbetten bis zur Luxusfinca*
> *Durchgerechnete Beispiele für Mallorca-Urlaubskosten*
> *Zahlreiche Internet-Adressen*   > *33 Regional- und Ortskarten*
> *11 themenbezogene Karten*   > *15 Wanderkarten im Beileger*
> *13 Streckenkarten für Ausflüge und Rundfahrten*

Erholung und Aktivität, Natur und Kultur unter der Mittelmeersonne